ZHIYUAN LÜYOU CHUANGXIN FAZHAN YU
XIANGCUN ZHENXING JIAZHI YANJIU: HAINAN FANG'AN

- 海南省哲学社会科学研究基地课题"海南自贸港背景下义工旅游发展动力机制与创新模式研究"（编号：JD(ZC)20-39）研究成果
- 海南省高校思想政治工作中青年骨干队伍建设项目资助

志愿旅游创新发展与乡村振兴价值研究：海南方案

ZHIYUAN LÜYOU CHUANGXIN FAZHAN YU
XIANGCUN ZHENXING JIAZHI YANJIU: HAINAN FANG'AN

许昌斌 / 著

华中科技大学出版社
http://press.hust.edu.cn
中国·武汉

图书在版编目(CIP)数据

志愿旅游创新发展与乡村振兴价值研究:海南方案/许昌斌著. —武汉:华中科技大学出版社,2023.2
ISBN 978-7-5680-9065-0

Ⅰ.①志… Ⅱ.①许… Ⅲ.①乡村旅游-旅游业发展-研究-海南 Ⅳ.①F592.766

中国国家版本馆 CIP 数据核字(2023)第 019380 号

志愿旅游创新发展与乡村振兴价值研究:海南方案　　　　　许昌斌　著
Zhiyuan Lüyou Chuangxin Fazhan yu Xiangcun Zhenxing Jiazhi Yanjiu:Hainan Fang'an

策划编辑:	汪　杭
责任编辑:	洪美员
封面设计:	原色设计
责任校对:	林宇婕
责任监印:	周治超
出版发行:	华中科技大学出版社(中国•武汉)　　电话：(027)81321913
	武汉市东湖新技术开发区华工科技园　　邮编：430223
录　　排:	华中科技大学惠友文印中心
印　　刷:	武汉市洪林印务有限公司
开　　本:	710mm×1000mm　1/16
印　　张:	17.25
字　　数:	324 千字
版　　次:	2023 年 2 月第 1 版第 1 次印刷
定　　价:	69.80 元

本书若有印装质量问题，请向出版社营销中心调换
全国免费服务热线：400-6679-118　竭诚为您服务
版权所有　侵权必究

序一 FOREWORD

　　助人行善是中华民族自古以来的优秀传统,近些年来我国的慈善活动形式正伴随着社会经济的发展与时代的变迁逐渐发生转变,由传统的慈善活动逐渐转型为符合当代社会需求的多形式志愿服务活动。中华人民共和国成立后,志愿者服务开始以多元化、多渠道的义务服务形式逐渐发展扩大。在20世纪60年代,雷锋同志的无私奉献的事迹被大众所认可和赞扬,一场辐射全国的学雷锋活动对全社会产生了巨大影响。改革开放后,中国志愿服务行业随着改革的春风而蓬勃兴起,从1989年天津建立中国首个城市志愿服务机构,再到现在为对抗疫情中涌现的各类志愿服务组织,都展现了我国人民对志愿服务的参与与认同。《志愿服务蓝皮书:中国志愿服务发展报告(2021~2022)》中显示,中国志愿者群体已经扩张到了2亿人,在我国,志愿服务已然成为推动社会发展和参与社会治理不可忽略的重要力量。

　　2017年10月,党的十九大报告提出了实施乡村振兴战略,就明确了其重大战略位置。实施乡村振兴战略,是破解新时期中国社会发展中的"三农"问题、完成"两个一百年"目标、促进中华民族不断进取的必然需要。乡村的社会管理与生产开发也是中国乡村振兴的重要方面,倡导文明风尚、倡议志愿服务,对提升农村的精神文明建设有着积极的意义。乡村要振兴必须率先实施产业振兴,围绕农村发展乡村旅游和促进农产品产销转型升级,这是建设美丽乡村的重要支撑。本书结合多年志愿服务工作和文化旅游的研究成果和实践经验,将志愿服务与乡村振兴战略结合,探索引入志愿旅游项目,吸引更多的游客参与乡村振兴的发展,不仅创新发展了志愿旅游,而且探索了多元化促进乡村振兴发展的路径。

目前,我国志愿旅游的发展尚处于初级阶段,整体实施效果不佳,志愿旅游活动的研究领域也尚未成熟,在概念辨析、策划与管理、志愿旅游与乡村振兴战略的结合、海南当下志愿发展状况的梳理、国内外发展状况与案例研究探讨、绩效评估和激励机制等方面亟待深入探讨与研究。本书作者许昌斌博士是国内义工旅游研究的积极探索者,在博士期间主持了多项与志愿旅游相关的课题,为本书的研究奠定了基础。本书作者经过两年时间的广泛调研与深入思考,完成了本书的撰写。本书探讨了志愿旅游的内涵与性质,分析了志愿旅游的价值,梳理了志愿旅游的发展历程和特征,借鉴国内外的先进经验为海南志愿旅游发展做出贡献,同时采用案例分析法对当下各类志愿旅游典型案例进行深入探讨。志愿旅游目的地是志愿旅游的核心要素,本书分析了国内外的志愿旅游项目的现状和项目特征,探讨了志愿旅游产业的发展模式;志愿旅游的服务体系的构建是志愿旅游的关键要素,也是当下海南发展志愿旅游的难题,本书从实证出发,系统地论述了海南当下志愿旅游发展的现状与前景,给出了切实可行的建议,创新性地提出了海南志愿旅游的发展模式与具体工作措施,对志愿旅游平台的体系构建提出了工作思路,对自贸港志愿旅游集散地体系建设给出了工作建议,为创建海南自贸港志愿旅游特色品牌提出了具体办法;在乡村振兴与志愿旅游的关系梳理方面,首次深度辨析了志愿旅游与乡村振兴战略之间的关系,全面梳理了海南省美丽乡村、特色小镇、共享农庄等乡村振兴重点项目资源,结合国内外典型的志愿旅游发展的成功案例,对海南发展志愿旅游促进乡村旅游的发展提出了建设性的建议,为海南旅游产业多元化高质量的发展提出了可行性的建议和措施。

乡村振兴事业要得到发展,就要对乡村有正确认识,就要将自身融入乡村发展之中,就要将服务国家、服务社会、服务群众、服务行业融进乡村发展的方方面面。当前,乡村旅游已成为国内多数人休闲度假的方式之一,乡村有农家小院的静谧温馨,有乡村道路的通畅便捷,有农家生态产业的提升,还有广袤田野的盎然生机。国务院办公厅出台的《"十四五"旅游业发展规划》提到了完善旅游产品供给体系,进一步健全旅游商品供应制度,激活旅游市场活力,促进"旅游+"和"+旅游"融合发展,形成各领域一体化发展的新格局。因此,志愿旅游这一新兴模式成为乡村旅游与乡村振兴的良好载体。志愿旅游不仅以"旅游+"形式对各类产业进行融合,同时还将公益行为带入旅游体验中。本书就这一新兴模式展开了对国内外志愿旅游项目的讨论与研究,结合海南省的旅游资源禀赋、自贸港产业发展方向及乡村振兴战略的落实现状进行符合海南省旅游特征的创新型旅游发展路径探索,并建议充分整合海南特色的旅游资源,以海南岛全岛同城化的地理资源优势,持续深挖特色旅游元素,实现志愿旅游特色化发展,明确发挥义工群体的优势,共同开发设计具有海南特色的志愿旅游产品。

志愿旅游大发展是我国在《"十四五"旅游业发展规划》要求高质量发展的背景下必将呈现的局面,符合人民对多元化旅游产品的市场要求,随着乡村振兴战略的逐步落实与海南自贸港的蓬勃发展,志愿旅游会成为海南旅游市场的新形式和新浪潮，需要更多的学者和教育工作者投入研究与实践，相信本书的出版将对后来者有所启发。

马勇教授

教育部旅游管理教学指导委员会副主任

2022 年 7 月 27 日

序二 FOREWORD

近日收到许昌斌博士的《志愿旅游创新发展与乡村振兴价值研究：海南方案》的书稿，感到十分欣喜和欣慰。

志愿旅游也被称为"义工旅游"（Volunteer Tourism），是近年来在海内外均较受关注的旅游现象和产业形态。尤其是义工旅游近20年来的高速发展受到业界、学术界以及社会的广泛重视。例如，数据显示：自1990年以来，平均每年有将近160万人次参与义工旅游活动，与此同时，义工旅游者的年均总支出也达到了9.91亿美元到15.48亿美元之间的规模。义工旅游与传统的志愿者服务有一定的关联，也有所区别。一般而言，志愿者服务主要是受到利他动机的驱使，以向服务接受者提供所需服务为主要内容。而义工旅游除了有上述志愿服务的元素之外，还会考虑到义工旅游参与者对于跨文化交际交流的需求，为参与者提供优质多样的旅游体验。可见，除了利他动机之外，义工旅游还会存在一些利己的考量。因此，在学术界也有不少学者将义工旅游视为"新旅游""替代型旅游""拓展的生态旅游"等。

通过上述描述可见，志愿旅游或者义工旅游的确是一个有趣的研究领域。一方面，是因为这种形式活动的参与者兼有利他与利己的动机；另一方面，此种旅游形式将"行万里路"与"读万卷书（专业技能）"有机结合，具有丰富多元的内涵，有助于参与者拓宽眼界。因此，义工旅游者除了有一般意义上的跨文化旅游体验，还可能会有类似于自我成长、自我变革、自我反思等类型的体验。因此，义工旅游活动对于义工旅游者的自我发展有何意义，一直受到学术界的关注。与此同时，学术界也日益关注义工旅游者的客体，即开展义工旅游的目的地和社区在此种形势下的影响与变化。固然,通过输入义工旅游者为旅游目的地提供一些力所能及的志愿服务可以在一定程度上补充当地旅游发展中面临的困境。但是,作为接受义工旅游者的社区,其如何看待和理解这种现象和行为,是否非常乐意接受和继续接受此种形式的义工服务等,这些问题也是目前学术界正在努力探寻和回答的问题。

  应该看到,现有学术界有关志愿旅游的研究成果大多还是在西方文化背景下展开的,人们对于中国文化背景下的志愿旅游的开展形式和具体内涵还缺乏系统化的理解,对于中国文化情境下志愿旅游发展中面临的困境和阻碍也有待进一步探讨。将志愿旅游与乡村振兴战略结合探讨是这本书的亮点,将志愿服务与乡村振兴战略结合,创新发展了志愿旅游的形式,探索了多元化促进乡村振兴发展的路径。所以,我非常高兴看到许昌斌博士立足于海南这个独特的区域空间,以国内外志愿旅游的学术研究为基础,将志愿旅游发展的海南方案呈现在读者面前。相信这本著作将有助于读者更为全面地理解志愿旅游的内涵以及具有海南特色的志愿旅游的发展轨迹和趋势,本书也是对现有志愿旅游研究成果的有力补充。

李玺教授

澳门城市大学国际旅游与管理学院

2022 年 8 月 19 日

前言 FOREWORD

志愿旅游(亦可翻译为义工旅游),是近些年来国内外较为关注的旅游产业形态。志愿旅游始于20世纪50年代的海外志愿服务活动,最先起源于英国和其他欧洲国家,后逐渐发展到亚洲与非洲。经过几十年来的研究和发展,志愿旅游有多个不同的名称和理解,但是基本内涵相同,如假期志愿服务、义工旅游或公益旅游等。本书对不同学者的观点从多个视角进行梳理,认为志愿旅游是旅游者参加有组织的义工服务的旅游体验,实现给个人、社区、组织、环境以及社会带来积极影响的目标。

我国志愿旅游起步较晚,相对国外的发展仍然处于产业发展的初级阶段。以国外的国际性组织为主,国内部分个人平台为辅,志愿旅游国内市场已经成为小众旅游的新选择。海南自贸港的建设和发展必定加快对外开放,国际化程度越来越高,作为诸多国家落地免签的国际旅游目的地,会大大激发志愿旅游的发展潜力,志愿旅游在海南的快速发展具有独特的地理优势和明显的政策优势。笔者经过实地的调查和研究,从志愿旅游的视角出发,紧紧围绕海南自贸港四大主导产业之一旅游业,结合乡村振兴战略之乡村旅游的发展,全面梳理国内外志愿旅游的文献及案例,深入调查了海南当前志愿旅游发展现状与旅游资源禀赋,完成了《志愿旅游创新发展与乡村振兴价值研究:海南方案》专著。

《志愿旅游创新发展与乡村振兴价值研究:海南方案》的主要内容包括志愿旅游的概念辨析和发展历程介绍、志愿旅游的运营与管理、国内外志愿旅游产业发展的现状、国内外志愿旅游目的地概况和经典案例分析、乡村振兴战略与志愿旅游的关系辨析、海南志愿旅游发展现状与前景、志愿旅游的绩效评估和激励、志愿旅游发展趋势等方面,共计十章。本书在本人博士论文研究的基础上,全面梳理了志愿旅游的发展,是国内迄今为止对志愿旅游发展梳理较为全面的著作,是一部结合乡村振兴探索创新发展志愿旅游的著作。

本书最大的创新和特色是首次深度辨析了志愿旅游与乡村振兴战略之间的关系,全面梳理了海南省美丽乡村、特色小镇、共享农庄等乡村振兴重点项目资源,结合国内外典型的志愿旅游发展的成功案例,对海南发展志愿旅游促进乡村旅游的发展提出了建设性的建议,为海南旅游产业多元化高质量的发展给出了可行性的建议和措施。同时,对于志愿旅游参与者的动机,志愿旅游的体验,志愿旅游的内涵以及积极的、消极的影响因素和作用机制深入研究和探讨,对志愿旅游的可持续发展提供了学术的参考,结合乡村振兴的发展提供了实践的参考。

感谢教育部旅游管理教学指导委员会副主任马勇教授、澳门城市大学国际旅游与管理学院执行院长李玺教授的悉心指导并为本书作序。感谢林小凡、齐令闻、赵丽、李卓恒、项薇、贾朋社、杨嘉琪、饶英华、陈文妍、范才成、尹航等专家学者和老师在资料收集、文献检索、案例整理等方面给予了支持。此外,本书的出版得了2020年海南省哲学社会科学研究基地课题"海南自贸港背景下义工旅游发展动力机制与创新模式研究"[编号:JD(ZC)20-39]和2020年海南省高校思想政治工作中青年骨干队伍建设项目的资助。由于作者水平有限,本次研究仍然有提升的空间。在理论研究中,笔者在对于动机与体验的文献梳理时发现,志愿旅游不仅仅可以从这两个视角进行研究,还可以从自我认同、组织认同、地方依恋、行为意向等方面进行深入研究。同时,专著中可能存在表述不严谨和不妥当的地方,欢迎广大读者提出宝贵的意见和建议。

许昌斌
2023年1月于海口

目录 CONTENTS

第1章 志愿者概论 /1
  1.1 志愿者与旅游志愿者 /1
  1.2 志愿服务与实践教育 /19

第2章 志愿旅游概论 /29
  2.1 志愿旅游 /29
  2.2 志愿旅游动机 /36
  2.3 志愿旅游体验 /40
  2.4 志愿旅游的研究展望 /43

第3章 志愿旅游活动策划与管理 /45
  3.1 志愿旅游项目的设计 /45
  3.2 志愿者的招募 /52
  3.3 志愿者的培训 /53
  3.4 志愿者的激励 /56
  3.5 志愿旅游活动的管理 /57

第4章 志愿旅游目的地概况 /59
  4.1 志愿旅游国外主要目的地 /59
  4.2 志愿旅游国内主要目的地 /81

第5章 志愿旅游与乡村振兴战略 /92
  5.1 乡村振兴的概念 /92
  5.2 乡村振兴的发展状况 /102
  5.3 志愿旅游与乡村振兴的关联 /106

5.4 志愿旅游与区域经济 ·················· /115

第6章　海南省乡村振兴重点项目概况 ·················· /121
6.1 美丽乡村的认识与理解 ·················· /121
6.2 特色小镇的认识与理解 ·················· /125
6.3 共享农庄的认识与理解 ·················· /131
6.4 海南省百镇千村发展概况和典型案例 ·················· /135
6.5 国内美丽乡村和特色小镇案例比较分析 ·················· /141
6.6 国外美丽乡村和特色小镇案例比较分析 ·················· /147

第7章　全球志愿旅游典型案例研究概况 ·················· /153
7.1 亚洲志愿旅游典型案例 ·················· /153
7.2 欧洲志愿旅游典型案例 ·················· /158
7.3 美洲志愿旅游典型案例 ·················· /164
7.4 非洲志愿旅游典型案例 ·················· /169
7.5 中国志愿旅游典型案例 ·················· /175
7.6 总结 ·················· /181

第8章　海南省志愿旅游发展现状和前景 ·················· /184
8.1 海南省志愿旅游发展现状 ·················· /184
8.2 海南旅游志愿旅游要素概况 ·················· /198
8.3 海南自贸港加速志愿旅游发展前景 ·················· /209

第9章　志愿旅游绩效评估和激励 ·················· /217
9.1 志愿旅游的绩效评估及参与激励机制 ·················· /217
9.2 志愿旅游助力乡村振兴 ·················· /224

第10章　志愿旅游与志愿旅游项目的发展趋势 ·················· /232
10.1 志愿旅游的发展趋势 ·················· /232
10.2 志愿旅游项目的发展趋势 ·················· /237

参考文献 ·················· /244

第 1 章　志愿者概论

1.1　志愿者与旅游志愿者

1.1.1　志愿者与旅游志愿者的概念

1. 志愿者

1)志愿者的含义

Volunteer 一词来源于拉丁文中的 Voluntas,意为"意愿"。志愿服务在世界上已经存在和发展 100 多年,起源于 19 世纪初西方国家宗教性的慈善服务,此时的志愿服务的精神内核是西方宗教中对善行的推崇。中国志愿服务起源于国外,结合中国社会实际,进一步朝着制度化、体系化、规模化和中国特色化方向发展。1963 年 3 月 5 日,毛泽东同志亲笔题词"向雷锋同志学习",因此每年 3 月 5 日被定为"学雷锋纪念日";2000 年,团中央、中国青年志愿者协会下发通知,从 2000 年开始,把每年 3 月 5 日作为"中国青年志愿者服务日",组织青年集中开展内容丰富、形式多样的志愿服务活动。近年来,随着全国志愿服务的发展,3 月 5 日不仅是"中国青年志愿者服务日",而且已经成为"中国志愿者日",成为包括中国青年志愿者群体在内的中国所有志愿者的纪念日。

北京大学志愿服务和福利研究中心于 2002 年正式成立,是我国第一家专门从事志愿服务和福利研究与培训的机构,中国最早的志愿者来自联合国志愿人员组织。1979 年,第一批联合国志愿者来到中国偏远地区,从事环境、卫生、计算机和语言等领域的服务;20 世纪 80 年代中期,民政部号召推进社区志愿服务,天津和平区新兴街就是早期开展社区服务的典型;20 世纪 90 年代初,中国青年志愿者协会成立。社区志愿者和青年志愿者成为国内最大的两支志愿队伍,承担了多领域的大量志愿服务工作,为中国的志愿者事业和中国社会的稳定和发展作出了诸多贡献。

党的十八大以来,以习近平同志为核心的党中央高度重视志愿服务,重视弘扬和践行社会主义核心价值观、培育时代新人、促进社会文明进步的重要作用,作出了一系列重要部署,出台一系列重大政策,推动我国志愿服务工作蓬勃开展。2017年12月,《志愿服务条例》开始实施。志愿者即自愿贡献个人的时间和精力的人,在不计物质报酬的前提下为推动人类发展、社会进步和社会福利事业而提供服务的人员。

从2022年全国民政工作视频会议可知,截至2021年12月28日,中国注册志愿者超过2亿人,累计志愿服务时间超过37亿小时。就地方代表举例,截至2021年12月31日,全国志愿服务信息系统"上海志愿者"网站实名认证注册志愿者超过590万人,比2020年增加69万余人,上海实名认证注册志愿者的人数占常住人口比例超过23.0%,比2020年上升了2个百分点。自新冠疫情暴发以来,中国志愿者在社区、城市和跨城市支援抗击疫情的工作中发挥了尤为重要的作用。志愿者严守疫情防线,主动为居民提供生活上的服务,宣传防疫知识和防疫安全意识,在居民与行政区防疫部门间发挥桥梁作用,让全国人民乃至世界看到了中国志愿者的高尚奉献精神、优秀的组织力和高效的行动力。

各国的文化背景不同,对志愿者的定义也有所不同,但其核心概念同为奉献精神。联合国定义志愿者(Volunteer)为"自愿进行社会公共利益服务而不获取任何利益、金钱、名利的活动者"。具体指在不为任何物质报酬的情况下,能够主动承担社会责任,奉献个人时间和采取助人为乐行动的人。

在我国,志愿者也叫"义工""义务工作者"或"志工"。《志愿服务条例》规定,志愿者是以自己的时间、知识、技能、体力等从事志愿服务的自然人。具体来说,就是在自身条件许可的情况下,参加相关团体,在不谋求任何物质、金钱及相关利益回报的前提下,在非本职职责范围内,合理运用社会现有的资源,服务于社会公益事业,为帮助有一定需要的人士,开展力所能及的、切合实际的,具有一定专业性、技能型,以及可以进行长期性服务活动的人。

2)志愿者的权利

志愿者为志愿服务对象无偿提供服务,志愿者及志愿服务应当受到包括志愿服务对象在内的所有社会成员的尊重,志愿者个人的隐私应当受到保护,个人合法权利和自由必须受到保障,应当享受与志愿服务工作相对应的权利。《志愿服务条例》对志愿者的权利做出以下规定。

(1)志愿者可以参与志愿服务组织开展的志愿服务活动,也可以自行依法开展志愿服务活动。

(2)志愿服务组织可以招募志愿者开展志愿服务活动;招募时,应当说明与志愿服务有关的真实、准确、完整的信息以及在志愿服务过程中可能发生的风险。

(3)需要志愿服务的组织或者个人可以向志愿服务组织提出申请,并提供与志愿服务有关的真实、准确、完整的信息,说明在志愿服务过程中可能发生的风险。志愿服务组织应当对有关信息进行核实,并及时予以答复。

(4)志愿者、志愿服务组织、志愿服务对象可以根据需要签订协议,明确当事人的权利和义务,约定志愿服务的内容、方式、时间、地点、工作条件和安全保障措施等。

(5)志愿服务组织安排志愿者参与志愿服务活动,应当与志愿者的年龄、知识、技能和身体状况相适应,不得要求志愿者提供超出其能力的志愿服务。

(6)志愿服务组织安排志愿者参与的志愿服务活动需要专门知识、技能的,应当对志愿者开展相关培训。

(7)志愿服务组织应当为志愿者参与志愿服务活动提供必要条件,解决志愿者在志愿服务过程中遇到的困难,维护志愿者的合法权益。

(8)志愿服务组织安排志愿者参与可能发生人身危险的志愿服务活动前,应当为志愿者购买相应的人身意外伤害保险。

(9)志愿服务组织安排志愿者参与志愿服务活动,应当如实记录志愿者个人的基本信息、志愿服务情况、培训情况、表彰奖励情况、评价情况等信息,按照统一的信息数据标准录入国务院民政部门指定的志愿服务信息系统,实现数据互联互通。

(10)志愿者需要志愿服务记录证明的,志愿服务组织应当依据志愿服务记录无偿、如实出具。

(11)志愿服务组织、志愿服务对象应当尊重志愿者的人格尊严;未经志愿者本人同意,不得公开或者泄露其有关信息。

3)志愿者的义务

(1)虽然志愿者的服务是出于自愿的,但一旦做出志愿者承诺,就必须承担志愿者的义务,履行志愿承诺和约定,完成志愿服务任务。

(2)履行志愿服务承诺或者志愿服务协议约定。

(3)遵守志愿者组织的章程和其他制度,维护志愿者组织的声誉和形象。

(4)尊重志愿服务对象的意愿、人格和隐私,不得损害服务对象的合法权益。

(5)不得以志愿者身份从事违背社会公德的行为。

(6)遵守志愿服务组织的管理制度。

(7)不得向志愿服务对象收取或者变相收取报酬。

(8)不得公开在志愿服务活动中获悉的依法应当保密的信息。

(9)妥善使用和管理志愿服务标识。

(10)因故不能参加和完成预先约定的志愿服务活动时,履行合理告知的义务。

(11)志愿服务组织、志愿者开展应对突发事件的志愿服务活动,应当接受有关人民政府设立的应急指挥机构的统一指挥、协调。

(12)法律法规规定的其他义务。

2. 旅游志愿者

我国人口众多,节假日出游人数和目的地集中,亟须大量的志愿者在游客集中的旅游目的地为游客提供相关服务,迫切需要志愿服务以保障景区在旅游旺季的服务质量。随着我国旅游业水平不断提高,志愿服务体系不断深化拓展,志愿旅游成为我国志愿服务体系的重要一环。志愿旅游是人们基于自我发展、服务他人、保护自然生态和传统文化等目的,有组织地前往异地并无偿为目的地社会、经济、环境提供能产生价值的劳动的短暂经历①。志愿旅游不仅可以减轻中国旅游业的压力、创新旅游的体验,同时是对志愿服务范围的扩大和形式的创新。

学术界对志愿旅游的概念还未能统一,但总结多种定义,可将其界定为:旅游者主要出于利他主义动机,离开常住地到旅游目的地有计划、有组织开展的,包含一定公益活动并与观光、休闲、度假、探险等旅游目的结合在一起的旅游活动②。志愿旅游是志愿活动与传统旅游有机结合的产物,其开展的活动是有组织、有计划,以旅游活动为外在形式,以提供志愿服务活动为内核,以服务游客或维护旅游秩序为目的,以无偿为旅游景区(点)、大型事件、目的地旅游服务机构等旅游场所或旅游活动提供讲解、咨询、向导等非营利性服务为内容,帮助旅游目的地文化、经济、社会、环境等方面更好发展,使旅游目的地从志愿服务中受益。志愿者可以在提供相关志愿服务的同时,通过亲身体验自然环境和社会生产活动、感受不同文化和不同生活,增长见识,丰富阅历,接受教育,提高综合素质,提高道德意识、责任意识及社会意识,享受旅游体验。

旅游志愿者是志愿旅游活动的主体,是志愿旅游形成和发展的关键性因素。旅游志愿者有一定志愿精神,愿意且有能力参与志愿旅游。旅游志愿者不同于纯粹的志愿者或旅游者,不同的志愿旅游项目要求志愿者具备不同的专业技能。例如,帮助旅游目的地社区提高信息技术的公益旅游者不仅需要在计算机科学、信息系统、电脑应用方面具备一定的专业技能,还需要具有较强的沟通能力、领导能力和组织能力;参与医疗卫生公益旅游的志愿者必须具备一定的医疗卫生常识和医学专业知识。当然,也有很少一部分诸如教育培训、捐赠物品等公益旅游志愿

---

① 高科.志愿旅游:概念、类型与动力机制[J].旅游论坛,2010(2).
② 吴海燕.基于结构方程模型的公益旅游发展动力机制研究[D].重庆:西南大学,2014.

服务,对志愿者的专业性要求不高。

2015年8月,国家旅游局(现为文化和旅游部)发布《关于建立中国旅游志愿者队伍开展旅游志愿服务的通知》,决定在全国范围内建立一支由支持旅游事业、热心公益事业人士组成的旅游志愿者队伍。2016年12月,国务院印发的《"十三五"旅游业发展规划》明确指出:加强旅游志愿者队伍建设;推进旅游志愿服务制度体系建设,完善旅游志愿者管理激励制度;开展志愿服务公益行动,建立一批旅游志愿服务工作站;培育先进模范志愿者、志愿者组织,树立中国旅游志愿者良好形象;依法登记管理旅游志愿者组织。规范化管理和开展旅游志愿服务工作已经成为各级旅游管理部门的一项重要任务。

志愿旅游不仅是志愿者服务发展的重要一环,也是我国旅游业发展的有力助推。近年来,"多背一公斤"组织、拯救民勤志愿者协会等公益组织频频开展减贫、捐赠、乡村植树等志愿旅游活动。随着奥运会、世博会等大型活动的举办,国内城市志愿旅游也得到快速的发展。在国家各大产业全面供给侧结构性改革的背景下,旅游志愿服务有利于旅游景区改变惯常的"门票经济"经营模式,开展旅游志愿服务活动可以很大程度上减少景区员工工资支出和管理费用,帮助景区转变经营模式;旅游志愿者无偿为旅游者提供信息服务,有利于丰富旅游公共信息服务,完善旅游公共服务体系;同时,旅游志愿者也可以扮演义务讲解员角色,在游客集中的场所为游客提供咨询、讲解等服务,满足游客个性化的需求,提升游客的旅游满意度(李炳义、梅亮,2013)。

1.1.2 志愿者与志愿旅游的分类

1. 志愿者分类

志愿者所从事的服务众多,当中包括教育、环保、倡导及福利等范畴,因此难以统一划分,故可以从多个方面划分志愿者的种类和现状。

以职权划分,可分为政策制定志愿者、直接服务志愿者及庶务类志愿者。

以时间划分,可简易分为定时性志愿者及临时性志愿者。

以服务类型划分,可分为福利类志愿者、教育类志愿者及文化类志愿者等。

以服务内容划分,可分为行政性志愿者、专业性志愿者及辅助性志愿者,具体可分为消防志愿者、抗震救灾志愿者、西部志愿者、奥运志愿者(大学生志愿者、中学生志愿者、社会志愿者、各省市志愿者、京外赛区城市志愿者、港澳台志愿者、海外华侨华人志愿者、在京外国人志愿者、国际志愿者、专业志愿者)、社区志愿者、环保志愿者、网络志愿者等。

2. 志愿服务分类

《上海志愿服务发展报告(2016)》中志愿者的类别主要依据志愿服务的内容划分。

减贫帮困类:助残、助医、助学、就业。

便民服务类:敬老、语言服务、城市站点。

调解维权类:法律援助、矛盾调解、环保。

文体宣传类:宣传、科普、文体活动、场馆导览。

治安维稳类:交通维护、文明劝导、平安巡逻、禁毒。

应急救援类:设备检修、医疗卫生、防灾减灾。

2021年正式实施的《志愿服务组织基本规范》规定,志愿服务组织可提供包括但不限于公共服务、生活帮扶、支教助学、卫生保健、法律服务、环境保护、科技推广、治安防控、文明引导、群众文化、大型活动、应急救援等方面的志愿服务。[①]

(1)公共服务:协助党政部门或者其他各类社会机构实现各种公共服务职能而提供的维持秩序、教育群众、疏通情绪等服务。

(2)生活帮扶服务:为孤寡老人、病残人员、农村留守人员、外来流动人员等群体提供必备生活物资、精神慰藉、文化娱乐的服务。

(3)支教助学服务:为贫困地区提供的支教、捐书、赠学、送戏下乡等服务。

(4)卫生保健服务:为城乡社区居民提供的义诊、健康保健等服务,为贫困地区开展的送医、送药、常见疾病防治知识宣传等服务。

(5)法律服务:为公民、法人或其他组织提供的相关政策法规宣传、讲解等服务。

(6)环境保护服务:开展的各类节能减排、护水护绿、防治污染等活动及环保知识宣传服务。

(7)科技推广服务:开展的各类科普知识宣传、技术推广和运用等服务。

(8)治安防控服务:开展治安宣传、治安巡逻、公共财物看护、禁赌禁毒、社区矫正和防范违法犯罪等服务。

(9)文明引导服务:针对公共场所各类不文明行为,开展劝导、引导、纠正等服务。

(10)群众文化服务:开展群众文化活动组织、文化培训和文艺演出等服务。

(11)大型活动服务:全国、省、市(区)、县的行政区域内大型社会公益活动的

[①] 中国国家标准化管理委员会.志愿服务组织基本规范(GB/T 40143—2021)[S].北京:中国标准出版社,2021.

现场引导、信息咨询、语言翻译、礼仪接待、团队联络、应急救助、技术指导、秩序维持等服务。

(12)应急救援服务：自然灾害、重大事故、公共卫生和社会安全事件发生后，在当地人民政府设立的应急指挥机构的统一指挥协调下，开展的防灾救灾、心理干预、医疗卫生、排危重建等服务。

(13)根据社会实际需求或志愿者个人申请开展的其他志愿服务。

3. 志愿旅游分类

由于不同国家，政治制度、社会制度、社会文化、社会经济发展水平等社会因素不同，志愿旅游在不同国家(地区)有所不同；在同一国家(地区)的不同地域，其地域风俗习惯、传统文化、经济发展水平、文化教育水平、基础设施水平和居民生活水平亦有不同，志愿旅游也以地域为转移。志愿旅游作为一种特殊的志愿服务活动，是志愿服务重要的一环，充分整合各地域的志愿者资源，合理有效地分配资源到有需要的地域，体现了志愿服务范围和志愿服务功能的扩大与发展。

根据不同的志愿服务组织形式，可以将志愿旅游划分为四个类别：政府组织型、非营利组织(NPO)型、自发组织型和混合组织型(见表1-1)。在组织形式方面，旅游志愿服务类型不同，其内容的类别和侧重、服务目标地域的类型和侧重、所表现出的特点也有所不同。

表1-1 志愿旅游类型划分

类型名称	活动内容	地域指向	特点
政府组织型	减贫、科教、教育培训、赛会服务等	贫困落后、欠发达地区、赛会举办城市等	政治性强、规模大、持续时间长
非营利组织(NPO)型	自然生态及文化遗产保护、赛会服务、教育、减贫等	保护区、贫困落后地区、赛会举办地等	涉及范围广、组织化程度高、参与性强
自发组织型	文化娱乐、科普环保、法律治安、帮困互助等	活动地点多样化	数量多、规模小、组织化程度低
混合组织型	不同的组合内容各异	主要集中在城市或旅游景区	多样化

1)政府组织型

政府组织型志愿旅游主要是在官方性较强的活动中，在非营利组织、企业和自发组织没有能力或没有权限组织志愿者的情况下，由政府组织招募志愿者、由政府提供资金支持和志愿者相关保障推进的志愿旅游活动。政府组织型的志愿旅游项目主要是组织各地区具有与志愿服务内容相符合的专业条件的志愿者,深入贫困落后、经济文化欠发展、社会生活闭塞的地区,开展文化、科技、艺术、卫生等教育性或保障性的志愿服务活动;或志愿者需求量大的国家级大型体育赛事、大型会议,在举办地城市志愿者供给不足的情况下,招募其他城市的志愿者来到举办地进行志愿服务。

政府组织型的志愿旅游项目大多服务于大型年度性或常规化活动,因此政府组织性的志愿旅游也通常为常规化招募,具有政治性强、规格高、规模大、持续时间较长等特点。具体项目有大学生志愿者"三下乡"社会实践活动、大学生志愿服务西部计划、海外志愿服务计划、奥运会志愿服务等。

2)非营利组织(NPO)型

非营利组织(Non-Profit Organization,NPO)是指那些不以营利为目的,主要开展各种志愿性的公益或互益活动的非政府的社会组织。NPO型志愿旅游活动是指非营利组织在经政府审核批准后,在民间资本或政府财政支持下,通过合法途径和合法流程招募志愿者,成立志愿者团队,有组织、有计划地进行旅游志愿服务活动。非营利组织型是目前较典型的志愿旅游组织形式,也是相关研究最多的志愿旅游类型。非营利组织型志愿旅游的旅游项目不局限于特定的常规项目,而是根据不同时期、不同地域社会各界对志愿者的需求,开展与需求相对应的志愿旅游项目,内容涉及范围广,包括在开发度较低的自然保护区的自然生态保护服务、历史遗址的人文遗产保护服务,经济落后、现代化水平较低地区的教育或减贫服务,以及大型赛会举办城市的赛会服务等。NPO型志愿者运作模式如图1-1所示。

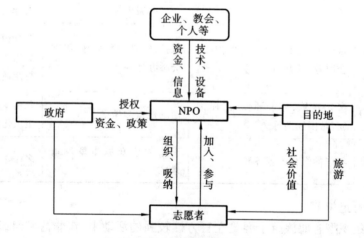

图1-1　NPO型志愿者运作模式

非营利组织型志愿旅游的内容涉及范围广、志愿者招募的地域范围、专业、能力等条件范围也相应较广,参与度高,参与性强;由于非营利组织型志愿旅游的组织方式具有一定专业性,是较为开放的组织,因此招募志愿者的过程也是吸收组织成员的过程,故而非营利组织型志愿旅游活动的组织性一般较强。非营利组织型志愿旅游多出现在非营利组织众多、慈善事业发达的发达国家和地区,如美国、英国、日本、澳大利亚、以色列等,具体组织有慈善组织、教会、学校、红十字会、环保组织等。

3)自发组织型

自发组织型志愿旅游是指人们基于共同的志愿服务目标,在不受任何外界"建制"部门因素的影响和制约的前提下,自发形成、自主管理的非正式的、结构松散的、主要靠情感与道德等手段进行约束开展的志愿旅游活动,主要内容是对志愿者规模和专业能力要求较低的、与人们生活密切相关的服务,如社会治安、街道卫生监管、文娱活动等。

其组织按存在形式,可划分为稳定志愿者组织和临时志愿者组织两类。稳定志愿者组织的志愿旅游活动范围、活动频率、活动形式、活动时间、活动目标较为固定和明确,有简单的组织纪律、规范制度,具有较为长期的稳定性。而临时志愿者组织是基于突发事件的共同目标而临时组建的,以目标为转移,以结果为导向,组织化不足,主要靠情感、道德凝聚起来,完成目标后队伍即解散。临时组织型的志愿旅游具有临时性与突发性、目标和结果导向性,如汶川大地震后人们迅速自发组织的"爱心志愿者"的援助、鼓舞和抚慰志愿活动,疫情暴发时就街道范围内快速组织起的疫情防控志愿活动等。总的来看,自发组织型志愿旅游具有组织形式灵活、规模小、组织化程度低、数量多等特点。

4)混合组织型

混合组织型志愿旅游是指多种志愿旅游模式的有机结合形态,是各方根据项目所需的资源要求和利益相关方的情况合作进行的志愿旅游活动,有多种组合形式,如"旅游地组织+非营利组织""非营利组织+政府""非营利组织+企业"等。

"旅游地组织+非营利组织"的组织模式比较流行,此类项目要求旅游地组织与非营利组织保持长期的合作,保持资源、信息共享,服务对象都指向旅游目的地。"非营利组织+政府"模式一般是政府出于社会考虑提供资金,由非营利机构具体组织和落实开展旅游活动。如2009年,由英国政府出资,"罗利国际"青年组织发起的帮助目的地民众建造学校和卫生设施的海外志愿旅游活动。"非营利组织+企业"模式是企业在非营利组织和旅游目的地中充当"中间商"的角色,企业合作既是为了获取部分利益,同时也是为获得企业声誉,扩大企业知名度。此类型主要是由具有社会责任感和资金实力的大企业承担提供资金赞助的任务,或通过合作开发新的产品,如壳牌公司、汇丰银行与世界自然基金会的合作。混合组织型志愿旅游由于组合模式不同,其活动形式、内容各不相同,具有多样化的特点。

1.1.3　志愿者与志愿旅游的特征

1. 志愿者的特征

志愿者的特征是志愿者区别于其他社会角色的特质,也是界定志愿者身份、强调志愿者性质的重要参考。根据志愿者的定义,总结出志愿者如下七大特征。

(1)志愿者是自愿的,非强迫性的,不受他人价值观影响的。志愿者有权根据个人情况选择是否报名志愿服务,有权拒绝提供超出自身能力范围或约定职责范围的服务。但自愿也存在一定的义务性,即志愿者应当按照约定计划完成志愿服务,履行志愿服务承诺或协议,遵守志愿者组织章程和相关规定。

(2)志愿者是无偿的,不计报酬的。志愿者在志愿服务过程中自愿无偿付出时间、劳动、智力等,不得向服务对象或相关单位要求报酬。但在志愿服务过程中产生的必要费用,如交通成本、保险等,可以向志愿者组织、志愿服务对象或相关单位申请以补贴形式分担费用。

(3)志愿者是公益性的,为近亲属服务的情况不属于志愿者范畴。《中国志愿服务大辞典》关于"志愿服务"的定义中,明确提出"服务于非近亲属"。志愿者只有为近亲属以外的群体或单位提供的服务才属于志愿服务,私人领域内的服务则属于私利,如照顾自家老人、打扫家门前庭院等行为均不属于志愿服务。

(4)志愿者是有组织的。有组织的志愿者能发挥志愿服务的最大效能,帮助到更广范围的服务对象,提供更加优质的志愿服务,推动志愿服务专业化、规范化、体系化。2015年,《志愿服务信息系统基本规范》正式实施,它是我国志愿服务信息化建设领域第一个全国性行业标准,是开发、完善志愿者服务信息系统的基础标准和重要参考,也是推动我国志愿者服务组织化、制度化、体系化的重要举措。同时,高效有序的志愿者组织管理能够有效防止无序志愿服务造成的不便,如同一志愿服务项目中志愿者过多导致的低效、混乱状况。

(5)志愿者与志愿服务对象处于平等、互相尊重的地位。志愿者主动无偿提供服务,其付出理应受到尊重;志愿者不应被强制要求提供其无法提供的服务或其职责范围之外的服务。

(6)志愿者服务他人的过程也是自我发展的过程。志愿者在提供服务的同时,也能从中得到精神上的回报,如结交志同道合的朋友、感受到生活的温情、提高幸福感和获得感、提高社会交往能力、增强团队协作意识等。

(7)志愿者的出发点是对社会的回报。志愿者的出发点并非自身而是社会,志愿者提供服务的目的是让社会更加和谐美好,以回馈社会为自己及家人带来的安定和幸福。

总之,志愿者不是指挥者、教育者,而是服务者。志愿者不是指挥服务对象的行为或教给服务对象知识或观念,而是以实际行动让服务对象感受到志愿者的诚意,从而形成志愿者与服务对象的情感联系。

2. 志愿旅游的特征

志愿旅游是志愿服务的一种特殊类型,同时也是旅游的一种特殊形式,因此志愿旅游既具有志愿者的基本特征,也具有旅游的基本特征,有学者总结志愿旅游具有如下四大特征。

1)志愿旅游的首要特征是利他性

从旅游动机来看,旅游志愿者为旅游目的地提供志愿服务是自愿且无偿的,以奉献精神为指导,不要求物质报酬。从旅游过程来看,志愿旅游活动是为旅游目的地提供正向的有利于目的地自然环境、文化事业、社会民生事业等各方面发展的服务,而非破坏目的地自然环境、扰乱社会治安稳定、降低文化的破坏性活动。从旅游效果来看,志愿旅游是旅游目的地和志愿者本身同时提升与发展的有效途径。一方面,旅游目的地能够以低物质成本为游客提供高质量的旅游服务,游客能体验新奇的交互式的旅游体验,并且建立起志愿者与游客的良好精神联系,创造浓厚的互助奉献的社会氛围,实现旅游目的地的可持续发展;另一方面,旅游志愿者能够通过提供劳动和服务,丰富实践知识和提高实践能力,提高社会责任感和社会事务参与感,增强与社会成员的情感联系,享受旅游过程的审美体验和文化体验等。

2)旅游志愿者的动机包括自我享受和服务社会两方面

旅游享受对于大多数人都具有很强的吸引力,旅游过程中的开阔眼界、景观享受、文化体验、休闲放松、情感交流、技能提升、身份认同、社会价值等多要素的满足,能极大地吸引志愿者参与其中;同时,出于奉献精神,志愿者对志愿服务的责任感和使命感促使志愿者参与其中,为旅游目的地贡献自己的专业素养和服务,维持旅游目的地的秩序,提升旅游目的地的旅游质量,使旅游目的地得到更好的发展。

3)旅游吸引物的特殊性

志愿旅游为志愿者创造的主要旅游吸引物不是纯粹旅游活动中的自然风光和人文景观,更多的是为志愿者创造的实践机会。志愿旅游过程中,主要和首要的活动内容是志愿服务,旅游观光是作为附加的享受,是在旅游目的地的志愿服务中自然而然获得的享受,是在景区环境体验或志愿服务结束后的非工作时间的享受。因此,旅游享受并非志愿者参与志愿旅游活动的主要动机,旅游志愿者是以志愿服务为首要动机,以"志愿者"而非"旅游者"为主要参与角色,追求志愿者服务活动带来的自我发展、精神享受和价值实现。

4)志愿旅游活动的组织性

从目前的发展情况来看,国外志愿旅游一般是由非营利的机构组织的,我国由(半)政府组织的较多,另外,也有少部分旅游者自发组织的形式。志愿旅游活动的程序比一般的志愿服务活动更为复杂,如需要志愿者与旅游目的地的沟通联系、需要将来自不同地区的志愿者组织在一起、需要志愿者进行专业分工、需要保障旅游志愿者的交通和住宿以及安全等。志愿旅游活动一般需要专门组织统筹指导实施,需要专业机构进行培训,以提高志愿服务活动的保障性,推动志愿服务活动的高效有序进行。

1.1.4 志愿者志愿旅游的动机

1. 志愿者的参与动机

动机是行动的前提,是将行动导向某一目标的心理倾向或内部驱力。动机是在需要的基础上产生的。当人的某种需要没有得到满足时,它会推动人去寻找满足需要的对象,从而产生活动的动机。根据志愿者的目的和需求对象不同,志愿者参与志愿服务的动机大体可以分为三类。

第一类是自我取向。虽然从事志愿服务的出发点是公益而非私利,但从志愿服务的结果来看,志愿服务能为志愿者带来个人非物质层面的巨大收获,这些结果构成志愿者参与志愿活动的动机之一。志愿者注重个人学习成长与发展、获得社会肯定和个人价值实现后的满足感;同时,也注重志愿服务的记录和证明,如志愿时长、志愿者证书、优秀志愿者荣誉等。

第二类是人际取向。志愿者的服务对象是社会,对社会的情感联系较强,十分注重志愿服务中与服务对象或志愿者团队成员的交流相处,希望能够彼此影响和互相帮助,结识不同的朋友,体验不同志愿者群体的志愿文化,获得他人的肯定;同时,志愿者在志愿服务活动中的交往可以为志愿者获取信息、扩展人脉提供渠道,丰富处事经验。

第三类是情感驱动。虽然志愿者参与志愿活动带有各种动机,但根本的宗旨是奉献精神,是一种自愿自发的行为。志愿者具有无私奉献的精神,这是所有志愿者群体的普遍氛围,这使得志愿者的社会责任感更加强烈,以解决社会问题、维护社会稳定、促进社会发展为根本目标。

志愿者的志愿服务动机与志愿服务的内容具有一致性,根据志愿服务项目主题和内容的不同,志愿者的服务动机可分为四种。

一是互助或自助。人们生活在同一个环境当中,共享同一个环境中的利益,共同面对同一个环境中的问题,因此志愿者感到有责任和义务贡献个人的精力与时间来完善公共生活环境,并与其他志愿者合作形成合力,使得公共生活环境得到更大程度的完善和保护;公共生活环境的改善同时也使志愿者个人的生活得到改善,志愿者之间合作的过程也是其互助的过程,能够更好地满足志愿者的个人需求。

二是慈善服务或为他人服务。志愿者自愿无偿付出时间和精力为他人或组织服务,仅仅是希望能以个人的贡献为其提供帮助,使其得到更好的发展,是完全出于奉献精神的,并不期望由此获得相应的回报。

三是公民参与。志愿者作为社会公民,有强烈的公民意识和社会责任感,关注社会问题,愿意参与社会公共事务,以公共问题的解决和社会的进步为目的,履行公民的责任与义务,并自愿付出额外的个人时间和精力为解决社会公共问题服务。

四是督导与运动。志愿者为了自己所关心的弱势群体的权利利益或所关注的社会问题,在社区、地区、国家或国际范围内展开游说、宣传、辩论、徒步等集体活动,提高社会对弱势群体的尊重,提高人们对社会问题的关注,带动人们共同为解决社会问题而努力,推动政府出台、修改或完善有利于提高该社会群体的生活条件或社会地位,减少或杜绝社会对该群体的偏见、歧视或霸凌等社会不公现象,解决普遍关注的社会问题的政策和立法。

从自我和社会的角度看,美国明尼苏达大学心理学家 MarkSnyder 博士认为,志愿者具有五种主要动机。

一是自我价值实现。志愿服务活动是志愿者在社会集体中发挥个人专长和能力的机会,有利于实现志愿者的个人追求和自我价值。对于一些人而言,参与志愿服务是其宗教信仰的一种形式,是其人生价值中深刻的内容,志愿服务对于这些人的自我价值实现作用和意义尤其重大。

二是集体关怀。志愿者有着较强的集体参与意识和社会服务意愿,志愿帮助某一特定群体,如一个社区或民族团体,让志愿者有归属感和认同感,与人的交往也能让志愿者自身感到关怀和心理愉快。

三是增强自尊。参与志愿活动的实践,尤其是实施难度较大、程序较为复杂、影响力较大的志愿服务,能使志愿者认识到自身的能力和价值,同时能获得志服务对象和社会的认可,使志愿者有更强的自我意识,增强自信心。

四是加强理解。志愿服务的过程是志愿者与服务对象无条件地相处交流的过程,在此过程中,志愿者与志愿服务对象之间的情感联系得到建立和增强,志愿者对不同文化、不同地域、不同个性的人群有了更深入和真实的理解。

五是个人发展。参与志愿服务活动能磨炼志愿者的意志,结合知识理论与实践,提高个人社交能力,扩展社交圈,加强对社会的理解,深化职业生涯等,提高志愿者的综合素质和能力,促进志愿者的全面发展。

2. 旅游志愿者的参与动机

志愿旅游具有志愿服务性和旅游性质,因此旅游志愿者的动机一方面具有志愿服务的基本自我实现和社会公益动机,另一方面也具有旅游的审美和享受动机。从旅游功能和志愿服务功能的角度出发,可以总结旅游志愿者的三点动机。

第一,旅游功能的拓展。传统的大众旅游实质上是个人享受,追求一种"大饱眼福""到此一游"的感官和符号消费,只强调旅游者自身的休闲、娱乐和目的地经济利益的最大化,旅游的其他功能往往被忽视。随着生态旅游、可持续旅游、文化旅游等新兴旅游形式不断发展以及人们对旅游的经济效应、文化效应、环境效应认知的加深和完善,旅游的功能也不断被拓展到了生态环境及文化保护、回馈与奉献社会、人生价值等领域。在志愿旅游活动中,人们不仅仅是享受娱乐活动,更多的是积累社会经验、发展综合能力、扩大交往圈层、提高实践技能、参与社会公共事务、减轻公共压力、回馈社会、实现自我的活动。旅游功能的拓展为志愿旅游的发展提供了广阔的空间,有利于提高志愿旅游的参与度。

第二,志愿服务功能的拓展。志愿服务的根本目的是为他人、社区、社会无偿提供服务或援助。无私奉献是志愿服务的核心精神,利他性是志愿服务的主要特征之一。随着社会的不断发展进步,人们的生活水平逐渐提高,自我享受成为一种普遍的追求,志愿服务对志愿者的功能也在不断拓展,从过去的"单向利他"逐渐变成"双向共赢"。研究表明,"去旅游"已成为志愿者参与志愿服务的重要目的,具体包括体验旅游目的地的人文风情、秀丽景观、放松散心、寻求新奇体验等。志愿者在旅游目的地无偿提供志愿服务的过程中,自然而然融入旅游目的地的环境,体验旅游带来的个人身心的愉悦享受。

第三,旅游活动与志愿服务的互动与融合。旅游活动与志愿服务都包含了体验、文化、价值三种因子,即旅游和志愿服务都是一种体验活动,都具有文化属性,都具有重要的个人价值和社会价值。志愿旅游是旅游活动与志愿服务的融合,实质上是体验、文化、价值三种因子的互动与融合。首先,旅游是一种寻求愉悦的体验活动,可以通过身临旅游环境、体验文化差异、寻找新鲜的生活体验、结识志同道合的朋友、学习新的见识、扩展视野等来实现,志愿服务也具有同样的功能。其次,获取社会经验是旅游活动的重要动机之一,其目的是自我发展,它来源于个体通过系统性参与某种活动而获得的知识和经验,而志愿服务正是旅游者获取社会经验的一种途径。事实上,旅游志愿者在志愿服务过程中很少把自己看作是志愿者,更多地认为自己是在进行"服务学习",获得社会实践经验。再次,志愿服务中,志愿者运用个人知识和能力提供劳动与服务,并从中得到个人价值的实现感。同时回馈社会、服务他人是志愿服务的宗旨,志愿者能从与服务对象的交往中,以及个人为集体和社会的贡献中实现社会价值,因此志愿服务是实现志愿者人生价值和社会价值的重要方式。而在旅游中,人们能发现生活的多面性和丰富性,强化个人追求,肯定自我价值,同时能更加深刻地体会到大自然的美好和社会的进步,增强对自然和社会的情感纽带,为保护自然和促进社会发展而努力,实现社会价值,这也是旅游通常不被人们注意到的重要功能。

3. 志愿旅游发展的外部驱动力

社会经济的发展、社会文化和社会意识的凝聚、基础设施的完善为志愿旅游提供了强大动力,是推动志愿旅游的有力外部驱动力。

1) 社会经济发展的推动

首先,社会经济的发展是志愿旅游大规模兴起的前提和基础。一方面,现代机械化和规模化生产方式大大提高了社会生产效率和社会供给,增加了人们的可支配收入和闲暇时间。工业的发展使得现代交通运输方式多样化和普及化,信息技术的发展使得人们的衣、食、住、行极大的便利化,信息沟通变得方便快捷,旅游成为容易实现的、普遍的、大众的生活享受。另一方面,志愿旅游对志愿者有能力要求的同时,志愿者对志愿服务过程中的安全保障、志愿服务内容、志愿服务方式、志愿服务的流程标准也有要求,志愿服务项目中的基础设施、专业设备也十分重要。社会经济的发展使志愿者在志愿服务过程中有更加完善的保险保障、更加丰富的服务内容、更加现代化的服务方式、更加安全的服务环境、更加科学标准化的流程,保障志愿者在目的地的出行和食宿,也为志愿服务效果的实现提供了更为完善的基础设施和专业设备。

其次,社会经济发展带来的一系列结果使人们的生活越来越需要志愿服务。一方面,政府由于其组织特性,不便于直接干涉一些不适于由商业主体来承担的且具有社会公益影响的项目,而需要志愿者以志愿服务的形式完成。例如,特殊群体利益、文化交流、社区建设、环境保护、生态平衡等领域,需要根据不同项目领域所需要的专业能力招募志愿者才能更好完成工作。另一方面,人们越来越需要通过服务社会、帮助他人等志愿服务来实现自我发展。越来越多的职业、工作岗位对于雇员的志愿服务背景、实践经验背景有所要求,志愿者参与志愿服务能够帮助其在人才市场中获得更大的优势。

最后,社会经济的发展促进了志愿精神的形成以及基础旅游设施的完善。伴随着社会经济的发展,奢靡之风和享乐主义也越发严重,使得一部分人的精神世界十分匮乏,因此人们对精神世界的丰富、生活方式的简化有了更多要求,尤其是愿意通过志愿善行的方式来实现目的。

2) 社会意识的推动

社会意识反映社会存在,反映社会问题和社会需求的社会意识对社会实践具有指导意义,对志愿服务有激励作用。社会意识通过合作共赢、共创繁荣、互帮互助等观念,以及传统美德中爱国爱民、关爱弱势、团结友爱、奉献社会等思想,激发志愿精神和意愿,形成志愿服务的传统,鼓励人们通力合作以解决社会问题、推动社会发展。随着教育体系的不断完善和教育水平的不断提高,实践教育和公民教育越来越被重视,人们更加懂得了志愿服务的价值,个人的社会责任感、公民意识、奉献精神也在不断增强。在甘于奉献的社会意识驱动下,更多的人主动参与到志愿服务活动中。随着市场规范管理的强化,企业要在文化传承、公益教育、环境保护、慈善募捐等方面更加主动地承担社会责任,力求降低能耗、减少环境污染,加强对员工相关业务实践培训,使员工关注行业领域热点问题,提高其实践能力,鼓励其参与志愿服务活动。社会经济的发展带来许多环境问题,促使人们面对环境问题、资源问题有了"危机意识",人们更加关注人类的未来。应推进对环境破坏严重地区的修复工作,同时加强对环境优良地区的维持和保护工作,而这些工作对志愿旅游有了更多的需求。

3) 基础设施条件的完善

相比于社区志愿服务活动,志愿旅游项目需要调动更多、更广泛的人力物力资源支撑,以保障志愿者在志愿服务过程中的旅游交通安全、住宿安全、信息沟通顺畅,从而保证志愿服务达到效果。随着社会经济的发展,交通、信息、住宿等旅游基础配套设施已经逐步完善,旅游产品供给质量不断提高,对旅游者的吸引力越来越大,旅游者的数量越来越多,因此旅游地对旅游志愿者的需求量越来越大。同时,旅游志愿者在旅游目的地的服务环境得到极大改善,基础设施条件的不断进步和完善为志愿服务活动提供了基础保障,为志愿旅游的开展提供了基础性条件。

4) 政策的鼓励

政策是志愿服务的风向标和承诺保障,志愿旅游相关政策的出台极大地鼓励了志愿旅游项目的开展,鼓励了旅游志愿者的参与。《国家"十三五"时期文化发展改革规划纲要》指出,要大力发展文化志愿者队伍,鼓励社会各方面人士提供公共文化服务、参与基层文化活动。文化部(现文旅部)在"十三五"时期的各类规划中都将文化志愿服务作为专题内容进行了部署,文化发展改革规划、图书馆事业发展规划、繁荣群众文艺规划中明确提出支持文化志愿服务、打造文化志愿服务品牌活动。文化志愿服务与志愿旅游有诸多相同点,其政策的支持也影响着志愿旅游的发展。2018年,为推动文化事业、文化产业和旅游业融合发展,文化部与国家旅游局整合组建新的文化和旅游部,文化志愿服务体系也随之拓展为文化和旅游志愿服务体系。在《"十四五"文化和旅游发展规划》的实施社会文明促进和提升工程、健全现代公共文化服务体系章节中多次提出健全文化和旅游志愿服务体系。文化和旅游志愿服务在引领风尚、服务社会、促进公共文化服务供给融入百姓日常生活方面的作用越来越受到社会重视。志愿服务组织得到政策的承诺支持,积极响应政策号召,更加重视志愿旅游的工作,发展志愿旅游项目。同时,志愿服务组织的发展和国家政策的支持也鼓励大众积极参与志愿旅游活动。

国家对非营利组织的政策支持也间接推动了志愿旅游的发展。非营利组织是支撑社会发展的重要动力之一,也是志愿旅游的重要组织主体之一,其目标通常是支持或处理个人关心或公众关注的议题或事件,涉及领域广,包括艺术、慈善、教育、学术、环保等。世界各国和地区都十分重视非营利组织在推动社会经济发展、维护社会稳定、促进社会公平、保护和传承文化等多方面、多领域的作用,许多国家和地区都通过相关立法、优惠政策、管理条例、发展规划的出台来鼓励支持非营利组织的工作,规范管理和引导非营利组织的运行和活动。非营利组织与政府、营利性企业之间的联系相较于一般志愿者组织而言更为紧密,在旅游和志愿服务方面可获得的资源更加丰富,在发展志愿旅游方面有着资源优势。政府对非营利组织的政策支持,为其开展志愿旅游活动提供了保障,大大推动了非营利组织志愿服务功能的发展和壮大,对促进志愿服务事业整体的发展有重大意义。

1.1.5 志愿服务组织

1. 志愿服务组织的含义

志愿组织是志愿资源公共产品的供给方。在西方,志愿组织被划分至第三部门或社会组织中。如加拿大将社会组织统一称为"非营利组织和志愿组织"。

志愿服务组织的概念在现实生活和地方性立法中存在广义和狭义的界定。从广义上分析,志愿服务组织包括一切经过官方认可或者未经官方认可的以组织形式存在的实体。在我国,广义的志愿服务组织可能以如下一些形态存在。

一是微型志愿者团队,即两个以上的人聚集起来志愿从事服务他人或者社会的活动,并且形成了长期的行为。如社区的三位邻居自发组织社区清扫活动,并且带动社区的其他邻居完成社区停车规范工作或宣传安全文明饲养宠物、拴绳遛狗。

二是自发形成的未经过登记且有一定规模的志愿服务组织。如名为"爱心阳光"的组织,宗旨是帮助残疾人,并且形成了管理机构和财产制度,但因为没有达到《社会团体登记管理条例》的要求等而没有进行登记。

三是自发形成并在工商部门登记的以志愿服务活动为主要内容的企业,主要是一些专门从事志愿服务的组织,它们符合《社会团体登记管理条例》的一般要求,但因为没有合适主管机关而在工商部门登记。

四是组织志愿服务活动的机关、非营利性事业单位和社会团体。

五是国家机关、非营利性事业单位、社会团体以及村民(居民)委员会等在内部成立的从事志愿服务的组织。

六是依据《社会团体登记管理条例》登记成立的专门从事志愿服务的社会团体法人,如各级志愿者协会。

大多数的地方立法采用狭义的志愿服务组织概念。《志愿服务组织基本规范》中明确志愿服务组织为依法登记备案的非营利性组织,对于机关、企事业单位、高校、社区中鼓励参与,但机构规模、人员、经费等达不到依法登记要求的志愿服务组织可参照本标准执行。应积极推行志愿服务组织的规范化发展。

从具体规定来看,地方立法中对于志愿服务组织的界定可分为如下几类情况。

一是明确规定志愿服务组织就是从事志愿服务活动的社会团体法人。

二是规定志愿服务组织是依法经过登记注册的社会公益组织,主要是指志愿者协会,而志愿者协会需要符合《社会团体登记管理条例》的要求。

三是规定志愿服务组织不仅包括专门从事志愿服务的社会团体法人,同时还包括组织志愿服务的机关、事业单位和社会团体。

2. 志愿服务组织的作用

1)志愿服务组织是组织和参与志愿者工作的组织形式

在志愿者事业发展初期,尚无专门的志愿者团体,而志愿者通常是以宗教、社区组织等公益团体或个人的形式进行。志愿者团体的出现,一方面是因为工业革命以后社会分工日趋完善,另一方面则是因为最初的志愿服务组织形式已经跟不上志愿者的个性发展和志愿服务需求内容的更新变化,无法适应志愿者事业的发展。随着志愿者工作的不断发展,人们不再满足于单纯地在小地域范围和人员范围内进行志愿服务。随着社会对志愿服务规模的不断增长,社会上出现了许多规模更大、专业性更强、社会影响力更大的志愿服务组织,特别是在全球一体化、跨文化交流的今天,更需要加强与提升职业志愿服务组织的素养和能力。

2)志愿服务组织是志愿者参与社会事务的重要途径

在开展志愿者活动过程中,可以培养学生的自我管理、流程设计的思考、协作与团结、集体意识和大局意识,尤其是强化公民意识和民主意识。在志愿服务中,志愿者能够深入观察志愿服务对象的现状,发现志愿服务对象更深层的需求,找到更加根源性的问题所在,提出切实可行且鞭辟入里的解决办法。

3)志愿服务组织承担着提高志愿者服务的品质和水平的任务

志愿服务组织的制度化、组织化等因素对志愿者的素质、素养有很大的影响。特别是在当今社会志愿者迅速发展的今天,要想提升志愿服务的科学性、理论性,就必须不断提升志愿者的品质与水准。只有良好的志愿组织管理,才能充分发挥志愿者的个人能力,优化志愿者人员分配,提高志愿者志愿服务的热情。专业的志愿组织能为志愿者提供优质的志愿服务培训,提供全面的志愿者安全保障,提供正规的志愿服务平台。

1.2 志愿服务与实践教育

1.2.1 实践教育的概念

1. 实践教育的含义

关于"实践",在国内有不同的界定。孔子主张把学问运用于实际,《中庸》则主张把理论和实际相联系。20世纪20年代初期,陶行知的生命教育观得到了广泛的关注。从1949年中华人民共和国成立到现在,我们一直在强调把教育和生产劳动结合起来;通过与社会活动相融合,可以让教育覆盖全部的社会活动,而非只限于生产性的劳动。实践教学是以教学目标为中心,以学生的实际经验为核心,以实际操作为核心的教学活动。其以学校和老师为主体,以学生为对象。实践教学是实现学生综合素质、培养创新、培养学生实际操作技能的重要手段,是推动素质教育、构建具有中国特点的实践性教学系统的必由之路。

实践教育内容广泛,注重理论基础的训练,主要内容有教育实验、科学研究,以及生活、生产等;注重实践技能、社会管理等综合素质的培养。实践教育的方式包括:到相应的专业机构走访、参与各类研究会和科研小组、主题调研、参加社会公益活动、实习工作。

在社会实践的具体应用中，必须根据各种对象的实际情况选择合适的时间和形式，才能取得良好的效果。根据一定时期的教育目的和任务，以及人们思想发展变化的实际情况，灵活运用和积极塑造各种适宜的实践教育形式，是实践教育成功的关键。

实践教育的目的是把行动放在首位，将知识作为专长，将美德作为灵魂。实践教育是"德""知""行"相结合的综合教育。除了知识与实践的统一，思想教育、社会责任和使命教育已成为我国青年教育的重要组成部分。"德""知""行"的统一是一个有机的、连贯的教育过程。

实践教学的根本宗旨是服务社会，完成时代使命。对学生来说，社区服务能力的提高和时代使命的实现，既是教育实践的基本目标，也是教育与社会关系密切的体现。

实践教育是师生共同成长的平台，教学和学习相辅相成，是在教育改革和创新的动态过程中统一进行的。实践、认识、再实践、再认识是一个循环过程，通过从实践中来，到实践中去，依托社会实践场景促进学科发展，建设教师队伍，量身定制培训，开启教师"产、教、研"的内部创新发展通道，加快教师知识结构和教学能力的转型和拓展，让学生通过实践参与获得经验、能力和工作。

2. 研学旅行

2017 年 9 月，教育部发布的《中小学综合实践活动课程指导纲要》在考察探究部分，详细解析了学生如何进行考察探究：学生基于自身兴趣，在教师的指导下，从自然、社会和学生自身生活中选择和确定研究主题，开展研究性学习，在观察、记录和思考中，主动获取知识，分析并解决问题的过程，如野外考察、社会调查、研学旅行等。它注重运用实地观察、访谈、实验等方法，获取材料，形成理性思维、批判质疑和勇于探究的精神。由此可见，研学旅行是实践教育的重要内容，是提高实践教育实效的重要途径。实践教育强调发挥社会实践的教育功能，而研学旅行将实践教育扩大到更广泛的领域，充分发挥和整合不同地域的多方面教育功能。

1）研学旅行的含义

Ritchie 在《管理教育旅游》一书中提到，研学旅行包括教育旅游、成人学习旅游、国内外大学生旅游和校园旅游。在我国，研学旅行教育的主体主要是学校，对象主要是学生，是由学校根据区域特色、学生年龄特点和各学科教学内容需要，组织学生通过集体旅行、集中食宿的方式走出校园，在与平常不同的生活中拓宽视野、丰富知识，加深与自然和文化的亲近感，增加对集体生活方式和社会公共道德的体验。研学旅行继承和发展了我国传统游学以及"读万卷书，行万里路"的教育理念和人文精神,把学校教育、社会教育和家庭教育衔接起来,通过"教学做合一"的实践性和探究性的学习模式,促进书本知识和生活实践经验的深度融合,培养青少年的良好思想品德和健全人格,成为素质教育的新内容和新方式。

2)研学旅行的特点

研学旅行实践教育主要有以下几个特点。

第一,学校是研学旅行实践教育的主体,是研学旅行实践教育的决策者和主导者,在研学旅行实践教育过程中起主导作用;教师是研学旅行实践教育的设计者、组织者和评价者;青少年是研学旅行实践教育的实施对象和需求者。研学旅行实践教育应以青少年为中心,强调体验式、探究式、互动式的教育。

第二,研学基地是研学旅行实践教育的供给者和实施者,如实验基地、文化基地、青少年宫、博物馆、科技馆、图书馆等。

第三,第三方服务机构是研学旅行实践教育的服务者。作为研学旅行实践教育的第三方,如旅行社等,为青少年提供研学旅行实践全程服务。

第四,政府是研学旅行实践教育的领导者和监管者。各级教育行政部门应做好研学旅行实践教育的顶层设计和整体规划,对研学旅行实践教育工作进行监督、指导和考核,推动研学实践教育健康发展。目前,教育部对研学实践的内容做了规定,主要包括以下几个方面的教育:理想信念教育、爱国主义教育、社会主义核心价值观教育、中华优秀传统文化教育、生态文明教育、心理健康教育、社会责任感创新精神和实践能力教育。

第五,研学实践属于跨学科的非正式学习活动。研学实践通过非标准化和浸入式学习,具有目的性、组织性、教育性、趣味性、安全性等特征;围绕某一主题的研学实践,有明确的研学实践目标和主题;以活动为载体,团队成员通过一定的组织方式和实践探究,获取综合能力,最终形成团队的成果。

第六,研学实践教育注重实践性、交往性和自主性的有效统一。青少年通过研学实践构建知识体系和实践技巧,相互切磋和讨论,在课程安排上体现青少年的主人翁意识,重构学生和教师的互动关系。除了结构化安排,学生有一定自由度,可自由探索,注重学习生活体验,注重感觉体验与理性探究,打造学习化生活方式,促成学生个性发展。研学实践是青少年学习的一种新形态,其核心指向学生的成长。

第七,研学实践把学校教育与社会生活紧密结合在一起,促使青少年走出校园,走向社会,把校内学习与校外生活实践连接起来,注重知识学习和体验学习相结合,具有一定的体验互动性。

第八,研学实践过程以问题为导向,以自然环境、社会生活、文化传统等作为研学实践的主题,以项目式专题研学为载体,采取情景导入、体验、分享、引导、互动等方式,开发学生各种潜能,培养学生的社会适应力,使其在研学实践中学习责任与担当。

第九,研学实践教育模式以"实景互动体验"等方式,让学生成为体验者、实践者和探究者,教师则作为合作者、参与者、引导者,具体可以分为以下几种模式。第一种是以场馆为主的研学实践模式,主要是研学机构依靠场馆优势,为青少年提供一系列研学实践课程和活动。第二种是以学校为主的研学实践模式,如企业参观、考察、探险等团队活动,学校自行设计规划研学实践课程任务,并付诸实施。这种模式有时需要第三方服务机构的参与合作,并明确各自的权责。第三种是学校和研学机构合作的研学实践模式,双方共同策划开发研学实践项目和课程。在实施过程中以研学机构为主,学校配合研学机构做好研学实践活动项目。这种模式有时也需要第三方服务机构(如旅行社)的参与,如跨地区的研学实践等,通过学校、旅行社和研学机构的合作,确保研学实践教育活动的顺利进行。第四种是国际研学模式。这种方式主要是学校和旅行社的合作,青少年到国外的研学机构进行研学实践活动,主要有自然教育与生存调整、生活探究与职业体验、文化考察与社会参与,以及国际理解与文化交流等各种类型。

3)研学旅行的原则

研学旅行作为多社会主体共同参与的教育活动,教育环境及影响因素较为复杂,因此要明确研学旅行实践教育的原则,保证研学旅行的方向正确、过程顺利和预期效果的达成。

(1)教育性原则。研学旅行以教育、学习为主,以参观游览为辅。研学旅行组织实施要结合学生身心特点、接受能力和实际需要,注重系统性、知识性、科学性和趣味性,充分利用研学旅行中旅游地设施的教育功能,为学生全面发展提供良好的成长空间。

(2)综合性原则。研学旅行是将学生带入社会中学习的过程,是学生学习独立研究、生活、工作的体验尝试。在此过程中,学生能全面学习人生中所需要的学习技能、生活技能、交往技能、工作方法等。研学旅行实践教育课程的设计与开展要以统筹规划、整合资源为突破口,以学生为中心,根据小学、初中、高中不同的学段要求进行系统的整合,注意课程设置的重点突出、难易结合;课程体系应更加关注人与自然、人与他人、人与社会、人与国家、人与自我关系的融合。

(3)实践性原则。研学旅行的主要学习方式是实践学习,通过深入参与研学旅行项目的全过程,更深入地学习理论的缘起、发展、内涵和实际应用,丰富和深化对理论知识的理解。在开展研学旅行实践教育活动时,要因地制宜,呈现地域特色,引导学生放下校园学习的模式,勤于动手,充分利用好实践机会,在与日常生活不同的环境中拓宽视野、丰富自我、了解社会、亲近自然、参与体验。

(4) 安全性原则。研学旅行涉及学生的交通出行安全、食品安全、住宿安全、操作安全等问题,由于学生的年纪尚轻,缺乏生活经验,心智尚未成熟,对其安全问题需要有实时的、全方位的保障。研学旅行实践教育的组织实施要坚持安全第一,建立安全保障机制,明确安全保障责任,落实安全保障措施,确保学生安全。

1.2.2 实践教育的历史与发展

我国实践教育发展的历史经历古代实践教育、近代实践教育、现代实践教育和新课程改革以后的实践教育四个阶段。每一个阶段各具特色,并赋予人们以丰富的经验和教训。从比较忽视走向逐步重视,从少数学校实施到普遍开设。

中国古代(1840年以前)实践教育的基本目的是培养政府人才,教育内容以人文教育为主。在教育过程中,注重道德修养的艺术,强调内省。在这个阶段,实践教育分散了注意力。无视实践教育的结果是,创新素质的培养落后。学生很难深入理解和挖掘教师所教的抽象理论知识,学生缺乏实践锻炼的机会,实践技能薄弱。

近代(1840—1949年)实践教育开始受到社会重视。1840年鸦片战争之后,一大批仁人志士倡导全面向西方学习,重视实践教育正是他们倡议改革的一项重要内容。京师同文馆是实行实验教学的典型,福建船政学堂是实施见习、实习等校外实践教育的典范,对许多新式的学校起到了重要的示范作用。这一时期,学校实践教育的主要特征是对西方教育模式的模仿,基本照搬西方的做法。虽然实施实践教育的只是少数新办的新式学校,但起到星火燎原的效果,给中国教育输入了新鲜的血液成分,对改造中国古代社会教育起到了重要作用,大大促进了当时中国社会急需人才的培养。1919年后,中国学校沿袭近代以来重视实践教育的做法,并有新的进展,更多学校成立实验室和科学馆,在自然科学科目教育中注重实验教学,更多中小学设立手工、家事、园艺、缝纫等实践活动课程。陶行知先生创立了生活教育理论,提出"要以生活为中心的教学指导,不要以文字为中心的教科书""行是知之始""教学做合一"的主张,以社会为学校,将工厂、学校、社会打成一片,在行动上去追求真知识,通过生活来教育,强调"要在做上教,在做上学""在劳动上劳心"。这一教育理论直到今天仍然有重要影响力。在解放区和革命根据地,湖南自修大学、列宁小学、中国人民抗日军事政治大学等学校采取脑力劳动和体力劳动紧密结合的教育方针,非常重视实践教育,并取得显著教育效果。解放区和革命根据地的实践教育取得可喜的成功,为后来我国学校实施实践教育积累了十分宝贵的经验财富。

现代(1949—2000年)实践教育开始规范化、制度化、体系化。中华人民共和国成立之初,首次在全国范围内全面、普遍开展实践教育。国家实行强化实践教育的教育方针政策和教育发展模式。在中小学学校中,把生产劳动列为正式课程,开展勤工俭学的运动,倡导学校办工厂和农场,工厂和农业合作社办学校。在大中专以上层次教育阶段广泛推进半工半读和半耕半读的"工学结合"或耕学结合的办学方针,提出了"教育与生产劳动相结合"的教育方针。1987年,国家教育委员会颁布《关于在普通中学开展社会实践活动若干问题的通知》,重申在普通中学开展社会实践活动的作用和意义;规定开展社会实践活动的时间;规范社会实践活动开设的方式和要求。这一时期,开展实践教育有了科学的理论依据,教育者们对实践教育的作用有了更充分和更完整的认识,对实践教育的内容和基本范畴有了更准确和全面的理解。

新课程改革以后(2000年以后)的实践教育上升到一个新的高度,在教育方式和课程结构等方面,传统教育得到根本性变革,强化实践教育是新课程改革的一个核心内容。在北京,规定普通高中课程总学分达到144学分方可毕业。其中,包括技术8学分(信息技术和通用技术各4学分)、艺术6学分(或音乐、美术各3学分)、体育与健康11学分、研究性学习活动15学分、社区服务2学分、社会实践6学分等。以课时来计算,研究性学习活动时间3年要修满270学时。社区服务时间要求3年不少于10个工作日。社会实践(包括军训、参观、考察、生产劳动等)不少于3周。显然,这些举措大大强化了实践教育,而且从政策层面上确立了实践教育在教育过程中的地位。这一阶段,综合实践活动成为中小学必修课程,高校强调"工学结合""产学研结合",并且时间上和实施机制上给予保障,这大大推动了实践教育在我国的发展和进步。在完整、全面意义上来实施实践教育,重视实践教育教学中的科技教育成分,重视培养学生创新精神和实践能力,这在中国教育史上是前所未有的。但也必须承认,到目前为止,我国实践教育仍然存在许多亟待解决的问题。

1.2.3　实践教育对志愿服务的意义

学生志愿者是中国志愿者的主力军,是志愿活动中最为活跃的群体。但当前学生志愿服务仍存在一些问题,如服务动机不纯、能力不足、人员迭代过快、项目开发不足、志愿精神关注不够、保障经费困难、组织建设滞后、管理机制创新不足、奖励激励制度等方面仍需改进。通过推动实践教育,这些问题能够得到很大程度的改善,实践教育对于学生志愿服务以及全体志愿者的志愿服务整体水平的提高具有重大意义。

1. 当前学生志愿服务存在的问题

回归到学校志愿服务的育人本质,结合新时代劳动教育的改革目标和要求,当前学生志愿服务仍存在以下问题。

1)存在志愿服务认知偏差

认知指导实践,只有认识正确才能朝着正确方向开展志愿服务活动。但当前,部分学校仍然未意识到志愿服务对象全面育人的作用,没有将志愿服务纳入学生培养体系中,没有将学校志愿服务工作制度化、体系化;部分教师没有认识到志愿服务对于学生学习能力和觉悟的培养作用,忽视了素质教育的重要性,认为志愿服务占用了学生的课本知识学习时间,冲击了"第一课堂";部分学生对志愿服务的认识存在局限性,将志愿服务活动简单地等同于"献爱心"活动。

认知上的偏差,影响学生对志愿服务的认可度、服务动力和方向,制约了志愿服务的科学化发展。准确把握志愿服务内涵,深刻认识其实践育人的功能,是有效组织和动员学生参与志愿服务的现实要求。

2)志愿服务项目培育不足

20世纪90年代以来,团中央持续推进"中国青年志愿者行动",学生志愿服务顺应时势蓬勃发展。1998年,《共青团工作跨世纪发展纲要》将"青年志愿者行动"列入"跨世纪文明工程",推动"西部计划""关爱农民工子女志愿服务行动""阳光助残"及大型赛会志愿服务等品牌志愿服务项目发展至今,在全国的影响越来越大。然而,此类高品牌效应的、大规模的志愿服务项目所招募的志愿者数量有限,大部分学生没有机会参与,只能通过学校、社区的组织参与志愿服务实践。但学校和社区由于在担责问题、资源限制、可用的集中空闲时间、组织经验、志愿服务机制等各方面限制,组织的志愿服务活动以生活帮扶服务或公共服务类居多,项目存在传统型和同质化问题。培育符合学生特点、专业特色、学生需求、规模适度的品牌志愿服务项目,是科学有效规避同质化问题,推动志愿服务水平提升的必然要求。

志愿服务项目的培育中,志愿者队伍建设十分重要。部分志愿服务活动相对复杂,对志愿者专业性要求较高,因此需要对志愿者进行较严格的挑选、培训和考察。必要的培训选拔机制是活动顺利开展的前提,也是确保活动质量的重要保障。然而目前国内确定选拔志愿者的科学标准尚有待完善,对志愿者的培训和考察有待加强。

3)志愿服务内涵有待提升

一是形式重于内容。一些志愿服务活动有着良好的外在形式,但内容设计缺乏科学理论基础,执行过程中达不到专业标准,效果无法达到解决服务对象所急所需。

二是业绩重于实效。一些志愿服务项目过度宣传、不实宣传,以志愿服务项目的结束作为项目的成功,但实际并未达到项目应有的效果。

三是服务缺乏真诚。一些志愿服务项目仅仅是站在完成阶段工作量和自身组织发展壮大的角度开展志愿服务项目,复制过去已有的志愿服务项目,却没有真正站在服务对象的角度,没有认真调查和了解服务对象的真正需求;一些志愿者带着完全功利的动机出发,注重社会服务项目带来的志愿时长、志愿荣誉等包装个人形象,以帮助个人获得升学、职场上的优势,甚至带有负面情绪消极地服务,缺乏与服务对象的真诚交往和交流,导致志愿服务效果不佳,污名化志愿者和志愿服务。

只有不断提升志愿服务内涵,切实克服形式化问题,志愿服务才能真正成为学生实践教育的有效载体,成为促进学生全面发展的有效课堂。

4)志愿服务保障支持不够

学校志愿服务对师资、经费、基地、设施、安全等基本保障条件的要求越来越高,学校组织开展学生志愿服务活动的保障难度也越来越大。经费短缺、基地弱化、平台滞后、安全风险等成为制约志愿服务发展的突出问题。一些学校教育教学经费紧张,无法保障支持学生参加社会实践活动;对志愿服务类基地的建设和与校外基地的合作不足,学生缺乏志愿服务途径;缺乏志愿服务信息化平台,仅仅依靠临时性"群组"运转志愿服务项目和保持志愿服务过程中的信息流通,效率低下。保障机制的不完善对于志愿旅游有着极大的影响,保障机制的缺失影响旅游志愿者参与活动的热情。例如,由于担心活动途中的安全问题,旅游志愿者往往在面对条件艰苦、交通闭塞、路程较远的公益旅游线路时产生顾虑,影响了其参与度与活动质量,也不利于保持与目的地的持续互动。

2. 实践教育对学生志愿服务的作用

目前,志愿服务存在着很大的发展空间,还有许多问题尚待解决。解决的方式有硬性规定的政策解决,而学校实践教育能够从社会认知、项目设计、精神体验、加强支持方面缓解志愿服务现阶段存在的这些问题,对于学生志愿服务水平的提高有着直接的、积极的影响,对于提高整个社会的志愿服务水平具有重大意义。

1)有利于纠正志愿服务认知偏差

实践教育通过结合理论知识与实践,鼓励学生将理论知识运用于技术实践中,在实践中检验和发展理论,有利于让学生认识到实践对于个人提升理论水平与技术水平的重要性和必要性,提高志愿者的实践意愿和热情。同时,实践教育的普及和实践成果的发展能够使教师、学校教学部门提高对实践教育的重视,深化对实践教育内涵、作用的认知,认识到实践教育对培养人才的价值,将实践教育纳入人才培养方案并作为重点工作推进,加强对实践教育的支持和投入。

学生、教师、学校层面的实践意识提高,能有效纠正其对志愿服务的认知偏差。学生通过接受系统的实践教育,将实践教育与志愿服务联系起来,能够认识到个人专业实践与志愿服务具有一致性,认识到志愿服务不只是"献爱心"募捐或社区清扫,而是内容多样、范围广泛、层次丰富的社会活动,对于个人专业学习和综合素质提高具有重大意义。教师通过实践教学,能够发现学生将知识结合实践的能力,认识到实践对"第一课堂"理论学习的重要作用,从而鼓励并指导学生进行社会实践和志愿服务。学校教学部门能认识到社会实践对学科建设和人才培养的深远意义,从而加强志愿服务工作的管理和投入,使志愿服务工作得到行政和财政支持。

2) 有利于提高志愿服务项目的针对性和专业性

实践不但可以探究、发现和检验真理,而且对于实现技术创新有着基础性的功效。实践对人才的培养无论在知识、素质,还是能力方面所起的作用都是综合性的和全面的。教学、科研和生产实践成果证明,实践是内容最丰厚的教科书,是贯彻素质教育最好的课堂,是实现创新最重要的源泉,是心理自我调节的一剂良药,是完成简单到综合、知识到能力、聪明到智慧的转化的催化剂。

实践能够培养具有专业能力和素养的人才,这些人才参与相关志愿服务项目的设计和项目实施,提高志愿服务项目的针对性和专业性,使志愿者在各自擅长的专业领域充分发挥各自优势。有适当难度的、结果有价值的志愿服务项目能显著提高志愿者的志愿服务满足感,使志愿者以愉悦的心情和积极的心态完成志愿服务,提高志愿服务项目的专业完成度。通过实践教育,各个专业领域的志愿服务水平得到提升,从而使社会整体志愿服务事业得到横向和纵深发展。

3) 有利于提高志愿服务的精神体验

社会实践不仅使人们在实践中丰富理论认识的内容,而且在艰苦复杂的社会环境中使思想认识更加成熟。社会实践使受教育者广泛接触劳动群众,熟悉、了解人民群众的思想感情,加强群众观念,并在艰苦环境中受到锻炼。因此,实践教育对于青年的成长成才具有特别的意义。青年人成长过程的大部分时间是在学校里度过的,缺乏生活体验和实际知识。积极组织和引导他们参加各种社会实践活动,不仅可以使他们接触、了解社会实际,开阔视野、增长才智,而且可以使他们亲自看到我国各方面巨大变化的事实,从而更加坚定社会主义信念,更加努力地为社会主义事业奋斗。

实践教育通过使学生全程参与实践活动的设计、组织、实施、总结反馈,能使学生体验到实践的乐趣和价值,发现实践过程中的问题,创新实践内容和形式,丰富实践的内涵,将课程实践与志愿服务有机结合,强化志愿服务意识,让学生将对课程实践的热情投入志愿服务当中,感受到志愿服务带来的内在满足感和获得感,解决志愿服务形式化的问题,提升志愿服务的整体精神体验。

4)有利于加强志愿服务工作支持

志愿服务是社会实践的形式之一,学校实践教育的推进将促使学校及相关部门加强对志愿服务工作的重视,提高志愿服务管理部门的福利待遇,调动志愿服务管理部门的工作积极性,规范化管理、组织和招募志愿者,扩大志愿者队伍,加强志愿服务的经费支持、人力支持、设施条件支持、安全保障,重视对志愿者的心理支持、关怀鼓励、风采展示、典型表彰,加大志愿者培训的投入,扩大志愿服务的文化宣传,提高志愿服务的公众知晓率和参与率,形成全社会支持和尊敬志愿者与重视志愿服务的氛围。

第 2 章 志愿旅游概论

2.1 志愿旅游

2.1.1 志愿旅游的概念

志愿旅游(Volunteer Tourism)(Henderson,1981)始于 20 世纪 50 年代的海外志愿服务活动,最先起源于英国等欧洲国家,是旅游的一个分支;后面扩展到澳大利亚和美国等国家;现在增加了包括亚洲和非洲的参与者(Alexander,2012;Lo 和 Lee,2011)。经过几十年来的研究和发展,志愿旅游有多个不同的名称和理解,但是基本内涵相同,本研究视为同一概念。如"自愿假期"(Volunteer Vacation)(McMillion 等,2006)、"假期志愿服务"(Vacation Volunteering)或"义工旅游或公益旅游"(Voluntourism)(Wearing,2001;Chen 和 Chen,2011)。

从志愿者的角度。志愿者亦称为"义工"或者"志工",定义为:自愿参与工作,不支领酬劳的人员。志愿旅游中的志愿者,是指"利用可自由支配的时间和收入,在常规活动范围之外旅行,以帮助其他有需要的人"(McGehee 和 Santos,2005);是典型的"新道德游客"(Gray 和 Campbell,2007);是将时间、预算和精力投入远离家乡的目的地,以获得各种形式的体验的人 (Chen 和 Chen,2011)。因此,志愿旅游中,志愿者具有志愿者和游客的双重身份,不仅为旅游目的地居民或者社区提供志愿服务,而且是体验旅行的游客。志愿旅游者认为英语等技能,以及他们所牺牲的时间和劳动,对社区来说是有价值的,可以帮助改善社区的条件(Proyrungroj,2017)。

从志愿服务的角度。志愿服务是一种特定类型的持续的、有计划的、亲社会的行为,它有利于陌生人和他人(Marta 等,2006);是指从事有组织的项目,包括通过分发必需品和其他资源、恢复和保护环境或协助实地研究等方式帮助社区(Broad,2003;Wearing,2001)。旅游与志愿服务相融合,使个人了解世界,了解其他文化,参与当地的短期志愿服务(Verardi,2013),是以人道主义为导向的旅行,引导人前往最需要帮助的地方(Massey,2007)。

从旅游结果的角度。志愿旅游是去商品化旅游(Coren 和 Gray 2012);Christie 和 Mason(2003)认为,志愿旅游是有组织的旅游实践,导致参与旅游体验的人的态度和价值观发生积极变化。志愿旅游的主要效益不仅表现在金钱或经济效益上,还表现在社会效益上。志愿旅游为当地居民提供了额外的收入和就业机会。在社会效益方面,志愿旅游者给予当地人民的知识是非常重要的,可以长期帮助减少贫困(Proyrungroj,2017)。

从旅游组织者(经营者)角度。志愿旅游是指在国外预定的旅游和志愿服务。参与者通常向国际或当地组织支付费用,这些组织将根据志愿旅游者的喜好安排他们参与项目。这些志愿旅游项目的主题一般从教育到健康和人权,并以组织旅行的形式出现(Kass,2013)。志愿旅游是一种旅游类型,旅游经营者为旅行者提供一个机会,让他们参与带有志愿服务成分的远行,并与当地人进行文化交流(Brown,2005)。

综上所述,不同的视角下志愿旅游的概念没有统一的定义(Knollenberg 等,2014)。从广义上讲,志愿旅游是指从旅游目的地的服务中获得的实现服务愿望的体验;从狭义上讲,志愿旅游是志愿服务与文化、地理、历史、娱乐等传统旅游内容有机结合的体验(Coghlan,2006)。学者从不同的角度、不同的环境研究和讨论志愿旅游的概念,Wearing(2001)的观点得到了学者们的普遍认同,或者说学者们基于它对志愿旅游的概念进行补充。

Wearing(2001)认为,志愿旅游是指由于各种原因,以有组织的方式志愿参加可能涉及帮助或减轻社会上某些群体的物质贫困、恢复某些环境或研究社会或环境方面的旅游。其目的是给个人、社区、机构或环境带来有益的结果。随后,Wearing 和其他学者合作对志愿旅游的概念、内涵、动机、影响等进行了持续的、多视角的探讨和研究,进一步丰富了志愿旅游的理论研究和实践探索。

因此,本书认为志愿旅游是旅游者参加有组织的志愿服务的旅游体验,实现给个人、社区、组织、环境或者社会带来积极影响的目标。

2.1.2 志愿旅游的内涵

1. 志愿旅游的本质是旅游体验,是一种负责任的替代旅游

志愿旅游是将志愿服务项目纳入旅游体验的一种旅游形式,是一种旅游的替代形式(Wearing,2001);是发展中国家和发达国家旅游业的一个新兴领域(Wearing,2013);是另一种更负责任的旅游形式(Raymond 和 Hall,2008);是一种有希望的旅游形式,有利于自然环境、参与者、接待社区和整个社会(Alexander,2012;Lyons 等,2012;Pegg, Patterson 和 Matsumoto,2012)。Guttentag(2011)将志愿旅游描述为旅游业处于最佳状态,旅游业包含了诸如可持续性、赋权、地方发展、社区参与、环境保护和跨文化交流等时髦的理念。

2. 志愿旅游的核心是志愿服务,是一种有目的性的互动体验

志愿旅游的特点是游客参与志愿服务活动的体验(Callanan 和 Thomas,2005;Raymond 和 Hall,2008;Chen 和 Chen,2011;Conran,2011;Griffiths,2015)。志愿服务活动是年轻人了解世界、了解自己在世界上的角色的好机会(Verardi,2013)。它帮助个人获得有意义的体验和有意义的生活,发现和了解自己,是不可能在日常生活中得到的体验(Chen 和 Chen,2011)。

志愿旅游是一种包含志愿服务的旅游活动,它关注环境、文化或人道主义问题,使游客和当地人都受益;满足了有目的旅行的游客的需求(Brown 和 Lehto,2005),希望在假期期间有所作为(Coghlan,2006),可以与捐助他人的人一起享受旅游体验。同时,志愿旅游经营者为参与者提供便利的体验,可能包括志愿服务和休闲机会的各种组合(Barbieri 等,2012);或者仅限于志愿服务;这是一种高度沉浸式的"后台"体验,具有自我实现的重要机会(Coghlan,2018)。

志愿旅游是一种能引起价值变化的互动体验(Wearing,2002),其目的通常包括减贫、提高贫困意识、增强全球团结和促进跨文化参与和意识(Wearing,2001;Brown,2005;Lyons 和 Wearing,2008;Raymond 和 Hall,2008;Palacios,2010;Richter 和 Norman,2010;Vodopivec 和 Jaffe,2011;Mostafanezhad,2013)。

3. 志愿旅游的功能是公益属性,是一种利他主义的旅游形式

志愿旅游被认为是一种减贫旅游或帮助穷人的手段,具有很强的公益属性。志愿旅游的经历包括帮助他人的愿望,特别是在减贫或其他社会疾病方面(Wearing,2001,2002;McGehee 和 Santos,2005;Sin,2009),从而促进减贫(Brown 等,2007),因此,它通常是来自发达国家和富裕国家的人前往发展中国家和贫穷国家提供援助的一种做法(Palacios,2010;Proyrungroj,2017)。

4. 志愿旅游的目标是可持续性,是一种跨文化交流对话的方式

志愿旅游通常被视为促进游客和他们所访问的接待社区之间可持续的、跨文化的理解的一种手段(Wearing,2001;Raymond 和 Hall,2008),一种能够接触不同外国文化的现象(Silló,2018)。志愿旅游被描述为一种比传统大众旅游更道德的旅游方式,因为它的好处是双重的(Pan,2012)。也有志愿者游客把教育、科学研究、个人成长和改善简历作为主要激励因素(Wright,2013),使志愿旅游成为一个多领域合作的交流和对话的方式,包括:澳大利亚志愿者游客在哥斯达黎加的圣埃琳娜热带雨林保护区观看青年挑战国际项目(Wearing,2001);Campbell 和 Smith(2006)在哥斯达黎加调查了志愿者游客对保护海龟的价值观,他们发现他们采访的志愿者游客是为了做科学研究;志愿者游客在泰国普吉岛观察、参与长臂猿康复项目(Broad 和 Jenkins,2008)。

2.1.3 志愿旅游的影响

1. 志愿旅游的影响从层面上划分,包括宏观层面的影响和微观层面的影响

志愿旅游在宏观层面的影响,主要是志愿旅游者与目的地社区之间的影响、跨国跨文化的影响;微观层面的影响,主要包括志愿旅游者个人旅游的影响、志愿旅游组织发展和其群体内部关系的影响(宗圆圆,2012)。

志愿旅游促进旅游业的增长,具有产生价值变化的潜力,对志愿旅游者和接待社区都有积极的影响(Wearing,2001;Banki 和 Schonell,2018)。国际义工活动和旅行路线越来越受到年轻人的青睐(Benson,2011),使当地社区和国际义工之间的会议和合作成为可能(Silló,2018)。通过为志愿旅游者提供机会反馈所在的社区,促进积极的社会和环境发展(Brightsmith 等,2008;Brown 和 Lehto,2005;McIntosh 和 Zahra,2007;Sin,2009)。这样与不同的文化、人和事物的交流,增加了志愿者游客在陌生的环境中自我成长和自我反省的机会 (Stratford,2000)。

2. 志愿旅游的影响从效果上划分,包括积极的影响和消极的影响

1)志愿旅游的积极影响

(1)志愿旅游具有公益属性,往往关注人道主义和环境项目,目的是服务于有需要的社区(Wearing 和 McGehee,2013),为社区提供支持,包括社区建设、环境保护、医疗援助和教育(Andereck 等,2012;Coren 和 Gray,2012;McGehee,2002)。

(2)促进旅游业增长的趋势。志愿旅游可以被定义为一种替代旅游和生态旅游。这种旅游具有产生价值变化的潜力,对志愿游客和接待社区都有积极的影响(Wearing,2001;Banki 和 Schonell,2018)。自从志愿服务的概念被提出,个人和组织层面的志愿旅游的参与呈指数增长(Brown, 2005;Yoda,2010;Wearing 和 McGehee,2013),是发展最快的旅游形式(Lyons 和 Wearing,2008);是"为一项事业旅行",目标是可持续发展 (Sin 等,2015)。

(3) 促进个人发展和文化交流。现代游客被各种各样的空间所吸引,在这些空间中,他们可以基于存在、做、触摸和观看发出自己的声音,这就是志愿旅游为他们提供的(Sin,2009),通过为游客提供机会"回馈"他们所在的社区,从而促进积极的社会和环境发展(Brightsmith 等,2008;Brown 和 Lehto,2005;McIntosh 和 Zahra,2007;Sin,2009)。同时,促进游客和他们所访问的接待社区之间可持续的、跨文化的理解(Raymond 和 Hall,2008;Wearing,2001);给游客和被访问者都带来了好处(McGehee 和 Santos,2005;Wearing,2001)。这样与不同的文化、人和事物的交流,志愿者游客可以在陌生的环境中抚平自己,增加自我成长和自我反省的机会(Stratford,2000)。

Knollenberg 等(2015)在志愿旅游领域的研究遵循了与早期关于生态旅游和可持续旅游的研究类似的路径,首先尝试识别并将其置于一个环境中,确定了三个利益相关者群体:东道国社区成员(McGehee 和 Andereck,2009)、志愿旅游组织(Barbieri 等,2012)和志愿者(Lepp,2009)。同样,许多积极的影响发生在第三个空间,即主人、客人和中介(通常是志愿旅游组织)的文化交集,每个群体都渴望社会变革的共同认识(Wearing 和 Wearing,2006)。

(4) 促进旅游目的地社区发展。志愿旅游往往关注人道主义和环境项目,目的是服务于有需要的社区(Wearing 和 McGehee,2013);提供了纠正权力失衡和参与发展的"尽责性"的机会(Unstead-Joss,2008),国际志愿者等一些志愿旅游活动和路线越来越受到年轻人的青睐(Benson,2011),使当地社区和国际志愿人员之间的会议和合作成为可能(Ágota SILLÓ,2018)。主办社区通常有各种优先事项,可以通过志愿旅游活动来支持,包括建设、环境保护、医疗援助和教育(Andereck 等,2012;Coren 和 Gray,2012;McGehee,2002)。

(5) 促进特殊项目援助和学术研究。志愿旅游有着某种特定的环境,可以帮助特殊的群体。例如,孤儿志愿旅游为在孤儿院开展的一种短期志愿旅游形式,鼓励国际志愿旅游者参与孤儿看护活动(Proyrungroj,2014)。学术研究对象主要是发生在发展中国家的志愿旅游(Barbieri 等,2012;Lepp,2009;McGehee 和 Andereck,2009;Palacios,2010),已经发展到全世界。

2) 志愿旅游的消极影响

志愿旅游的消极影响主要表现在志愿旅游商业化发展的趋势和风险方面。随着非政府组织发展与商业旅游企业建立合作伙伴关系,他们可能会把重心从核心活动转移到志愿旅游商品化的过程中(Lyons 和 Wearing,2008;Coghlan 和 Gooch,2011;Coren 和 Gray,2012;Smith,2014;Melles,2018)。此外,志愿旅游对旅游目的地社区文化侵蚀风险,可能衍生新殖民主义或者生态帝国主义。志愿旅游组织者为了游客的体验而剥削和破坏社区与环境(Bone 和 Bone,2015),可能让当地的就业减少,让当地人的依赖性增加,强化他人形象和使贫困合理化(Guttentag,2009)。志愿旅游可能代表一种新民主主义(Griffiths,2015)、新殖民主义(Caton 和 Santos,2009)或帝国主义的形式,在这种形式中,志愿旅游者无意间加剧了发达国家和发展中国家之间的权利不平等(Raymond 和 Hall,2008)。

(1)志愿旅游商业化发展。随着非政府组织开始发展与商业旅游企业建立合作伙伴关系,他们可能会把重点从核心活动转移到志愿旅游商品化的过程中(Lyons 和 Wearing ,2008;Coren 和 Gray 2012 ;Smith,2014;Melles,2018)。越来越多的研究表明,随着大型旅游运营商争夺志愿旅游这个新市场的份额,志愿旅游的商品化正在发生,人们质疑这种超越市场优先级的志愿旅游理念和实践能否在全球旅游市场上持续下去(Coghlan 和 Gooch,2011)。如果志愿旅游仅仅被定位为一种替代性商品文化(Gray 和 Campbell,2007;Cousins 等,2009;Callanan 和 Thomas,2005)、一种可消费的产品,而不是一种重要的社会经验,那么就会有加强刻板印象和忽视解决不平等问题的风险(Freysinger 和 Harris,2006;Griffin,2013;Hammersley,2014;Simpson,2004;Sin,2009)。

志愿旅游面临着许多挑战,以满足学者、从业者、接待社区和游客的期望(Coghlan 和 Gooch,2011)。志愿旅游还没有达到早期研究中所预期的与当地社区和环境的接触类型(Devereux,2008;Palacios,2010;Raymond 和 Hall,2008;Sin,2009)。此外,志愿旅游的经济回报流向与我们预期的方向相反,很少留在东道国,大部分利润流向了志愿旅游(Goudge,2003;Cousins 等,2009)。

(2)旅游目的地社区文化侵蚀。为了游客的体验而剥削和破坏社区与环境的情况是有可能发生的,不管游客本人是否赞成这种有问题的做法(Bone 和 Bone,2015)。Guttentag(2009)总结了多项研究的结果,归纳出志愿旅游对社区的消极影响分为五类:忽视当地人的愿望;工作进度缓慢、完成工作质量差;本地人就业减少;依赖性增加、强化他人形象和使贫困合理化;志愿旅游活动对当地文化的变化引起的示范效应。

志愿旅游被定义为一个"善意和权威的设计交织在一起"的地方,以及"在一个极度不平等的世界里,按照我们的国际价值观行事所面临的反复出现的困境",这"应该让我们感到不安"(Borland,2013)。志愿旅游也能产生生态帝国主义,Gray 和 Campbell(2007)在他们的研究中报告了志愿旅游者是如何批评当地人的;由于缺乏参与性需求评估和地方政府很少重视当地与相关的知识和需求,当地人的实际参与有限(Melles,2018);与东道国社区的互动并不能保证相互尊重、理解和长期关系(Singh,2014);志愿旅游没有提升真正的跨文化能力(Zeddies 和 Millei,2015),可能会导致东道国社区的部分依赖,而这部分人会习惯于依赖外部资源,忽视自身的可持续发展(Guttentag,2011)。

随着志愿旅游的发展,越来越多的商业提供者提供的产品和服务几乎不能满足他们寻求服务的所在社区的志愿者游客的需求(Callanan 和 Thomas,2005;Simpson,2004)。志愿旅游可能代表一种新民主主义(Griffiths,2015)、新殖民主义(Caton 和 Santos,2009)或帝国主义的形式,在这种形式中,志愿者游客无意间加剧了发达国家和发展中国家之间的权利不平等(Raymond 和 Hall,2008)。志愿者利用东道国社区的潜力,外国利益优先于当地利益;志愿组织和志愿者游客往往比当地社区获得更多的利益(Palacios,2010)。志愿旅游显然是一个不平衡的交流过程(Banki 和 Schonell,2018)。

(3)旅游组织者管理不善。一些志愿旅游组织可能更看重利润,部分原因是围绕志愿旅游的商品化氛围日益浓厚(Coren 和 Gray,2012;Smith 和 Font,2014)。Gazley(2001)和 Simpson(2004)认为,志愿旅游组织"公然推销更多的个人利益,比如成本节约和个人成长"。如果管理不善,志愿旅游活动实际上可能会产生明显不可持续的"其他"和文化立体类型的副产品(Guttentag,2009;McGehee 和 Andereck,2008;Raymond 和 Hall,2008;Simpson,2004);如果志愿者的旅游体验以一种教育和启发志愿者的方式组织起来,那么这种情况可能会减少。旅游志愿者组织被指责加剧了文化刻板印象:有人认为,如果志愿者项目管理不当,可能会导致跨文化误解和文化刻板印象的强化(Raymond 和 Hall,2008);志愿旅游的一些项目充满了发达国家的价值观,被高高在上的贫穷、被轻视的贫穷或被浪漫化的贫穷,没有看到造成这种贫穷的不平等的结构性因素(Simpson,2004);志愿旅游忽略了当地人的愿望,增加了令人不满意的工作,促进了当地人的依赖性,使贫困合理化,促进了文化的改变(Guttentag,2009)。

志愿项目大多是短期的,大多数持续时间不到4周。这可能导致志愿旅游无法为接待社区带来真正的变化和利益(Wearing 和 McGehee,2013;Callanan 和 Thomas,2005)。Dumelie 等(2006)认为,短期实习的成本效益较低,可能会中断服务的连续性。志愿旅游的组织有美化目的地和项目的倾向,通过增加志愿者对项目能力之外的期望来误导潜在的志愿者(Callanan 和 Thomas,2005)。志愿旅游明显缺乏财务透明度、对物质需求的评估能力不足、地方参与和控制有限、未能实现目标(Melles,2018)。令人担忧的是,商业志愿旅游经营者对受志愿旅游影响的社区所产生的影响(Banki 和 Schonell,2018)。

(4)影响志愿者游客的体验和满意度。志愿者的期望与实际经验不匹配可能导致志愿者的满意度降低,降低志愿者的积极性和承诺(Coghlan,2007)。Leigh(2006)提出了"反向文化冲击"的案例,即志愿者游客重新进入他们的家乡文化,可能无法协调他们在志愿旅游经历中培养与形成的技能、价值观和态度。志愿者游客的存在往往弊大于利,比如通过无偿劳动剥削,破坏当地经济的依赖周期,强调权力不平等(Alexander,2012;Deo,2013;Pegg 等,2012)。

许多志愿旅游项目缺乏关键的参与者之间的接触,忽视了周围环境,忽视了游客的挑战假设,依靠重申他们最初的假设使他们专注于自己的财富、生活方式和价值观(Simpson,2004)。不仅志愿者的动机与宿主社区的需求不匹配,而且志愿者的期望和可能性也不能满足宿主社区的实际需求(Schuurman,2018)。在志愿者游客看来,捐赠是帮助当地社区最简单的方式。然而,在当地居民看来,志愿者游客的捐赠并不是一种可持续的减贫旅游形式(Proyrungroj,2017)。Hammersley(2014)亲自做了这件事,并表达了作为一名志愿者游客的挫折感。她指出,"这种经历和个人的挫折感让我对志愿旅游的角色产生了质疑,因为我觉得自己更多的是一种负担(既缺乏语言技能,也缺乏劳动技能),而不是提供了帮助"。McGehee 和 Santos(2005)还发现,返回的志愿者游客必须与孤立感做斗争,当他们没有与其他志愿者游客接触(或交谈)或没有时间进行有组织的自我反省时,这种感觉会加剧。

2.2 志愿旅游动机

2.2.1 志愿旅游动机的概念

基于理论基础部分关于旅游动机的概念和内涵,本研究认为志愿旅游动机是志愿旅游者参加旅行过程中志愿服务的动力和原因。

旅游动机通常被用来细分和识别游客,它是旅游者参加旅游活动的内在动力(Parrinello,2002)。志愿旅游者和大众旅游者最大的区别就是旅行中是否有志愿服务。志愿旅游动机与大众旅游者动机的差异得到了广泛的研究和探讨(Brown,2005;Callanan 和 Thomas,2005;Benson 和 Seibert,2009;Brumbaugh,2010;Tomazos 和 Butler,2010;Chen 和 Chen,2011;Lo 和 Lee,2011;Andereck 等,2012;Grimm 和 Needham,2012),志愿旅游的动机因义工个人特性、文化背景、环境等因素的影响而呈现多元化的特性。

2.2.2 志愿旅游动机的分类

1. 侧重利他动机因素

关于志愿旅游动机的争论,往往集中于利他动机和利己动机。一些研究将这两个主要的动机分类作为一个二分法,经常使其中一个与另一个相冲突。志愿旅游的本质包括旅游者助力旅游目的地或者其他人的志愿服务活动,参与志愿服务的个体通常具有利他动机(Wearing 和 Neil,1997;Bussell 和 Forbes,2002;Broad,2003;Callanan 和 Thomas,2005;Zahra 和 McIntosh,2007)。

2. 侧重利己动机因素

Pearce(1993)和 Stebbins(2001)的研究发现,志愿者的动机是感知到的个人奖励,包括学习和分享新技能、交朋友以及通过志愿服务和成就感带来的社会互动解决个人问题。Wearing 和 Neil(2001)发现,参加国际旅行的志愿旅游者注重于个人发展和学习在改变或影响自我方面的作用,许多志愿旅游者试图通过参与志愿旅游,寻求身份的改变。Broad(2003)对志愿旅游者长时间旅行的研究得出结论:志愿旅游者的动机主要集中在个人兴趣和旅行上。志愿旅游者可能被兴奋、乐趣、冒险和遇见他人的前景所驱使(Bussel 和 Forbes,2002;Gazley,2003)。Galley 和 Clifton(2004)研究了生态旅游者的动机,发现个人发展和学业成就的动机是义工经常就他们为何从事志愿旅游做出的回应,而回应在后续的研究中都得到了验证。就学生而言,志愿旅游背后的动机是个人发展和学业成就(Chen 和 Chen 2011)。Benson(2004)也相信学习和教育是参加志愿旅游的关键组成部分。

3. 利他动机和利己动机双动机因素

Cnaan 和 Goldberg-Glen(1991)构建了志愿者动机量表,他们从回顾的研究中收集义工参与志愿服务活动的 28 个动机,得出了志愿者具有利己动机和利他动机的结论。志愿旅游者的动机包括利他主义、旅游、冒险、个人成长、文化交流、学习、专业发展等(Wearing,2001)。Gazley(2001)研究了短期志愿者的动机,提出尽管志愿服务活动是旅行的主要原因,但其他动机,如乐趣、冒险和学习也很重要。利他主义保持了它作为主要动机的重要性(Wearing,2001;Brown,2005),个人发展对志愿旅游体验的重要性(Zahra 和 McIntosh,2007;Wearing 和 Mcgehee,2013)同样得到支持。

学者们从两者结合研究志愿旅游的动机,指帮助或反馈社区的利他欲望或利他动机和自我导向动机的结合(Wymer 等,2007;Söderman 和 Snead,2008)。志愿旅游者通常有双重动机,志愿旅游者可以在一次单独的志愿旅游旅程中同时拥有两种动机(Wearing 和 McGehee;2013),他们想为接待社区做一些有益的事情,同时也想实现个人发展(Polus 和 Bidder,2016)。

4. 多重动机因素

三类动机论。Rehberg(2005)将 118 名年轻的瑞士成年志愿旅游者的 12 个动机分为三个类别:成就感、寻找新的体验、追求自己。Chen 和 Chen(2011)确定了国际志愿旅游者的 11 种动机,并将其分为三大类:个人动机、人际动机和其他动机。

四类动机论。Brown 和 Lehto(2005)发现志愿者游客有四个主要动机:文化沉浸;反馈社会、做出改变;与其他义工建立情谊;家庭纽带和教育。类似的,如 Callanan 和 Thomas(2005)的四类动机观点:文化浸入、做出改变、寻求友情、家庭纽带。Mustonen(2007)的四类动机观点:利他主义、利己主义、社交、个性。

五类动机论。Seibert 和 Benson(2009)发现志愿者游客有五个主要动机:体验不同或者新的东西;结识非洲人;了解另一个国家和文化;生活在另一个国家;开阔自己的思路。Lo 和 Lee(2011)的五个主要动机观点:文化沉浸和与当地人民的互动;想要回报并表示爱和关心;与家人分享经验和为儿童提供教育机会;宗教参与;逃离日常生活。Pearce(2005)的五个主要动机观点:放松、刺激、人际关系、自尊、成就感。

动机因素对海外志愿者来说是复杂的(Soderman 和 Snead,2008),而且在很大程度上研究不足;国外志愿者的动机因素大致可以分为利他主义、利己主义和多重的动机三种类型。

志愿旅游动机不是一个单一变量,动机分为给予动机(利他主义、环境动机和宗教动机)和接受动机(心理和社会互动动机)(Suhud,2013)。可见,关于志愿旅游动机的研究备受关注,多重性动机研究成为趋势。

2.2.3　志愿旅游动机的影响因素

1. 志愿旅游者动机的影响因素

1)个人因素的影响

志愿旅游者的年龄、阅历和期望影响志愿旅游动机。年龄较大的受访者称体验内心的平静比年轻志愿者更重要,年轻的受访者更重视发展能力(Pearce,2005)。Weaver 和 Jin(2016)提出,年轻志愿旅游者的一个关键激励因素是同情心,它有可能将良好的意愿转化为富有成效的结果。Mustonen(2007)认为,受教育程度是旅游动机的主要因素。对于受教育程度较高的志愿旅游者来说,重要的是寻求知识,了解新的地方和民族(Otoo,2013)。Gitelson 和 Crompton(1984)比较了两组游客(第一次和重复游客)的动机,发现参与经验影响旅游者的参与动机。同样的结论适用于志愿旅游动机的研究(Lau 和 McKercher,2004),第一次来的游客更有动力去实现自我,而重复来的游客则更有动力去建立关系和放松身心。通过文献研究还发现,志愿者国籍对志愿旅游动机有一定的影响,身体健康的志愿者更愿意参加志愿旅游。

2)环境因素的影响

志愿旅游者参与动机受文化、环境等因素影响。推拉理论成为研究旅游动机的主要理论之一(Dann,1977;Crompton,1979;Uysal 和 Jurowski,1994;Delamere 和 Wright,1997),如发现、个人成长、逃离世俗环境、自我探索和评价等推动因素;目的地属性、文化动机、新奇等拉力因素是影响旅游动机的因素,同样适用于志愿旅游动机的影响因素研究(Fluker 和 Turner,2000;Wearing,2004)。其中,学习、环境和文化是非常重要的动机因素(Yoon 和 Uysal,2005)。志愿旅游者希望通过直接的亲身体验来学习,与当地人一起生活和工作,做一些有意义的事情,改变他人的生活(Polusa 和 Bidderb,2016)。McGehee(2012)总结了志愿旅游者往往是由自我发展和文化理解的潜在结果的动机驱动的。吸引志愿旅游者选择目的地的主要因素是文化和人,其次是志愿者机会、政治气候、地理和旅游景点(Otoo,2013)。

3)项目因素的影响

志愿旅游项目的背景影响旅游者的参与动机。Bang 和 Chelladurai(2003)描述志愿者在国际体育赛事中的独特动机,爱国主义作为一种强大的激励因素出现,志愿者在大型体育赛事中的动机模式与其他情况下的是不同的。

4)组织因素的影响

志愿旅游组织的管理和服务影响旅游者的参与动机。志愿旅游者的行为反映了其动机,他们会通过参与他们感兴趣的组织来努力满足他们的需求或目标(Bruyere 和 Rappe,2007;Jacobsen 等,2012);如果志愿旅游组织(经营者)能够识别其参与者的动机,那么他们可以更好地将志愿旅游者与适当的组织或志愿服务活动匹配起来,如住宿、旅游和其他文化活动(Knollenberg 等,2014)。

影响志愿旅游者参与志愿旅游的动机是复杂的和多元化的,决定一个人旅游动机的主要因素与一个人的个性、生活方式、过去的经历、过去的生活、观念和形象有关;他们补充说,很少有游客只受一个动机的影响(Swarbrooke 等,2003)。同时,影响动机的因素与未来志愿旅游参与有关(Brown,2005;Lo 和 Lee,2011;Ooi 和 Laing,2010),志愿旅游是由发展型旅游者对自我发展和探索的善意愿望所驱动的(Smith,2014)。

2. 志愿旅游动机的变化

大多数学者集中对动机的影响因素进行研究,很少有实证研究考察志愿者是如何工作的,旅行是否改变了志愿旅游者的动机,动机如何以及什么因素对未来的参与产生重大影响(Lee 和 Yen,2015)。McIntosh 和 Zahra(2007)认为,志愿旅游者与东道国之间的互动体验可能不会改变他们参与志愿服务活动的动机。然而,有一种观点认为,志愿服务使志愿旅游者将他们最初的志愿服务活动愿望与实际的宜居现象联系起来(McGehee,2002),这对动机是有影响的。Lee 和 Yen (2015)招募来自韩国的志愿旅游者参与交互式志愿旅游,改变了他们的动机。研究中先确定了 25 个参与志愿旅游的动机,经过旅游前后动机影响因子分析发现,14 个动机在旅行体验后发生显著变化,11 个动机略微增强或者几乎不变;未来志愿旅游对动机有显著影响。

通过整理文献可知,志愿旅游动机的研究主要针对已经参与志愿旅游的人进行,有质性研究和量化研究的成果。关于潜在的旅游者的动机,大众旅游业中的学者已经开展了很多研究(Fakeye 和 Crompton,1991;Hudson,2000;Wong 和 Kwong,2004),但关于潜在的志愿旅游者的动机的研究很少(McGehee 和 Andereck,2009;Andereck 等,2012),值得研究和探讨,它对志愿旅游的持续性发展有着重要的意义。

2.3 志愿旅游体验

2.3.1 志愿旅游体验的概念

旅游体验从 20 世纪 70 年代起,受到学术界的热议。Pine 和 Gilmore 提出体验经济后,探讨旅游体验的学者越来越多。

Clawson 和 Knetsch(1966)认为,旅游体验应该包含旅行前后的影响和个人成果。Otto 和 Ritchie(1996)认为,旅游体验为游客在服务遭遇中所感受到的主观心理状态。Stamboulis 和 Skayannis(2003)认为,旅游体验是以前往远离家乡的目的地,了解其属性并享受其活动的方式产生的。Tung 和 Ritchie(2011)将旅游体验定义为"一个人的主观评估,经历与其旅游活动有关的事件(情感、认知和行为),这些活动始于旅游前(计划和准备),持续到旅行期间(即目的地)和旅行后(回忆)"。旅游者的旅游体验并不是旅游者个体纯粹性的生理性的体验,相反,旅游者的旅游体验总是以一种隐蔽的方式被建构(马凌,2009)。不同的旅游者有不同的"观看方式","观看方式"受人们的世界观、价值、态度、倾向性、信念等因素影响。因此,旅游者的旅游体验是"观看方式"和目的地的相关因素共同作用的结果(Lefebvre,1991)。对个体而言,旅游体验是一种多功能的休闲活动,既包含娱乐成分,也有求知的成分(Li,2000)。旅游体验是一种心理现象,是体验个体集中地以情感或情绪表现出来的快感(愉悦)经验(谢彦君,2011)。马天和谢彦君(2015)从旅游体验的历史过程(预期体验、在场体验和追忆体验)入手,对旅游体验的建构主体、建构过程和建构对象进行详细分析,认为旅游体验是以景物体验和标志体验为核心的愉悦性休闲体验,旅游体验是多主体建构的结果。

旅游体验是文化构建的,有两个基本组成部分,必须结合起来,以使体验本身发生。第一个是"模型"(一种具体化的理想);第二个是"影响"(基于模型的改变、创造、强化的信念或感觉)(MacCannell,1976)。通过这种方式,志愿旅游体验需要一个"模型"来解释它为参与者提供的体验,以及游客和社区在哪里具有"影响力"(Wearing,2001)。Wearing作为提出志愿旅游概念具有代表性的作者之一,其著作《志愿旅游:与众不同的体验》中的观点得到了学术界广泛的认可和持续探讨。体验是旅游实践的一种手段,志愿旅游体验是一种直接的互动体验,会使人们的价值观发生变化,进而影响人们的生活方式,同时提供当地社区所需要的社区发展环境(Wearing,2001)。

志愿旅游是一种替代性旅游,深度休闲活动(包括志愿服务)作为替代性游客体验的决定性因素,本身就是一种体验(Wearing,2001)。发展国际义工计划和个人发展的研究,为学者们研究替代性旅游体验概念提供了一些背景。外国义工能够体验一种通常与本国完全不同的文化,并与来自世界各地的人们进行互动(Chen和Chen,2011),给了他们更多的全球平等感和文化理解,同时也给了他们全新的体验(Chen和Chen,2011;Kumaran和Pappas,2012)。

2.3.2 志愿旅游体验的内涵

1. 旅游体验的维度

Jackson等(1996)通过实证调查,认为旅游者应该通过四个因素(能力水平、努力程度、任务完成的难易程度以及运气的好坏)来解释旅游体验。Gomez-Jacinto等(1999)的研究表明,游客体验包括跨文化旅游活动、跨文化影响、假日满意度和服务质量。Stamboulis和Skayannis(2003)认为,旅游体验有四个领域,即美学、娱乐、教育和逃避现实。Tung和Ritchie(2011)认为,影响力、期望、结果性和回忆是使他们难忘的旅游经历的四个维度。除此之外,本研究认为,情感(Otto和Ritchie,1996)、社会(Morgan和Xu,2009)、认知(Gopalan和Narayan,2010)和感官景观(Dann和Jacobsen,2003)是旅游体验的共同维度。

2. 旅游体验呈现多样性特征

Cohen(1979)根据旅游体验划分旅游者类型,并把旅游体验分为休闲、排遣、获取经验、试验、存在五类。Jackson 等（1996）和 Li(2000)都使用了积极体验和消极体验来描述旅游者的体验感受。Wickens(2002)采用心理学和现象学方法，通过对旅游者半结构化的访谈和观察，根据旅游动机和旅游体验划分出了五种不同类型的旅游者。Uriely 等（2003）用现象学方法专门研究了无组织旅游者旅游体验的多样性。国内学者主要研究旅游体验的基础理论和体验式旅游产品的设计两方面。谢彦君(1999)提出，旅游体验的研究是旅游研究的核心内容，并进一步强调旅游体验是旅游世界的硬核(谢彦君，2005)。邹统钎(2004)认为，旅游的本质是一种体验活动，并阐述了旅游体验的本质、类型和塑造原则。吴文智和庄志民(2003)以古村落旅游产品开发为例，提出了旅游产品体验化创新的系统框架。乔海燕等(2006)以百色市为例，提出红色旅游的体验化设计。王星(2006)以四川安县寻龙山为例，设计了一套以体验旅游为主题的营销方案。

3. 大众旅游向体验式旅游的转变

Driver 和 Brown(1993)指出，现代旅游开发规划的核心是为游客设计独特的旅游体验。传统的大众旅游逐步转变为现代旅游，追求一种生活方式的体验，一种旅游心情的分享(Green 和 Chalip, 1998; Ryan Hughes 和 Chirgwin , 2000)。体验式旅游指一种预先设计并组织的，有一定程序的，顾客需要主动投入时间和精力参与的，追求舒畅而独特的感受的旅游方式（Stamboulis 和 Skaynnnis, 2003）。

志愿旅游是体验式旅游的一种。志愿旅游体验分析为一种参与性过程，包括在特定的社会情境中与自然环境或当地社区的直接互动，由生态旅游、志愿服务和深度休闲等不同要素所构成(Wearing, 2001)。志愿旅游这种形式的休闲体验对通过旅游发展自我的可能的影响以及一个人如何因此而改变是很值得研究的，但是关于志愿旅游体验的研究较少(McGehee, 2002)。Wearing(2002)将志愿旅游体验归纳为三个方面：满足寻求差异心理需求和个人内在动机的个人体验；有利于个人和社区的体验；通过社会互动使旅游者自我认知重塑和自省的体验。宗圆圆(2011)认为，志愿旅游参与者所追求的旅游体验是本真的、互利的，不仅有利于个人发展，而且直接、积极地影响他们实施义工行为的社区。她将志愿旅游体验归纳为五个方面：学习和教育型体验；情感社交型体验；宗教或精神净化型体验；自我反思、重塑和发展型体验；适度义务的、有意义的休闲型体验。

4. 并非所有公益旅游体验都是正面的

国内外关于志愿旅游体验的研究，主要是采用描述性语言记录一些代表性公益旅游项目开展历程和访谈内容。通过研究学者们的访谈记录、旅行者游记等发现,志愿旅游体验在不同开展背景约束下具有多样性和东西方文化差异性。各种志愿旅游项目的内容性质、活动安排、组织管理和当地社区居民反应也有可能消极地影响志工旅游者的体验(宗圆圆,2012)。

国外旅游体验的研究已经形成了多学科、多层次、多领域、多侧面的研究局面,研究的内容涉及旅游体验的本质、旅游体验的动机、旅游体验的类型、旅游体验的文化影响、旅游体验的意义、旅游体验的质量和体验式旅游等诸多方面。

2.4 志愿旅游的研究展望

尽管最近对志愿旅游有了更多的批评,但有一种明显的感觉是,它应该有别于更广泛的旅游业(Blackman 和 Benson,2010;Raymond 和 Hall,2008;Wearing,2002)。志愿旅游文献呈现出这种趋势:侧重将志愿者作为研究对象(Brown 和 Lehto,2005;Campbell 和 Smith,2006;Galley 和 Clifton,2004;Mustonen,2005;Wearing,2002,2003),对宿主社区(Clifton 和 Benson,2006;McGehee 和 Andereck,2009)和与志愿旅游相关的组织的研究较少(Coghlan,2007;Wearing 等,2005)。志愿旅游的研究从宏观逐步到微观,已经扩展到与公益旅游、国际志愿服务、出国留学和间隔年经历区分开来进行研究(Benson 和 Henderson,2011;Wearing,2013)。

目前的文献中,对志愿旅游的研究基本上集中在其意义和价值领域(Chang 等,2018)。

2.4.1 志愿旅游应用领域扩展

志愿旅游的研究经过四个发展阶段:在第一阶段,强调了志愿旅游的负面影响;在第二阶段,重点是探索新的东道国;在第三阶段,研究调查策略,以最大限度地发挥正面影响和尽量减少负面影响;在第四阶段,强调多学科的志愿旅游方法(Singh,2014)。多学科领域研究志愿服务,促使志愿旅游的可持续性发展。

在志愿旅游的特定背景下,关于目的地形象的研究似乎很少(Nadeau 和 Lord,2017)。对志愿旅游的重要性的研究,自 20 世纪 70 年代以来一直在增加,最高值出现在 20 世纪末(Broad,2003;Brown 和 Morrison,2003;Lee,2011;Polus 和 Bidderb 2016)。大量的文献研究了志愿旅游的潜在价值和影响(Lyons 和 Wearing,2008;Stebbins 和 Graham,2004;Wearing,2001)。尽管有大量的志愿者在国外与宗教组织一起工作,但涉及志愿宗教信仰和实践影响的研究相对较少

(Margaret,2008)。

志愿旅游的学术研究对象主要是发生在发展中国家的志愿旅游(Barbieri 等,2012;Lepp,2009;McGehee 和 Andereck,2009; Palacios,2010),非洲是较受欢迎的志愿旅游地之一(Hartman 等,2014;Rogerson 和 Slater,2014)。很少有研究考察非西方人之间的国际旅行或"南南交流"(Lo 和 Lee,2010),而大多数研究关注的是来自北方国家的国际志愿者到全球南方旅行(Unstead-Joss,2008)。

2.4.2 志愿者游客的细分市场

志愿者游客类型的细分研究(Callanan 和 Thomas,2005;Coghlan, 2007;McGehee 等,2009),让学者认识到志愿者游客类型具有不同的类别和不同的程度。与关注游客动机和接待影响的讨论相比,对志愿者游客的生活体验的研究相对被忽视了(Barbieri 等,2012)。志愿旅游组织可以通过为志愿者找到符合他们的期望和当地需求的合适工作来减少志愿旅游的负面影响(Raymond 和 Hall, 2008)。

Callanan 和 Thomas(2005)根据目的地、项目持续时间、重点经验(即利己主义与利他主义)、资格、主动参与与被动参与、对本地社区的贡献程度六个标准确定三个志愿者游客的类型:浅层次的志愿者游客、中级志愿者游客、深度志愿者游客。对本地社区的贡献程度:浅层次的志愿者游客是寻求感官刺激的志愿者,他们大多具有个人兴趣;中级志愿者游客、深度志愿者游客倾向于更多地考虑社区(Wearing 和 McGehee,2013)。

志愿者游客本身往往是女性,其中大多数可能是 30 岁以下或提前退休的女性,一般有大学教育背景(Brown 和 Morrison, 2003;Coghlan, 2008;McGehee, 2002;McIntosh 和 Zahra,2007;Stoddart 和 Rogerson,2004);志愿旅游已经成为一个越来越受到女性关注的话题,也是女性旅游的新趋势之一(Wearing 和 McGehee, 2013);不过研究很少讨论女性的驱动因素、过程体验以及志愿旅游给旅游者带来的变化。Chang 等(2018)基于中国台湾地区女性志愿旅游的背景特征与生活方式,研究她们在生活方式和参与程度上的差异,以及生活方式和参与程度之间的关系,为未来的公益旅游社会形态研究奠定基础,并为女性公益旅游代理机构在目标市场定位、产品设计、营销策略制定等方面提供参考。

目前,志愿旅游的研究大多集中在已经完成志愿旅游活动的志愿者游客上,而对潜在的参与者研究甚少(Andereck 等,2012)。

第 3 章　志愿旅游活动策划与管理

3.1　志愿旅游项目的设计

3.1.1　志愿旅游项目的实施职责

1. 教育类型

(1)志愿旅游项目招募负责人:接受志愿者的项目申请信息,确定出行的志愿者,为志愿者团队人员提供支教项目的咨询服务,建立同期成员群以方便交流沟通,行前展开教育教学项目的培训工作。确保每一位志愿者完成出行前的各项流程。

(2)志愿旅游目的地项目总负责人:负责志愿者抵达志愿旅游地的接待工作,安排住宿,进行项目会议,介绍支教项目的内容以及志愿旅游地的基本详情。与各志愿者成员确认支教志愿工作的活动日程、工作内容以及支教工作的注意事项。安排志愿工作之外的观光项目或旅游项目内容,带领志愿者团队了解当地城市的风景名胜。

(3)当地学校机构负责人:负责对接安排到机构的志愿者,带领志愿者熟悉志愿服务机构的基本状况,了解日常工作内容,确定教学内容,完成支教任务,为当地教学资源匮乏及师资力量不足等问题献力。

(4)志愿者:按照规定的时间以及流程,完成各项志愿旅游项目,获得当地志愿者组织颁发的证书,安全返程。

2. 救助关怀类型

(1)志愿旅游项目招募负责人:接受志愿者的项目申请信息,确定出行的志愿者,为志愿者团队人员提供救助帮扶项目的咨询服务,建立同期成员群以方便交流沟通,行前展开救助关怀项目的培训工作。确保每一位志愿者完成出行前的各项流程。

(2)志愿旅游目的地项目总负责人:负责志愿者抵达志愿旅游地的接待工作,安排住宿,进行项目会议,介绍帮扶项目的内容以及志愿旅游地的基本详情。与各志愿者成员确认志愿工作期间的日程、帮扶的工作内容以及帮扶志愿工作的注意事项。安排志愿工作之外的观光项目或旅游项目内容,带领志愿者团队了解当地城市的风景名胜。

(3)当地帮扶机构负责人:负责对接安排到帮扶机构的志愿者,带领志愿者熟悉志愿服务机构的基本状况,了解日常的救助工作内容,确定需要帮扶的对象,完成帮扶关爱工作,为当地的孤儿、老人、残疾人士等献出温暖和爱心。

(4)志愿者:按照规定的时间以及流程,完成各项志愿旅游项目,获得当地志愿者组织颁发的证书,安全返程。

3. 环保类型

(1)志愿旅游项目招募负责人:接受志愿者的项目申请信息,确定出行的志愿者,为志愿者团队人员提供环保项目咨询服务,建立同期成员群以方便交流沟通,行前展开环保项目的培训工作,确保每一位志愿者完成出行前的各项流程。

(2)志愿旅游目的地项目总负责人:包括但不限于负责志愿者抵达志愿旅游地的接待工作,安排住宿,进行环保的项目会议,介绍环保项目的内容以及志愿旅游地的基本详情。与各志愿者成员确认环保志愿工作的日程、工作内容以及注意事项。安排志愿工作之外的观光项目或旅游项目内容,带领志愿者团队了解当地城市的风景名胜。

(3)当地保护站负责人:负责对接安排到环保机构的志愿者,带领志愿者熟悉志愿服务机构的基本状况,确定环保的对象,了解各项环保工作的知识以及环保工作的技能,在工作人员的带领下完成环保工作,为当地的环保事业献力。

(4)志愿者:按照规定的时间以及流程,完成环保工作的志愿服务工作,获得当地志愿者组织颁发的证书,安全返程。

4. 文化体验类型

(1)志愿旅游项目招募负责人:接受志愿者的项目申请信息,确定出行的志愿者,为志愿者团队人员提供文化体验项目咨询服务,建立同期成员群以方便交流沟通,行前展开文化体验项目的培训工作,确保每一位志愿者完成出行前的各项流程。

(2)志愿旅游目的地项目总负责人:负责志愿者抵达志愿旅游地的接待工作,安排住宿,进行文化体验项目会议,着重介绍文化体验项目的内容以及志愿旅游地的文化历史、民俗禁忌。与各志愿者成员确认文化体验项目的日程安排以及注意事项,带领志愿者团队了解当地城市的风景名胜。

(3)文化体验项目负责人:负责安排文化项目体验的内容,带领志愿者参观和了解相应的历史文化以及风景名胜,并体验相应的民俗工艺等,在工作人员的带领下完成志愿旅游地的文化体验项目,为当地的文化交流、文化传播献力。

(4)志愿者:按照规定的时间以及流程,完成志愿旅游地的文化体验项目,获得当地志愿者组织颁发的证书,安全返程。

3.1.2 志愿旅游项目的主要内容

1. 教育类型

该类型多要求志愿者前往志愿旅游地的学校从事教学工作,志愿旅游地的学校多存在师资力量缺乏、教育资源不足、基础设施落后、教学环境不良等问题,当地求学的孩子也多出生于贫苦家庭,家庭经济基础差。志愿者们在此类志愿项目中主要的工作内容是服务学校实施基础科目的教学大纲,例如英文教学、中文教学或其他语种教学大纲,以及进行一些寓教于乐的教育活动,包括教育游戏、体育活动、各国文化知识传播等。例如,进行中华文化传播时,可根据文化内容设计一些课程,不仅教授中文和汉字,还可以教授中国的民俗文化、手工工艺(如剪纸、京剧、国画等),弘扬中国传统文化,促进文化交流。同时,志愿者们也将对所服务的教育机构教育资源匮乏的状况提供帮助,在丰富孩子们教育内容的同时也能缓解当地教育资源匮乏的现状。

例如,泰国曼谷教学国际志愿者项目中,针对曼谷城市中教育资源匮乏的学校设计了志愿者教学项目;马来西亚吉隆坡中文教学国际旅游项目中,针对吉隆坡的华文教学工作,志愿者们可进行中华文化,包括汉字、传统民俗文化的知识教学与传播。诸如巴厘岛、斯里兰卡、琅勃拉邦等地均有教育教学类志愿旅游项目,志愿者们可根据自身的情况选择志愿帮助活动。

2. 救助关怀类型

该类型多要求志愿者前往志愿旅游地的孤儿院、养老院、医院、社区等地从事救助帮扶工作,志愿旅游地以旅游经济发展为主,但对于整个城市来说仍旧杯水车薪。因贫困人群较多,抑或是战争历史遗留问题,部分人群成为残障人士,生活极其困难,从生理到心理上都需要进行救助和安抚。志愿者们对于此类项目的主要工作内容是围绕儿童关爱、老人关爱、妇女帮扶等方面展开的,主要针对他们的心理健康、身体恢复这两个大的方面进行帮助。志愿者们会前往公立医院的残疾孩童照顾中心或当地寺庙照顾残疾孩子的饮食起居，或是前往当地的孤儿院、养老院对孤儿和独孤老人进行慰问，抑或是前往社区为弱势群体的妇女提供服务性支援，内容包括生活照料、手工技术支持、义卖活动支援等。志愿者们需要对帮扶机构进行日常的打扫、帮助喂饭，协助工作人员完成日常工作；还有陪孩子们做游戏，教授他们知识和生活技能；陪伴老人们聊天，缓解其孤独感并进行心理安抚。因为需要帮扶的人员是残障人士、孤儿、老人等，所以需要志愿者们有更多的耐心和更加温柔。在对特殊人群进行关爱的时候，需要遵循工作人员更多的叮嘱和指导。

例如，在越南胡志明关爱残疾儿童项目中，志愿者们针对战争问题遗留的残障儿童进行救助和关爱；在老挝琅勃拉邦国际志愿者项目中，志愿者们对当地的弱势群体进行帮扶，包括山区的孤儿、无国籍的难民以及家庭无经济能力照看被抛弃的孩子。诸如缅甸、菲律宾、摩洛哥等地均有救助关怀类志愿旅游项目，志愿者们可根据自身的情况选择志愿帮助活动。

3. 环保类型

该类型多要求志愿者前往当地进行环保工作，针对的对象一般为自然环境的保护或是珍稀物种（动植物）的保护。即结合当地的自然和地理情况，在当地环保工作人员或是珍稀物种研究所工作人员的带领下，了解保护对象的基本情况，学习保护的方式和措施，进行相对应的保育工作。志愿者们在此类项目中的主要工作是针对保护对象展开的。

例如，在泰国清迈大象营料养体验项目中，针对大象表演、旅游业中过度使用大象等问题，志愿者们可以在这里近距离接触大象、与大象共同生活，并与之培养感情，同时可以体验大象料养、打扫大象住所、学习大象习性以及相关知识，向更多的人宣传大象保护知识、保育状况，让人们进一步感受巨大生灵的友善和灵性。在马来西亚兰卡威海洋生态环境保护项目中，志愿者们跟着专家一起巡航大海穿越红树林的支流，在浅滩中收集并种下红树林的种子；还会跟着环保爱好者驶入无人小岛清理海滩，学习海洋生态保护的相关知识。又如在印尼巴厘岛海龟保育国际志愿者项目中，志愿者们学习海龟保护知识，在中心进行简单的保育工作，清洁海龟中心，给水池换水，搬运沙子，为海龟的生存状况贡献力量。再如，在印尼巴厘岛珊瑚重建国际志愿者项目中，志愿者们在专业人士的指导下，学习海洋生态和珊瑚保育知识，亲手种植珊瑚，跟随当地渔民出海，学习改善后的捕鱼方法，学习清理海滩并参观当地的垃圾处理中心，了解垃圾分类循环利用知识。

诸如此类的项目还有很多，针对各个志愿旅游地的地理环境和特殊的动植物,会有不同的环保项目,但所有的环保项目都旨在维护当地的自然环境保护和恢复,以及提升珍稀物种的保育和繁衍水平。志愿者们可根据自身的情况和所学的专业知识进行志愿帮助项目的选择。

4. 文化体验类型

该类项目要求志愿者置身于当地的文化氛围之中,体验不一样的地域文化,学习各色的传统文化知识,了解各地的民俗风情,结合自身的文化背景,相互交流文化知识,传播文化内容,感受世界不同文化相互碰撞的火花。此类项目中,志愿者们大多数围绕着各地的名胜风景进行观光,对民俗地区进行深入了解,感受当地人民的精神信仰,学习当地的语言文字,体会当地特有的文化活动。

例如,在柬埔寨暹粒文化周项目中,志愿者们会前往吴哥窟的大圈、塔逊、龙蟠水池、圣剑寺等寺庙进行参观学习,还会领略柬埔寨独特的吊脚楼,学习柬埔寨语课程,体验传统手工藤编,感受祈福仪式的习俗。又如,在斯里兰卡文化体验项目中,志愿者会前往精选的斯里兰卡文化体验及特色景点,对斯里兰卡有一个深刻而完整的体验。在印尼巴厘岛文化体验国际志愿者项目中,志愿者们会被安排进行丰富的巴厘岛文化体验项目,包括:蜡染课程;厨艺课程;参与巴厘岛祈福仪式,学做祈福花篮;参观当地特色咖啡园、圣洁的圣泉寺;游览著名景点海神庙和情人崖;在金巴兰海滩欣赏日落美景。丰富的特色文化体验和游览安排,给了志愿者们一次深入了解巴厘岛的机会,促进了中华文化和巴厘岛文化的交流。

再如,在冰岛雷克雅未克文化乐游项目中,志愿者们会探寻并发现冰岛各个区域风格迥异的风景,前往汇聚冰岛奇景之精华的南部冰岛、蛮荒的中部高地以及阴森寂寥的西部峡湾,还有斯堪的纳维亚风情的东部小镇。大部分志愿者因此惊叹于大自然的创造力。

诸如此类的项目还有很多,每一个不同的地域都会有不同的文化风俗,针对各个志愿旅游地的历史背景和民族信仰,会有不同的文化体验项目,但所有的文化体验项目都旨在宣传当地的文化知识,发挥文化软实力,进而提高国家的影响力和经济实力。志愿者们可根据自身的兴趣情况和所学的专业知识进行志愿旅游项目的选择。

3.1.3 志愿旅游项目的注意事项

1. 教育类型

(1)参与教学和学校项目期间,应注意着装,避免穿着暴露;校园内应避免吸烟、饮酒。

（2）参与教学和学校项目时,应确定志愿旅游地学校的放假及复课时间安排,避免由于放假或是其他特殊情况造成项目时间和内容的更改。

（3）项目参与期间,应集体安排住宿在志愿者之家,避免因出行或外出住宿而出现安全事故。

（4）出发前四周不得更改项目时间和内容。

（5）参与教学教育项目者,应熟练掌握相关的知识技能,尤其是语言技能,方便授课和讲解。

（6）由于季节性和部分不可控因素,项目内容会有调整的可能性,参与者要能够理解和配合。

（7）项目中途因个人原因中断或退出项目者,不退还之前所缴纳的费用。

（8）志愿旅游目的地季节温度各不相同,注意做好个人的健康防护工作,避免生病。

（9）志愿旅游地多为经济欠发达地区,基础设施有待建设,环境艰苦,参与者要做好心理准备。

2. 救助关怀类型

（1）参与救助关怀类项目期间,应注意态度温和、有耐心,针对帮扶的对象要给予更多的关爱和温暖。

（2）参与帮扶的日常工作时,应服从当地工作人员的调度,协作他们的日常工作安排。

（3）项目参与期间,应着重注意安全事项,特别是老人和孩子的安全;注意了解当地人民的生活习惯以及信仰,尊重老人、关爱孩子。

（4）参与帮扶工作时,应掌握相关的知识技能,如简单的医疗技能、基本的卫生常识等,方便帮助老人和孩子,尤其是对他们的心理情况要重点关注。

（5）项目参与期间,应集体安排住宿在志愿者之家,避免因出行或外出住宿而出现安全事故。

（6）出发前四周不得更改项目时间和内容。

（7）由于季节性和部分不可控因素,项目内容会有调整的可能性,参与者应能够理解和配合。

（8）项目中途因个人原因中断或退出项目者,不退还之前所缴纳的费用。

（9）志愿旅游目的地季节温度各不相同,注意做好个人的健康防护工作,避免生病。

（10）志愿旅游地多为经济欠发达地区,基础设施有待建设,环境艰苦,参与者要做好心理准备。

3. 环保类型

(1)参与环保类型项目期间,应了解志愿旅游地的环境保护法,针对保护的自然环境或是珍稀物种提前进行了解,方便志愿工作的展开。

(2)参与环保的日常工作时,应服从当地工作人员和保护组织研究员的安排,协作他们的日常工作,避免给当地的生态环境造成损害。

(3)项目参与期间,应着重注意个人安全事项,因所去地区是环境保护区,自然生态原始,要确保集体行动,避免独自行动造成迷路或受伤。

(4)参与环保工作时,应认真学习并掌握相关的环保、保育知识技能,方便帮助当地的环保工作人员进行生态保护工作,确保项目的顺利开展。

(5)项目参与期间,应集体安排住宿在志愿者之家,避免因出行或外出住宿而出现安全事故。

(6)出发前四周不得更改项目时间和内容。

(7)由于季节性和部分不可控因素,项目内容会有调整的可能性,参与者应能够理解和配合。

(8)项目中途因个人原因中断或退出项目者,不退还之前所缴纳的费用。

(9)志愿旅游目的地季节温度各不相同,注意做好个人的健康防护工作,避免生病。

(10)志愿旅游地多为发展中国家,基础设施有待建设,环境艰苦,参与者要做好心理准备。

4. 文化体验类型

(1)参与文化体验类型项目期间,应了解志愿旅游地的文化习俗和信仰,尊重当地的民族习惯,在历史建筑、雕像、宗教等相关观光地区时,拍照、摄像时应注意是否有禁拍标识,拍摄人像务必征得当地人同意,避免造成文化纠纷。

(2)参与文化体验项目期间,应服从志愿者总负责人的安排,原则上不随意独自出行,着重注意个人安全防护。

(3)参与文化体验项目时,应认真学习并掌握基础的语言技能,提前了解当地的风土人情、历史文化,方便与当地人民进行深入的文化交流,确保文化体验项目的顺利开展。

(5)项目参与期间,应集体安排住宿在志愿者之家,避免因出行或外出住宿而出现安全事故。

(6)出发前四周不得更改项目时间和内容。

(7)由于季节性和部分不可控因素,项目内容会有调整的可能性,参与者应能够理解和配合。

(8)项目中途因个人原因中断或退出项目者,不退还之前所缴纳的费用。

(9)志愿旅游目的地季节温度各不相同,注意做好个人的健康防护工作,带好相应的衣物,避免生病。

(10)项目以团体的形式招募,但不是传统意义上的团队旅游,而是大家以团体的形式安排交通路线、购买门票、预订食宿,全程配备司机为大家提供所有景点的交通服务及住宿安排。每抵达一个地方,除了行程上的项目安排,其他时间自由活动,不干涉大家的自由也不强制集体活动,但自由活动期间需要做好安全事项准备。

3.2 志愿者的招募

3.2.1 志愿者招募的原则

(1)个人自愿申请报名,项目达到成团人数方可出发,以审核报名表信息为主(无特殊情况没有面试)。

(2)团队成员应来自国内外各高校,对中学生和部分优秀社会人士(无地域限制)的背景资料进行筛选认证,确保团队人员信息安全。

(3)报名人员须满18周岁,未成年应签署家长同意书。

(4)具有国际合作意识以及服务意识,有耐心,有爱心,愿意帮助国际国内需要帮扶的人士。

(5)独立自信,有一定的沟通能力和问题处理能力。

(6)有一定的英语基础,能够满足志愿服务期间的日常交流需要。

(7)能够接受国际志愿者组织的安排,适当调整服务的时间和对象。

(8)为保证志愿者的人身安全,工作以及出游情况需要向负责人告知,应服从总体安排,不可单独行动,需要具备基本旅行安全意识。

3.2.2 志愿者招募的流程

(1)浏览项目信息,决定自己要申请的项目。

(2)确定出行的时间,在所选志愿旅游组织的官网上填写报名表,并提交申请。

(3)报名表审核,接受项目确认邮件,支付项目预付款。

(4)接收旅行指南邮件,加入同期旅行团队群,帮助自己更好地准备志愿出行。

(5)行前培训,了解项目相关详情、注意事项等,准备好行前包裹。

(6)购买机票,确认航班出发以及抵达的信息,办理旅游保险,确认保单信息,办理签证并注射疫苗。

(7)交付项目尾款,完成报名流程。

(8)行程准备,启程出发。

3.3 志愿者的培训

3.3.1 志愿旅游项目培训的内容

1. 教育类型项目

(1)志愿服务教学培训,介绍教学项目的主要内容以及安排,根据志愿者的中英文水平进行分组、分配服务机构,熟悉当地周边的环境。

(2)志愿工作培训,前往当地学校,了解学校的课程安排与教学大纲,并结合自身特长为学生制定相应的课程内容。课前完成备课工作,课中结合当地教学大纲或自身知识完成教学内容,课后陪伴学生交流文化,参与课余活动。

(3)培训志愿者服务精神,切实履行奉献、友爱、互助、进步的志愿服务理念,缓解当地学校教育资源匮乏的问题,提高教学质量。

(4)技能培训,如应急救援、志愿者自护、医疗卫生常识培训,确保在境外的志愿工作能够顺利安全地展开。

(5)志愿服务心理培训,如团队意识培训,提倡集体行动,确保志愿旅游期间的生命财产安全。

(6)文化知识培训,充分了解当地的风俗习惯以及禁忌,避免发生纠纷和意外。

2. 救助关怀类型项目

(1)志愿服务项目内容培训,介绍帮扶项目的主要内容以及安排,根据志愿者的语言水平以及掌握的技能进行分组、分配服务机构,熟悉当地周边的环境。

(2)志愿工作培训,前往当地的孤儿院、养老院以及社区,了解各机构的日常工作安排,协助机构工作人员完成日常工作,陪伴孤儿、照顾老人、帮扶社区贫困人群,结合自身的特长开展特色的帮扶项目。

(3)培训志愿者服务精神,切实履行奉献、友爱、互助、进步的志愿服务理念,用爱与温暖来照顾那些需要关怀人士的心理和身体,让他们获得更多的美好和善意。

(4)技能培训,如应急救援、志愿者自护、医疗卫生常识培训,确保在境外的志愿者能够顺利、安全地展开工作的同时也能利用这些技能来帮助有需要的人群。

(5)志愿服务心理培训,如团队意识培训,提倡集体行动,确保志愿旅游期间的生命财产安全。

(6)文化知识培训,充分了解当地的风俗习惯以及禁忌,避免发生纠纷和意外。

3. 环保类型项目

(1)志愿服务项目内容培训,介绍环保项目的主要内容以及安排,根据志愿者的语言水平以及环保兴趣进行分组、分配服务机构,熟悉当地周边的环境。

(2)志愿工作培训,前往当地的生态环保组织,如环保研究院,了解环保对象的基本情况,学习环保的相关知识和方法,在专业人员的带领下进行日常的环保工作,协助工作人员完成日常的环境保护工作或是珍稀物种的保育工作,宣传环保的理念。

(3)培训志愿者服务精神,切实履行奉献、友爱、互助、进步的志愿服务理念,跟随专业环保人士一起保护自然生态环境,维护生态平衡,保护珍稀物种。

(4)技能培训,如应急救援、志愿者自护、医疗卫生常识培训,确保在自然环境中的志愿者能够顺利安全地展开工作。

(5)志愿服务心理培训,如团队意识培训,提倡集体行动,如有个人行动必须报备,确保志愿旅游期间的生命财产安全。

(6)文化知识培训,充分了解当地的风俗习惯以及禁忌,避免发生纠纷和意外。

4. 文化体验类型项目

(1)志愿服务项目内容培训,介绍文化体验项目的主要内容以及行程安排,确定项目的行程时间,熟悉当地周边的环境。

(2)志愿工作培训,前往当地的名胜风景进行观光,对民俗地区进行深入了解,感受当地人民的精神信仰,学习当地的语言文字,体会当地特有的文化活动。可以跟随向导一起了解当地的历史文化、风土人情,实践体验民俗工艺等,实现文化传播以及文化交流。

(3)技能培训,如应急救援、志愿者自护、医疗卫生常识培训,确保在境外的志愿旅游项目能够顺利安全地展开。

(4)志愿服务心理培训,如团队意识培训,提倡集体行动,如有个人行动必须报备,确保志愿旅游期间的生命财产安全。

(5)文化知识培训,充分了解当地的风俗习惯以及禁忌,避免发生纠纷和意外。

3.3.2　志愿旅游项目培训的流程

(1)认识志愿者组织机构,了解参与的志愿旅游项目,包括志愿旅游服务内容、志愿旅游类型、志愿旅游流程设计、志愿旅游的使命和价值。

(2)了解志愿者,知道志愿者的含义,志愿者的权利与义务,了解本次志愿旅游项目的全程安排以及结束后所获得的奖励机制。

(3)认识并学习志愿者管理制度,了解国际志愿旅游项目实施的计划安排,服从集体行动。

(4)认识同行的志愿者团队人员,相互沟通,促进文化交流,便于后续的志愿工作展开。

(5)了解、熟悉志愿旅游地的生活环境与历史风俗,学习志愿旅游出行的安全知识、技能知识。

(6)根据不同的志愿旅游项目展开不同的学习内容,以观光实践、专业人士讲解、观看纪录片等方式学习。

(7)根据不同志愿旅游项目感受不同的文化并实践体验,完成所有项目后颁发国际志愿者证书。

(8)志愿旅游项目结束后离开志愿营地,明确返程信息,确保出行安全。

3.3.3　志愿旅游项目培训的注意事项

(1)确保每一位志愿者了解志愿旅游项目的全部内容,明确项目的日程,确保落实每一位志愿者的公益活动和体验。

(2)确保每一位志愿者明确志愿工作的工作类型,根据不同的工作类型培训相应的知识,确保志愿者在志愿旅游中能够顺利地开展志愿工作。

(3)确保每一位志愿者明确项目行程路线,提供项目旅游地的详情内容,包括治安环境、气候条件、民俗禁忌、日常生活要点,帮助志愿者在志愿旅游中获得更好的体验感。

(4)确保每一位志愿者能够明确志愿者的旅游权利和义务,在志愿旅游期间得到法律的保护,保障志愿旅游的安全性。

(5)确保每一位志愿者明确志愿旅游项目的全部信息,行前签订双方合同协议,保障志愿组织和志愿者双方的权益。

(6)确保每一位志愿者熟悉并掌握基本的旅游安全知识、旅游技能知识,保障志愿旅游过程中志愿者的个人生命和财产安全。

(7)确保每一位志愿者清楚项目负责人的联系方式,确认每一位志愿者加入志愿旅游项目的工作群,保障出行后团队的日常安排通知及日常安全性。

(8)确保每一位志愿者明确项目开始后,应服从组织集体安排,不得无故缺席活动(造成的损失由志愿者本人承担),有特殊情况应及时请假。

(9)确保每一位志愿者明确项目结束后,返程安排将由志愿者自行决定,自由活动期间需要确保自身的安全。

3.4 志愿者的激励

第一,按要求完成项目后,会获得志愿旅游地组织颁发的志愿者证书,证书会标明工作内容和工作时间,可丰富个人简历,在申请海外学校或工作时加分。

第二,获得"志愿中国""志愿北京"官方服务时长认证,可参与国家5A志愿者评级。

第三,获得社会实践时长、社会实践学分认证,项目结束后请与志愿者组织联系。

第四,获得前沿国际义工实践经历和多文化交流体验,丰富见闻和获得人脉。

第五,结交志同道合的高校小伙伴,拓展社交圈。

第六,提升英文(外文)口语的能力。

第七,在志愿旅游过程中体验项目流程,对人生和世界有一个全新的认知机会。

3.5 志愿旅游活动的管理

3.5.1 志愿旅游活动的流程

(1) 确认志愿者航班信息,进行接机,带领志愿者入驻志愿者项目营地或酒店,熟悉周边环境,自由活动。

(2) 开展项目简介会,介绍项目活动的全部流程以及日常安排,确定志愿工作各项小组的人员分配。

(3) 了解并跟随项目的工作人员学习项目营地相关知识,针对不同的项目类型以及所服务的机构进行相应的知识技能培训,确定工作计划和安排。

(4) 正式进入志愿工作地点,实地体验并进行志愿者的日常工作,跟随所服务机构的本地工作人员学习如何完成日常的工作,以及根据自身的兴趣特长或是知识开展特定的项目环节。

(5) 志愿工作之外,可安排观赏项目营地特有的名胜风景,了解当地的风土人情,实践并体验各地的文化风俗,如学习本地语言、制作本地特有的手工艺品等。

(6) 通过专业人士介绍讲解,或是参观博物馆、研究所、环境保护区等实景场地,抑或是通过相关的纪录片对参与的项目进行更加深入的了解和学习。

(7) 充分完成所有的志愿旅游项目,接受当地颁发的国际志愿者证书,结束志愿旅游活动,确定返程信息,平安抵达。

3.5.2 志愿旅游活动的注意事项

(1) 了解项目的全部详情,明确项目的日程,集体行动,确保主要行程全部执行,确保落实公益活动和体验。

(2) 明确志愿工作的工作类型,根据不同的工作类型了解相应的知识。例如教育类,支教项目会进行统一培训,学习如何上课;环境保护类,应提前了解当地的环境状况,搜索相关的知识以及其他志愿者工作开展的状况;动物保护类,应了解所保护动物的种群相关知识,包括其习性以及喜好,便于后期工作展开;文化体验类,可提前了解当地的历史文化知识、风土人情、民俗禁忌等,以便有更好的体验。

(3) 明确行程路线,自由活动时间规划安排清晰,了解物价、治安环境、气候条件,提前准备好生活物资用品。

(4)行前准备,及时与志愿者机构进行沟通,明确接机、住宿、日程安排、交通安排、旅游保险购买,以及紧急情况如何联系项目负责人,确保自身的安全。

(5)提前办理签证,兑换相应国家的货币,重要证件以及贵重物品随身携带。

(6)志愿者工作期间,尊重当地民俗,与服务机构的工作人员保持良好的沟通,对于工作上的问题积极询问,及时解决。

(7)工作之余,自由活动时间要结伴出行,保持适当的警惕,确保旅行过程中自身的生命和财产安全。

第 4 章　志愿旅游目的地概况

4.1　志愿旅游国外主要目的地

4.1.1　亚洲地区

1. 东南亚地区

1）泰国

泰国位于亚洲东南亚地区的中南半岛中部,其西部与北部和缅甸、安达曼海接壤,东北边是老挝,东南是柬埔寨,南边狭长的半岛与马来西亚相连。泰国是佛教之邦,素有"黄袍佛国""大象之国""微笑之国"等美誉,是一个具有 2000 多年佛教史的文明古国和信仰为上的微笑之国,以其多变的景致及丰富的文化内涵,成为许多旅游者度假计划中的独特选择。这里优美迷人的热带风光也许没有马尔代夫的惊艳,广博的佛教文化似乎也不如印度的狂热,独有的民间风俗也没有缅甸的纯粹,但泰国却蜚声海外,吸引着世界各地的游客前来观光。泰国的最大吸引力或许正是以上三者的叠加,加上东西方文化的完美融合、古代和现代化的时空交错。泰国旅游资源非常丰富,有 500 多个景点,主要旅游城市和旅游区有"天使之城"曼谷、"泰北玫瑰"清迈、"东方夏威夷"芭堤雅、"泰国明珠"普吉岛、"椰林海岛"苏梅岛和"金汤城池"大城等。

泰国志愿旅游典型项目 1:曼谷教学国际志愿者项目。曼谷是泰国首都,东南亚的第二大城市,别名"天使之城",是泰国政治、经济、文化中心。西方文化与泰国传统文化在这里相融,无论是想感受城市的古老底蕴还是享受繁荣的商业和夜市的热闹,曼谷都拥有它独特的魅力。曼谷教学国际志愿者项目将志愿者服务的对象定位在师资匮乏的曼谷学校,这类学校长期缺乏任教的英语老师,就读的孩子普遍来自外地到曼谷务工的贫困家庭,孩子们得不到良好的教育基础。该志愿者项目将服务学校实施基础英语教学大纲,以及进行一些寓教于乐的教育活动,如教育游戏、简单的中文课程,同时志愿者们也将对所服务的教育机构教育资源匮乏的状况提供帮助,在丰富孩子们教育内容的同时也能缓解当地教育资源匮乏的现状。在志愿服务工作之余,该志愿旅游项目还将带领志愿者们观光曼谷风情、感受泰国文化,这是一场发现美好、融入美好、探索世界、坚持奉献的志愿旅游之旅。

泰国志愿旅游典型项目2:清迈大象营料养体验项目。清迈市是清迈府的首府,泰国的第二大城市,历来以历史文化之悠久而闻名。东南亚地区城市曾是大象的天堂,大象也是泰国的象征。清迈地区自然资源丰富,森林覆盖面广,非常适合大象的生存。但也存在过度的象牙交易、大象表演,以及旅游业中过度使用大象等问题。目前,泰国境内大象仅存大约5000头,而亚洲象也在世界范围内被列为保护动物。大象营料养体验项目位于清迈以北40千米的湄登地区(Mae Taeng),这里有清迈最大的大象训练学校,也有国际知名的抢救培育大象的机构。该项目不仅旨在呼吁人们抵制象牙交易、大象表演、虐待动物,更重要的是以实践的形式让人们走进亚洲象群体,宣传大象保护知识、保育状况,让人们进一步感受巨大生灵的友善和灵性。志愿者们可以在这里近距离接触大象、与大象共同生活,并与之培养感情,同时可以体验大象料养、打扫大象住所、学习大象习性以及相关知识等。这是一场人与自然和谐共处的志愿旅行。

泰国志愿旅游典型项目3:泰国普吉岛孤儿院国际志愿者项目。普吉岛位于泰国南部,是泰国最大的海岛,以其迷人的岛屿风光和亲民的物价,吸引着无数游客。泰式悠闲和精彩的夜生活是当地地道的旅行方式。但国际志愿旅游不是单纯的玩乐,普吉岛孤儿院国际志愿者项目将会是此次志愿旅游中最真实的一个项目。普吉岛孤儿院的孩子出身贫困,日常生活的物质和教育资源较为匮乏。官方政府给孤儿院提供了一定的支持,给予孩子们基本的生活保障和启蒙教育,到了适龄年纪便安排他们到就近的学校入学。普吉岛孤儿院国际志愿者项目对接了官方的孤儿院和志愿组织,志愿者们将和专业教师及工作人员在官方的孤儿院进行工作,辅助孤儿院工作人员完成常规事项。志愿者们将融入孤儿院机构各方面的运行中,同时也可参与协助幼儿中心的老师进行工作,如看护孤儿、组织游戏、准备餐食、修理园区等。志愿者们将会为孤儿院提供切实有效的全方位帮助,为孤儿院孩子们的成长带来一份助力。这是一场传递爱与善良的志愿旅游。

2)马来西亚

马来西亚位于东南亚地区,简称"大马",是君主立宪联邦制国家,首都吉隆坡,布城为联邦政府行政中心。马来西亚是一个多民族、多元文化的国家,官方宗教为伊斯兰教。马来西亚半岛自然资源十分丰富,是世界上最大的天然橡胶、棕榈油及锡的出产国,也是优质热带硬木、石油及天然气的重要出产国;此外,还盛产可可、胡椒、椰子等热带经济作物;渔业资源也非常丰富,除各种鱼类外,还产龙虾。马来西亚的旅游资源十分丰富,阳光充足,气候宜人,拥有很多高质量的海滩、奇特的海岛、原始热带丛林、珍贵的动植物、千姿百态的洞穴、古老的民俗民风、悠久的历史文化遗迹以及现代化的都市。首都吉隆坡既有现代大都会的豪华气派,也有古色古香的迷人风韵,风俗传统别具一格,多元文化活力无穷。马六甲是马来西亚现存古老的城市之一,曾为马六甲王国都城,水陆交通便利。沙巴是婆罗洲的乐园,对崇尚大自然的旅游者来说,这是非常适合的自然天堂。兰卡威是马来西亚非常令人向往的风景胜地,这里有天然的海滨度假胜地,葱郁的森林和神秘的岩洞,是探险项目的绝佳选择地。热浪岛曼延着绵长细白的沙滩,你可以看海龟漫游,在热带雨林中寻幽探秘,与热带鱼嬉戏。马来西亚是当之无愧的度假胜地。

马来西亚志愿旅游典型项目1:马来西亚吉隆坡中文教学国际旅游项目。吉隆坡是马来西亚的首都,它既有现代化城市的豪华气派,也有传统历史古韵的风情,风俗文化独具一格,多元文化交融灿烂,更有融合了中国、印度、欧美的南洋风味美食让你一饱口福。马来西亚是多种族国家,华人占总人口的20%左右,华文曾在华人群体中广泛使用,但由于历史战争和国家政治的原因,英语和马来语成为主要教学语言。但马来华人从没有放弃对自己子女进行华文教育,数十年间自筹资金增建上千所华文教室,建立起一个完整的华文教育系统,使马来西亚成为世界上除了中国外,又一个有着健全华文教育的地区,且整个族群坚持华文教育至今。但如今,此处的华文教育仍面临许多困难,政府减少拨款,经费与资源的欠缺难以满足华文学校的发展。马来西亚吉隆坡中文教学国际旅游项目正是基于此开展的,志愿者可通过志愿旅游项目,前往吉隆坡的华文学校,开展深入的中华传统文化教育项目,不仅教授中文,还可以教授中国的民俗文化、手工工艺(如剪纸、京剧、国画等),弘扬中国传统文化,为当地的华文教育助力,促进文化交流。

马来西亚志愿旅游典型项目2:马来西亚仙本那海洋保护·教学帮扶志愿项目(Marine Protection · Teaching Assistance)。马来西亚位于赤道附近,阳光充足,气候宜人,拥有很多高质量的海滩、奇特的海岛、原始热带丛林、珍贵的动植物,以及悠久的文化遗迹。作为一个统一的多民族国家,这里汇聚着多元的文化,在这块风光绮丽、物产丰富的大地上,人们能感受到来自各国的民俗风情、宗教文化和丰盛美食。马来西亚仙本那潜水考证,珊瑚保育国际旅游项目的地点在仙本那(Semporna)。Semporna在马来语中是"完美"之意,实际上这个地方被如绿松石般的海水包围着,就像一个梦幻之岛,白皙的沙滩、高耸的椰树、五颜六色的珊瑚礁吸引着来自全球各地的游人。在仙本那,世界上最后一支海上游牧民族——巴瑶族世代以潜水捕鱼为生,至今仍过着近乎原始的生活。随着社会的进步和现代渔业的发展,越来越多的巴瑶族人希望适应陆地生活,接受良好的教育,以融入现代社会。此外,随着过度开发而面临环境问题的仙本那海滩,也亟须有效的环保活动来守护海岸线。本志愿旅游项目能够让志愿者切实地感受当地的文化,深入地了解当地的社会现状,并通过简单劳作、学校教学、帮扶活动参与改善实际环境、教育问题。志愿者将在当地义工组织的带领下进行沙滩(浅滩)清理、珊瑚保育、学校教学工作,同时深入接触巴瑶族,开展游戏互动,进行可行的文化帮扶。工作项目之外,还将进行浮潜课程学习,切身感受"潜水天堂"之美。

马来西亚志愿旅游典型项目3:马来西亚兰卡威海洋生态环境保护。兰卡威,又名"浮罗交怡",是马来西亚最大的一组岛屿,由近百个石灰岩岛屿组成。兰卡威位于槟榔屿的北方,地理位置接近泰国,面积526平方千米,主峰王山海拔850米。兰卡威位于马来西亚半岛西北岸处,距离瓜拉玻璃市港口30千米,距离吉打港口51千米。兰卡威是东南亚令人向往的风景胜地,清亮碧绿的海水和绵长平缓的沙滩构成了天堂般的海滨度假地。拥有上百个热带岛屿的兰卡威,除了漂亮的自然风光,更有着悠久的历史和传统文化,并且还是一个处处都充满神话和传说的地方,各种稀奇古怪的妖魔、巨鹰、战士、童话公主等民间故事和神话传说流传民间。马来西亚古典文学将这座岛描述为"毗湿奴的坐骑""神鸟揭路荼的休息地"。这里除了有广阔的海景,还有两岸绵延的红树林。红树林是生长于陆地与海洋交界地带的浅滩,是陆地向海洋过渡的特殊生态系统。兰卡威的红树林有着重要的维护生态系统的功能,它不仅能防风消浪、固岸护堤、净化海水和空气,还是各类海鸟的栖息地。兰卡威海洋生态保护项目将会安排志愿者们跟着专家一起巡航大海穿越红树林的支流,在浅滩中收集并种下红树林的种子;志愿者们还会跟着环保爱好者驶入无人小岛清理海滩、培植珊瑚,并在深海将写有志愿者名字的小珊瑚放入海底。志愿者不仅会跟大自然来一次亲密接触,同时还会在这些经历中学习海洋生态保护的知识。

3)越南

越南社会主义共和国,简称"越南",是亚洲的一个社会主义国家。越南位于东南亚的中南半岛东部,北与中国广西、云南接壤,西与老挝、柬埔寨交界,国土狭长,面积约33万平方千米,海岸线长3260多千米,是以京族为主体的统一的多民族国家。越南是所有东南亚国家中历史受中国文化影响最深的国家,所以很多节日习俗都与中国相仿。越南因为地形狭长,所以从南到北体现了这个国度不同的风土人情。这里既有令人叹为观止的山峦景色,也有休闲舒适的海滩风光,许多城市融合了东方的神秘色彩和法国的浪漫风情,有多处风景名胜被联合国教科文组织列为世界文化和自然遗产。同时,越南的农产品也很多,水果物美价廉,其海鲜也是游客的最爱,价格几乎是东南亚国家中最低的。越南有许多为人称赞的旅游城市,让游客流连忘返。首都河内宁静闲适,充满了社会主义特色;胡志明市遗留着大量法式建筑，充满法式风情；下龙湾被誉为"海上桂林"；芽庄是一座风情万种的海滨都市；美奈是当地人最爱的海边度假城市，每一处都有让游客心动的地方。

越南志愿旅游典型项目1：越南胡志明关爱残疾儿童项目（Disabled Children Caring Program）。越南最大的城市是胡志明市，这座被誉为"东方小巴黎"的城市还有一个更为大家所熟知的名字——西贡。在越南众多喧闹的城市之中，它依然保留着越南独有的浪漫情怀，悠然自得。这里曾是法属殖民地，法国人虽然已经走了，但给这座城留下了不可磨灭的法国情调——你可以品尝纯正的法式面包，你可以欣赏极具艺术的法式建筑，你还可以沐浴穿过法式梧桐的阳光。在美好的城市下，这里也留有历史遗留的阴影：在越南，有许多因为受到战争的化学武器影响而导致残疾的孩子，他们经常会被社会孤立和歧视。关爱残疾儿童项目就是基于此而开展的，本志愿旅游项目将会围绕儿童关爱、心理健康、身体恢复等多个方面展开，志愿者们会前往公立医院的残疾儿童照顾中心或当地寺庙照顾残疾孩子的饮食起居。志愿者们需要扫地、喂饭、陪孩子们做游戏，教给他们知识和生活技能。因为是残疾儿童，所以需要志愿者有更多的耐心和爱心。志愿者们在对特殊儿童进行关爱时，需要遵循工作人员的叮嘱和指导。志愿者对这些孩子的帮助看似简单，殊不知在这样的帮扶下，有越来越多的孩子具备了基本人际交往能力和生活技能。据统计，在全球各地志愿者的帮助下，这里有50%的儿童通过长期的康复教育和治疗后，获得了基本生活和工作能力，并能够融入社会。

越南志愿旅游典型项目2：越南芽庄孤儿院项目（Orphanage Program）。芽庄位于越南中南部，是一座有名的沿海城市，以其质朴的海滩和卓越的潜水环境迅速成为受欢迎的国际旅游目的地。芽庄湾是世界美丽的海湾，沙滩一望无际。幼滑的白沙，潮平水清，海底千姿百态的珊瑚，色彩斑斓成群追随在潜水者身旁的鱼类，就足够让海底探险者乐此不疲。越南芽庄孤儿院项目会组织志愿者前往当地的寺庙照顾孤儿（非残疾）收养所的孩子，为孩子们的饮食起居提供照顾服务（如扫地、喂饭）、组织娱乐活动（如唱歌、跳舞、游戏、乐器、折纸、画画），在丰富孩子们的教育资源的同时帮助孩子们健康地成长。对于稍大一点的孩子，可以教授其英文或者其他科目，帮助孩子们接触更多的文化和知识，开阔视野，为孩子们的健康成长带来一份助力。

4）印度尼西亚

印度尼西亚共和国，简称"印尼"，是东南亚国家，首都为雅加达。印尼与巴布亚新几内亚、东帝汶和马来西亚等国家相接，国土面积约191万平方千米，全国由17000多个岛屿组成，是世界最大的群岛国家，疆域横跨亚洲及大洋洲，也是多火山多地震的国家。面积较大的岛屿有加里曼丹岛、苏门答腊岛、伊里安岛、苏拉威西岛和爪哇岛。印尼是世界上生物资源丰富的国家。据不完全统计，印尼约有

40000种植物,其中药用植物最为丰富。截至2021年,印尼全国的森林面积为1.2亿公顷,森林覆盖率为67.8%,其中永久林区1.12亿公顷,可转换林区810万公顷。印尼盛产各种热带名贵的树种,铁木、檀木、乌木和柚木等均驰名世界。印尼最吸引人的便是优美的海景了,其中巴厘岛是印尼著名的旅游休闲区,被许多旅游杂志评选为世界上最令人陶醉的度假目的地。

印尼志愿旅游典型项目1:印尼巴厘岛海龟保育国际志愿者项目。巴厘岛位于印尼小巽他群岛西端,面积约5560平方千米。这个美丽的岛屿因其如画的风景、淳朴的民风而成为世界级的旅游度假区。漫步于美丽的沙滩,沐浴着温暖的印度洋海水,满目充斥的是绿色的热带雨林和遍地的树丛野花,让人感到无比的惬意。20世纪90年代,巴厘岛政府将海龟列为濒危保护动物,禁止海龟及海龟产品买卖,并在巴厘岛各地设立了海龟保育中心,致力于保护海龟,改善海龟的生存状况,提高民众海洋生物保护意识。这里的海龟保育中心收容了许多受伤的残疾海龟,为它们提供了一个可以生存的家园。去海滩上捡海龟蛋回来孵化,避免人类和飞鸟捡食海龟蛋也是保护海龟的重要的工作之一。通过多年的努力,巴厘岛的海龟生存状况已经有了极大的改善。印尼巴厘岛海龟保育国际志愿者项目将会带领志愿者们前往巴厘岛典型的海龟中心参观和进行工作,志愿者们将学习海龟保护知识,在中心进行简单的保育工作,如清洁海龟中心,包括给水池换水、搬运沙子,为海龟的生存状况贡献力量。除了教学项目外,本项目还安排了丰富的巴厘岛文化体验项目,如游览著名景点海神庙和情人崖,以及在金巴兰海滩欣赏世界级日落美景,通过丰富的特色文化体验和游览安排,给志愿者们一次地道而深度的巴厘岛经历。

印尼志愿旅游典型项目2:印尼巴厘岛珊瑚重建国际志愿者项目。巴厘岛是世界级的海岛游目的地,位于最北部的莱斯是一个原始淳朴的小村庄,鲜花果树遍地,盛产芒果、榴莲和红毛丹。随处可见的鸡蛋花和朱樱花让这个村庄浪漫至极。这里的居民也热情友善。莱斯的海滨连接太平洋,优质的浅层珊瑚礁让这里成为热带鱼的天堂。随着全球对热带观赏鱼类的需求增加,捕获并销售热带鱼变得盈利颇丰,莱斯早于20世纪90年代即成为巴厘岛重要的热带渔业中心之一。早期当地渔民在捕捞作业时,使用化学药剂麻醉海鱼,以便高效地捕捉,但那些有毒的化学药剂同时也使热带鱼赖以生存的珊瑚白化(死亡)。在2000年左右,大面积浅滩珊瑚礁都受到了严重的破坏,直接导致热带鱼数量骤减,使得这里的海洋生态和经济支柱受到了严重的破坏。当地政府和环保机构积极行动,研发并普及了改良过的"障碍网"用于捕鱼,阻止使用化学药剂并落实休渔期,科学统计热带鱼数量及种类,开展珊瑚种植及恢复计划等。经过10余年的努力,莱斯海滨已逐渐恢复了美丽的珊瑚礁层和热带鱼数量,渔业也得以重振。本项目志愿者将在专业人士的指导下,做如下工作:学习海洋生态和珊瑚保育知识,亲手种植珊瑚,在莱斯海岸浮潜,欣赏已经渐渐恢复的美丽珊瑚礁;跟随当地渔民出海,学习改善后的捕鱼方法;参观莱斯村热带鱼销售点,了解莱斯村热带渔业的发展;清理海滩并参观莱斯村的垃圾处理中心,了解垃圾分类循环利用知识;和当地居民一起学习当地语言、特色舞蹈,参观传统寺庙,深入感受当地风情。

印尼志愿旅游典型项目3:印尼巴厘岛"中文教学+文化体验"混合国际志愿者项目。巴厘岛是绘画和艺术重镇,是蜚声世界的艺术村。这里安详美丽的田园风光和无处不在的艺术气息令人感到新奇,遍布大街小巷的工艺品商店和多个著名的博物馆,通过绘画、雕刻、音乐、舞蹈、纺织、摄影等多种形式,向世人彰显着巴厘岛数百年来的文化传承和艺术底蕴。随着中国的发展,世界范围内掀起了一股学习中文的热潮,当地的孩子们也渴望学习中文和多了解一些中华文化。但是当地的教育资源匮乏,信息闭塞,无法了解中国的真实情况和文化,印尼巴厘岛"中文教学+文化体验"混合国际志愿者项目将会安排志愿者们在巴厘岛乡村小学开展中文教学项目,为当地的孩子带来简单的实用中文教学,让孩子们更加了解当代中国发展情况,传播中国文化。除了教学项目,本项目还安排了丰富的巴厘岛文化体验项目,包括:蜡染课程;厨艺课程;参与巴厘岛祈福仪式,学做祈福花篮;参观当地特色咖啡园、圣洁的圣泉寺;游览著名景点海神庙和情人崖;在金巴兰海滩欣赏日落美景。通过丰富的特色文化体验和游览安排,可以给志愿者们一次深入了解巴厘岛的机会,促进中华文化和巴厘岛文化的交流。

5)老挝

老挝人民民主共和国,简称"老挝"。这是一个位于中南半岛北部的内陆国,北邻中国,南接柬埔寨,东邻越南,西北毗邻缅甸,西南毗邻泰国,国土面积23.68万平方千米,首都在万象。同样信仰佛教的老挝,整个国家弥漫着"佛系"的气息,古城龙坡邦怀旧,全国菜式丰富。这里有山有河,有旧日的时光,有美酒佳肴。金色的夕阳映衬着远方的群山和湄公河,是这里夜幕降临前的灿烂景象。万象的著名景点万象凯旋门位于老挝市中心,凯旋门的建造是为了庆祝老挝解放成功,纪念老挝人民顽强抵抗外国殖民者的入侵。凯旋门高45米、宽24米,远观和法国巴黎的凯旋门十分相像。凯旋门是典型的老挝风格,拱门基座上的雕刻很精美,表现出一种传统的老挝民俗文化。而凯旋门檐壁上的装饰更是反映了老挝民俗中的精华,站在它的顶部能够一览整个城市的风貌。古城琅勃拉邦又称"銮佛邦",已经有1000多年的历史,是一个小山城,同时也是老挝年代最古老的城镇。在琅勃拉邦,有600多座有保存价值的古建筑。每天拂晓,居住在各个寺院中的僧人都会成群结队地出来化缘,这每天一次的布施被誉为"世界上最壮观的布施仪式"。

老挝志愿旅游典型项目:老挝琅勃拉邦国际志愿者项目。琅勃拉邦(Luang

Prabang)是老挝著名的古都和佛教中心,位于南康江与湄公河汇合处。城市市区沿湄公河左岸延伸,依山傍水,气候凉爽。琅勃拉邦是一个名副其实的"佛邦",不大的城市里,有众多的寺庙和僧侣。早在1995年,琅勃拉邦便被联合国教科文组织列入《世界遗产名录》。虽然历史文化悠久,但是在老挝,国家的整体经济较为落后,教育资源和社会生活条件处于中国20世纪80年代的状态,首都万象以外的地区资源尤其匮乏。琅勃拉邦得益于旅游业,经济有所发展,但仍有许多弱势群体需要帮扶,如山区的孤儿、无国籍的难民以及家庭无经济能力照看被抛弃的孩子。本项目志愿者将会服务于琅勃拉邦本地的孤儿院,该孤儿院收容300多名儿童。志愿者们将在孤儿院内进行简单的中文教学活动,为孩子们带来外界的知识,满足他们学中文的愿望,进行最实际的帮助。志愿者们还可以组织户外活动,与孩子们共度简单快乐的时光。志愿者们工作之余,也将进行深度而优良的项目体验,如前往老挝传统造纸村,学习古老的造纸技艺;前往大象保护营地,与大象亲密接触,在湄公河畔给大象洗澡;前往著名的光西瀑布,在浅蓝色的山泉中游玩,感受老挝的热带雨林风情。

6)柬埔寨

柬埔寨全名柬埔寨王国,旧称"高棉",位于中南半岛,西部及西北部与泰国接壤,东北部与老挝交界,东部及东南部与越南毗邻,南部则面向暹罗湾。柬埔寨是一个历史悠久的文明古国,一个统一的王国在很久以前就建立了。然而,自20世纪70年代以来,柬埔寨经历了一场长期战争。直到1993年,柬埔寨才逐渐进入和平发展的新时代。随着柬埔寨基础设施的重建和修复,越来越多的游客发现了柬埔寨的吸引力。柬埔寨的景致中既有高棉政权时代遗留的景象,又保留着法国殖民时期的法式风味。对比强烈的人文风情,加上吴哥窟等壮丽的历史遗迹,构成了无与伦比的景观,给游客以视觉与心理上的巨大震撼。柬埔寨人性格友善,即使擦肩而过也会给你一个温暖的微笑。正是这种融合了神秘、淳朴、闲适的感动,使得柬埔寨深受世界人民的喜爱。

柬埔寨志愿旅游典型项目1:柬埔寨暹粒教学国际志愿者项目。暹粒是柬埔寨暹粒省的首府,暹粒河从此流过。这座小城与喧嚣的首都金边相比,显得安静祥和。吴哥窟是对吴哥古迹群的统称,位于暹粒市北郊。暹粒市是世界七大奇迹之一的吴哥古迹门户,是一座由宫殿、寺庙、花园、城堡组成的完整的城市,这也令世界各地的旅行者对暹粒着迷。但是,柬埔寨有很多贫困学校,长期发展旅游业并不能从本质上改变这个国家的贫穷,贫富差距严重,基础设施及教育水平落后,孩子们的学习环境和教育资源一直很匮乏。本项目将会安排志愿者们前往贫困学校贡献自己的一份力量,通过简单英文授课,组织游戏和活动,帮助老师组织课堂,为孩子们带来新知识以及见识世界其他文化的机会。

柬埔寨志愿旅游典型项目 2：柬埔寨暹粒文化周项目(Cultural Program)。世界文化遗产吴哥窟坐落于小城暹粒的郊外。和泰国一样，柬埔寨也是佛教国家，95％的民众信仰佛教，而吴哥窟是世界上最大的宗教建筑，它代表的是柬埔寨的过去，辉煌的高棉王朝和印度教交替的繁荣。如今，每个村子都有僧侣居住的Pagoda(佛塔)，每逢重要节日，如柬埔寨新年、亡人节，人们会带着鲜花和供品在佛塔祈福，接受僧人的祝福。本项目的志愿者们将会前往吴哥窟的大圈、塔逊、龙蟠水池、圣剑寺等寺庙进行参观学习，还会领略柬埔寨独特的吊脚楼、学习柬埔寨语课程、体验传统手工藤编，以及感受祈福仪式的习俗。多样的文化体验项目将会使志愿者们更加深入地了解当地人民的生活模式，感受当地的习俗和文化。

7) 缅甸

缅甸联邦共和国，简称"缅甸"。缅甸是东南亚的一个国家，也是东南亚国家联盟的成员国。西南临安达曼海，西北与印度以及孟加拉国为邻，东北靠中国，东南接泰国与老挝，首都为内比都。今天的缅甸已经不是原来那个封闭的东南亚国家。你还能看到陈旧的店铺、铁路和老爷车，也能看到摩托车、互联网和越来越多的外国游客。但是缅甸人的淳朴和虔诚没有变。缅甸会让你记住蒲甘林立在烟云中的几千座佛塔——它们是东南亚壮丽的古迹；茵莱湖浮岛上的村子与独脚划船的渔民；仰光和曼德勒殖民时代建筑与新生的活力，还有缅甸刚开发的海滩和山区徒步。缅甸，这片被称为"佛教之国"的神圣土地，有着悠久的历史和灿烂的文化。佛教在缅甸已有2500多年的历史，佛教徒崇尚建造浮屠，缅甸全国到处佛塔林立。因此，缅甸又被誉为"佛塔之国"。缅甸人相信，阳光下熠熠生辉的佛塔会时时刻刻保佑这个美丽的国度。无论在第一大城市仰光，还是旧朝古都曼德勒，或者是佛教圣地蒲甘，都能感受到缅甸人的平和、热情。骑上自行车，你可以到佛塔上看日出，在乌本桥边观日落，静静地欣赏、细细地体会雄伟的建筑与大自然的完美结合。游走于茵莱湖畔，可以忘却那些凡尘俗世，享受那原本只属于缅甸人的宁静。

缅甸志愿旅游典型项目 1：缅甸仰光佛徒教育项目(Monastery Buddhist Program)。仰光曾经是缅甸的首都，虽然现在首都迁到内比都，但它依旧是缅甸的政治、经济和文化中心，也是缅甸境内最大的城市，东南亚较大港口。仰光坐落于由伊洛瓦底江冲积形成的三角洲平原上，莱恩河和勃固河在这里汇合成为仰光河，又通过Twante运河与伊洛瓦底水系相连。得天独厚的地理位置使得这里植被丰富，到处都是绿树、草地和花朵，漫步在仰光街头，就像身处美丽的花园中。缅甸文化深受佛教文化影响，缅甸各民族的文字、文学艺术、音乐、舞蹈、绘画、雕塑、建筑以及风俗习惯等都留下了佛教文化的烙印。近现代以来，缅甸文化受到西方文化的影响较大。缅甸独立后，始终维护民族文化传统，保护文化遗产。目前,传统文化在缅甸仍有广泛影响,占据主导地位。在佛徒教育项目中,志愿者们会被安排在仰光的佛教学校教课。在学校里,志愿者需要教授孩子们英文、绘画、乐器或和他们一起玩耍。英文教学的内容主要为英文语法、听力、阅读和写作。每个班都会有一位当地的老师负责教学,志愿者需要辅助老师一起教学。如安排志愿者主讲,会有一名老师翻译协助志愿者讲课。在这里,志愿者们可以感受到缅甸佛教的传统文化,亦可以发挥自己的才能宣扬本国的文化,奉献自己的一份力量,帮助佛教学校的佛徒学生们见识更广阔的天地。

缅甸志愿旅游典型项目 2:缅甸仰光残疾儿童教育项目(Teaching in the School of the Deaf Program)。在仰光,时间的印记都变得模糊,你既可以看见殖民时期留下来的欧式建筑、20 世纪六七十年代繁荣时期所建造的大量小高楼,也可以看到当地特色的东南亚别墅,以及现代化的大厦。以前的仰光,曾经有着东南亚最大的机场、最完善的城市规划和最美丽的火车站。在缅甸,你可以感受到静谧与沉甸甸的时光,但在这静谧的背后也有不为人知的挣扎。在仰光残疾儿童教育项目中,志愿者会被安排在仰光的残疾人学校教课。这所学校有几百名残疾学生,他们大多都是聋哑人,对于这个世界的感知总是慢人一步。在学校,志愿者需要教授孩子们英文、绘画、数学、手工等课程或和他们一起运动玩耍,因为是残疾儿童,从身体到心理他们都是脆弱的,所以需要志愿者们开展更耐心的教学和沟通,要让孩子们感受到更多的善意和美好,从而拾起对生活的信心和期待。

8)菲律宾

菲律宾共和国,简称"菲律宾",位于西太平洋,是东南亚一个多民族群岛国家,面积 29.97 万平方千米,北隔巴士海峡与中国台湾遥遥相对,南和西南隔苏拉威西海、巴拉巴克海峡与印度尼西亚、马来西亚相望,西濒南中国海,东临太平洋。菲律宾共有大小岛屿 7000 多个,其中吕宋岛、棉兰老岛、萨马岛等 11 个主要岛屿占全国总面积的 96%。这些岛屿星罗棋布地镶嵌在西太平洋的万顷碧波之中,有的是火山岛,有的是泄湖岛,有的是珊瑚岛,多姿多彩,十分绮丽。游客每踏足一个岛屿,都必定有新的发现。菲律宾是亚洲仅有的以基督教为主的国家,整个群岛的多样的民族文化,从艺术、语言、习俗和节庆中都可见一斑。在佛教和印度教的长期熏陶影响下,虔诚的菲律宾人热情待客,质朴友善。在这里,有美丽的热带自然风光,有巴拉盖岛白沙滩、独具特色的马荣火山以及峡谷漂流胜地百胜滩;在这里,有东西方文化的融汇地,有文化遗迹及世界文化遗产巴那威梯田、西班牙王城、战争岛和苏比克湾;在这里,四季繁花盛开,瓜果飘香,椰子全球产量第一,芒果是世界上最好的;在这里,还有热情好客、能歌善舞的菲律宾人及各式美味食品。菲律宾之旅一定会让你不虚此行。

菲律宾志愿旅游典型项目:菲律宾长滩岛教学国际志愿者项目。长滩岛是菲律宾有名的旅游胜地,曾被 *Lonely Planet*、英国旅游杂志 BMW 等评选为世界级美丽的沙滩。这里的沙滩被誉为"世界上最细的沙滩"。热带岛屿惯有的碧蓝的海水、和煦的阳光、舒适的气候在长滩岛一样不少;南北部耸立的小山,蜿蜒小路穿过雨林,是绝佳的徒步路线;刺激又好玩的水上活动应有尽有;丰富的夜生活、廉价的异国美食、菲式按摩、不同价位特色的度假酒店,让人尽享休闲时光。阿提族人是长滩岛的原住民,因为不会英文,被政府迁往山上居住,没有基本生活技能的他们无法和现代社会接轨,只能从事最低端、最辛苦的工作。在长滩岛游览时,也不难发现皮肤黝黑的阿提族人儿童在沿街乞讨,或是早早地在售卖廉价旅游商品。志愿者们将在一间有阿提村民儿童就学的学校支教,为孩子们的成长添砖加瓦,让他们能够追寻更广阔的人生方向。孩子们值得更好的环境和教育,而不是在街上习惯伸手向游客讨生活。志愿者们将在学校贡献自己的一份力量,通过简单英文授课,组织游戏和活动,帮助老师组织课堂,为孩子们带来新知识,让他们能够跟得上国家和世界发展的步伐。

2. 南亚地区

1) 马尔代夫

马尔代夫共和国,原名马尔代夫群岛,简称"马尔代夫",是印度洋上的群岛国家,距离印度南部约 600 千米,距离斯里兰卡西南部约 750 千米。该国 26 组自然环礁、1192 个珊瑚岛分布在 9 万平方千米的海域内,其中约 200 个岛屿有人居住;陆地面积 298 平方千米,是亚洲最小的国家。在印度洋宽广的海面之上,有一串被白沙环绕的绿色岛屿,在深蓝海洋的衬托之下宛如一颗颗宝石,这便是"上帝抛洒人间的项链"——马尔代夫群岛。这里无四季之分,有常年温热的气候、梦境般的蓝色天空、纯净无瑕的白沙滩、接近零污染的空气,也有丰富的观赏鱼类、多姿多彩的热带植物和海洋珍馐,加之远离城市的喧嚣,亦没有拥挤的人群,是众多游客心目中的天堂、全球热门的度假胜地。这里主要的景点有:法鲁岛——水上运动初学者的天堂;金多玛岛——异国的风情时尚;香格里拉岛——畅想极致的豪华;天堂岛——大自然的世外桃源等著名的岛屿。除了优美的自然风光,马尔代夫也是礼仪之邦,当地人见面时,会互相拉着对方的手问好。那里的人民拥有稳健与温和的秉性,淳朴好客。在这里,无论是选择精彩纷呈的水上项目,还是浮潜和潜水去探寻神秘莫测的海底世界,抑或是踩踩沙滩,与三五个当地人闲谈,都足以赠你一段没有纷扰的珍贵时光。

马尔代夫志愿旅游典型项目:马尔代夫国际志愿者项目。在马尔代夫 1000 多座岛屿中,只有 100 多座小岛被开发成人们所熟知的酒店旅游岛,剩下的居民岛都还保留着本土的面貌。交通不便、通信落后、教育匮乏、环境污染问题持续存在,当地年轻人事业选择面窄、文化局限、意识落后等问题也阻碍着当地的发展。马尔代夫是上帝赐予的礼物,它的美丽让人相信天堂的存在,但踏上当地的居民岛后,才能真实感受到这些岛屿的无奈。马尔代夫国际志愿者项目设立在当地居民岛,拥有和旅游岛一样的蓝天白云、碧海细沙;这里充足的阳光和良好的地理位置,还把它变成了马尔代夫盛产水果的基地,对于外来游客来说,这里美味的木瓜,可能和蓝天碧海一样的令人难忘。本次志愿旅行通过为志愿者们提供在居民岛进行志愿项目的机会,让参与者切实感受当地生活,深入了解当地社会现状,并通过简单劳作和帮扶活动提升参与感和融入感,获得丰富的志愿旅行体验。项目包含海滩清理、学校帮扶活动、当地政府机构参观和参与社区文娱活动等,也安排了出海钓鱼、浮潜、无人岛游览等传统海洋娱乐项目,让志愿者们在工作之余也能尽情感受这里独特的魅力和灿烂的民俗文化。

2)斯里兰卡

斯里兰卡民主社会主义共和国,简称"斯里兰卡",旧称"锡兰",是一个热带岛国,位于印度洋上。中国古代称其为"狮子国""僧伽罗"等。斯里兰卡在僧伽罗语中意为"乐土"或"光明富庶的土地",有"宝石王国""印度洋上的明珠"的美称,被马可·波罗认为是一个美丽的岛屿。斯里兰卡中部山区和西南部海滨集中了值得游览的区域:奉有国宝释迦牟尼佛牙舍利的康堤圣城;高山茶园仙境努瓦勒埃利耶;号称"小非洲"的雅拉国家公园;椰风摇曳的印度洋海滩。这几个区域也各有特点。广袤的中部山区在崇山峻岭间完整地保存了传统僧伽罗文化。以康堤王国为代表的中部山地曾抵抗欧洲殖民长达300年,至今仍是僧伽罗人的心灵首都。中部山地遍布绿色植被,老式小火车轰隆隆穿过的高海拔茶园仙境,让你有一种穿越时光的错觉。斯里兰卡整体来说非常适合度假,没有太多的专业设施和旅行团队,安静、舒适又友善(同时也是南亚非常干净的国家),一定会给你带来不一样的身心感受。

斯里兰卡志愿旅游典型项目1:斯里兰卡科伦坡教学+海龟保育国际志愿者项目。科伦坡位于斯里兰卡岛西南岸,濒临印度洋,是斯里兰卡最大的城市与商业中心、印度洋重要港口城市。科伦坡在僧伽罗语中为"海的天堂"之意,城市历史悠久,有荷兰、英国、葡萄牙殖民时期留下的百年欧式建筑,各种文化在此兼容,也是斯里兰卡特色景观海上火车的终点站。斯里兰卡是一个对中国极其友好的国家,最早响应中国"一带一路"倡议,科伦坡港口城、高速公路等重大项目都由中国援建。目前,这里的机场、酒店、学校、商场及交通枢纽等各公众场所均有严格的安保,秩序井然,治安良好。在斯里兰卡科伦坡周边区域,有很多配套落后的当地小学,学校师资匮乏,硬件落后。志愿者们可以通过简单授课、游戏等活动带给孩子们新的知识,开阔他们的眼界;老师们也渴望学到新的教学方法和适合孩子们的游戏、才艺,提高当地教学水平。海龟保育项目在科斯戈德进行,这里是斯里兰卡集中的海龟产卵地,是学习和了解海龟保育工作的极佳地点。志愿者们需要帮助清洁海龟养育池,检测海龟池的水质和盐度,清扫海龟保育中心,收集海草或加工海鱼用于喂养海龟,照顾残疾的海龟;志愿者们也将在工作人员的陪同下,参与夜晚在海滩巡逻的工作,寻找在产卵的海龟和海龟蛋。在科斯戈德的沙滩发现海龟或海龟蛋的概率远高于斯里兰卡其他区域。志愿者们教授的知识,给予的帮助,是他们闲散日子里的一束光,将会陪伴他们度过每一个清晨和午后。

斯里兰卡志愿旅游典型项目2:斯里兰卡文化体验项目。斯里兰卡因形如水滴,被誉为"印度洋上的眼泪"。斯里兰卡拥有美丽绵长的海滩、历史悠久的千年古城、欧洲风情的海岸古堡、穿山过海的艳丽火车,以及丰富的热带作物,更是一个野生动物的王国。这个热带岛国物产丰富,盛产高品质的蓝宝石和顶级的锡兰红茶。这个被佛法浸润的古老国度,虽曾经历风雨,却依旧如莲花般盛开。淳朴、友善、热情是这个国家美丽的标签。本次文化体验项目将涵盖斯里兰卡精选的文化体验及特色景点,能够让志愿者们对斯里兰卡有一个深刻而完整的体验。包括:前往游览平纳瓦拉大象孤儿院,来到这个南亚大象的家园观看憨态可掬的大象洗澡,看到人与象和谐共处的画面;前往康提参观著名的佛牙寺,参拜神圣的佛牙;游览斯里兰卡具有特色的景点狮子岩,这是古代斯里兰卡国王奇思妙想的空中宫殿,已经被列为世界文化遗产;去努沃勒埃利耶茶园欣赏优美的茶山风光,在Mackwoods茶厂了解享誉世界的锡兰红茶的制作工艺;清晨前往世界尽头徒步,和神秘的巨角麋鹿合影,领略震撼人心的斯里兰卡自然风光;乘坐吉普车驰骋在雅拉国家公园看热带动物,恍若身在非洲肯尼亚的广袤草原;在世界上非常适合观测蓝鲸的美蕊沙出海看鲸鱼,近距离观看这些巨大生灵的身姿,获得终生难忘的体验;给斯里兰卡的名片——高跷渔夫摄影,拍出属于你的斯里兰卡大片;游览加勒古城,漫步在欧洲风情的兰卡小镇;最后乘坐《千与千寻》中的海岸火车,随着火车的前行,迎面而来的是印度洋的海风与斯里兰卡浪漫的景致。

斯里兰卡志愿旅游典型项目3:斯里兰卡加勒环境保护项目(Environmental Program)。加勒又称"高尔",古城曾在16世纪被荷兰人占领,作为殖民产物,古城内处处彰显着欧洲的痕迹。加勒堡已经被列入世界文化遗产,这里的街道上处处可见欧式建筑,每个街角都有小小的咖啡馆,这座古城呈现出异彩斑斓的异国风情。你可以站在古城墙上感受印度洋夕阳的温柔,坐在古树下缅怀古城曾经的辉煌,流连于各个博物馆,看着乌鸦与踢球少年的和谐存在。本次环境保护项目中,志愿者们将会前往加勒附近的斯里兰卡最大的低海拔热带雨林,届时会有专业人士给志愿者们介绍植物的品种,志愿者们还可以在热带雨林中倾听不同的鸟叫声。在小树林里,种上一棵属于你的树,志愿旅游组织还会对大家种的树每年的情况进行追踪报道。前往僻静的小溪坐船12千米观鸟、看猴子,如果运气好,你可以看到不下20种的鸟类,在观摩时要保持安静,以免鸟儿和猴子们受到惊吓后逃走。在这里,你可以感受到最真实的大自然,深入地走进斯里兰卡,你还会为当地的环境保护献出自己的一份力量。

3)尼泊尔

尼泊尔,南亚内陆山国,背靠着喜马拉雅山,境内拥有多座8000米以上的高峰,从海拔8844.43米(8848.86米)的珠穆朗玛峰到海拔百米的南部平原,有着海拔跨度最大的地理特色。尼泊尔历史悠久,文化灿烂,是全世界旅行者心中重要的旅行目的地,加德满都、帕坦、巴克塔普尔3个古国,遗留了许多世界一流的文化遗产。尼泊尔的蓝毗尼是佛祖释迦牟尼诞生之地,是世界上唯一以印度教为国教的国家,被称为"众神的国度"。尼泊尔国民的包容心也接纳其他宗教与印度教共存。尼泊尔佛教多半来自西藏,藏传佛教及密宗的仪式和器物较常见。此外,佛塔佛寺的建筑风格也深受西藏风格的影响。令人称奇的是,佛陀诞生地蓝毗尼虽然已成为全世界佛教徒必去的朝圣之地,但蓝毗尼周边的居民却大都信仰印度教。在尼泊尔,既可以欣赏众多的世界遗产和壮美的雪山,骑着大象在丛林中穿越,还可以在博卡拉费瓦湖畔发发呆。尼泊尔也是徒步者的天堂,博卡拉周边和珠峰地区提供许多成熟徒步路线。尼泊尔还是激流漂流、滑翔伞等运动爱好者的天堂。在皇家奇特旺国家公园,旅行者可以在这里探索孟加拉虎和野生犀牛。尼泊尔自然和人文景观的多样性,尼泊尔人的热情友好,都会给游人留下最难忘的经历。

尼泊尔志愿旅游典型项目1:尼泊尔加德满都教学国际志愿者项目。加德满都是尼泊尔的首都和最大的城市,是一座拥有1200多年历史的古老城市。它以精美的建筑艺术、木石雕刻称为尼泊尔古代文化的象征,尼泊尔历代王朝在这里修建了数目众多的宫殿、庙宇、宝塔和寺院等建筑,全市有大小寺庙和佛塔2700多座,有人把这座城市称为"寺庙之城"和"露天博物馆",保存完好的加德满都、帕坦和巴克塔普尔杜巴广场值得花上数天细细品味。它也许不是一座"宜居"的城市,但受宗教影响,成为一处"人文天堂"。无论是蜿蜒曲折的街巷,还是眼花缭乱密集的广告牌,抑或是敬业拉客的当地商贩,都在昭示着现有宗教、礼拜、祈祷已经融入尼泊尔人的血脉之中,使他们乐观平和。寺庙、神殿、雕塑、酥油灯、转经筒……在这里,这些千年的古董没有被圈养起来,而是安静地隐藏在城市的各处。尼泊尔多山,当地基础设施薄弱,大部分地区因封闭而贫穷落后,常年发展旅游业并没有从本质上改变这个国家的状况。在尼泊尔,不难发现条件非常简陋的学校和急需帮助的孤儿院。加德满都生活了这个国家大部分的居民,拥挤的城市造成了更多的问题,被忽视的孩子们需要更多的关注和帮扶,特别是在自然灾害之后,情况更为严峻。本项目的志愿者们将在加德满都的孤儿院服务或在当地学校支教,对所服务机构教育资源匮乏的状况做出一些改善。参与者将住在当地人的家里,感受最真实尼泊尔人的生活和文化。

尼泊尔志愿旅游典型项目 2:尼泊尔博卡拉项目教学国际志愿者项目。相对于热闹喧嚣的首都加德满都,有"东方小瑞士"之称的博卡拉显得宁静了许多,博卡拉处于尼泊尔中部、喜马拉雅山谷地,依偎在终年积雪的安娜普纳山峰和鱼尾峰下,这里是尼泊尔极为迷人的风景地。在博卡拉,你不用担心喧嚣的人流,不用害怕呼啸而过的摩托车,也不用被漫天的灰尘所困扰,因为这里是尼泊尔非常舒适的城市。无论是泛舟在费瓦湖上,观赏着安纳普尔纳峰与湖中清澈的倒影;还是漫步老城区,惊叹着鲜艳斑斓的纽瓦丽房子;抑或是乘坐滑翔伞俯视这座鱼尾峰守护下的雪山小镇,都是旅行博卡拉美好的体验。雪山人文,徒步天堂。旅游业的发展并未对当地的教育资源起到很大的帮助作用,生活在这里的孩子很难见识到外面的世界。本项目的志愿者们将在博卡拉的孤儿院或学校进行志愿工作,照顾孤儿院儿童的日常起居与学习,向所服务的机构提供力所能及的帮助,特别是对孤儿们的心理建设和学习生活起到重要作用。志愿工作的地点位于博卡拉核心区域,在志愿工作之余,志愿者们可以自行游览博卡拉,了解当地的文化,观赏当地的名胜。

尼泊尔志愿旅游典型项目 3:尼泊尔奇特旺大象保育国际志愿者项目。奇特旺,位于尼泊尔南部的一片广阔无垠的平原之上,距加德满都西南 150 千米处。奇特旺,犹如其名字一样,弥漫着神奇色彩。此地植物种类众多,有大量的珍稀野生动物。这里曾是尼泊尔皇室和贵宾狩猎之地,现在已建成国家公园,犀牛、鳄鱼、孟加拉虎都可以在这里自得其乐,悠然生活。目前,奇特旺国家公园是尼泊尔非常受欢迎的旅行目的地,已被列入《世界遗产名录》。在尼语中,奇特旺的意思是"森林之心",这里是亚洲很好的观测野生动物的国家公园,神秘的独角印度犀牛在这里安居乐业;骑着大象在丛林中寻找犀牛和野象的踪迹,是每位游客到这里必不可少的体验;国家公园旁的索拉哈小镇,生活着奇特旺山谷的原住民塔鲁族人,漫步在这里的村舍和稻田,可以感受尼泊尔这个国家传统而平静的生活。

奇特旺曾经是尼泊尔的皇家狩猎场,塔鲁族人借着肥沃的森林土地大肆开垦,生态环境遭受极大的破坏。尼泊尔于 1973 年在奇特旺设立了国家公园,采取了一系列措施保护环境和野生动物,如退耕还林、打击猖獗的盗猎行为、发展可持续性的生态旅游、设立大象抚育中心、迁出森林里的酒店等,这些措施都取得了正面的成效。例如,珍稀的亚洲独角犀牛从濒临灭绝,到现在数量每年逐步攀升。奇特旺是了解动物保育工作的最佳地点,奇特旺大象保育国际志愿者项目将会安排志愿者们从事给大象准备食物、喂养大象和给大象洗澡等工作,让志愿者们真正融入养象人和大象的日常生活中,感受动物和人类的和谐共处;参观大象哺育中心(Elephant Breeding Center),了解大象在森林野生动物保护中至关重要的作用;近距离接触憨态可掬的小象。大象保育工作之余,项目还安排了塔鲁族村庄游览和文化表演,让志愿者们了解这个朴素部落的生活和文化。志愿者们也会拜访索拉哈当地的孤儿院,为那里的孩子们带去温暖。

4.1.2 欧美及大洋洲地区

1. 冰岛

冰岛共和国,简称"冰岛",是北大西洋中的一个岛国,位于北大西洋和北冰洋的交汇处,北欧五国之一,国土面积为10.3万平方千米。截至2022年,冰岛人口约为34万,是欧洲人口密度最小的国家。首都是雷克雅未克,也是冰岛的最大城市,首都附近的西南地区人口占全国的2/3。冰岛地处大西洋中脊,是一个多火山、地质活动频繁的国家,内陆主要是平原地貌,境内多分布沙质地、冷却的熔岩平原和冰川。在这样一座遍布壮观的火山、冰原、瀑布、温泉与湖泊的国家,你可以看到与欧洲大陆截然不同的神奇景色。冰岛位于北大西洋中部,靠近北极圈,为欧洲第二大岛,海岸线长约4970千米。其气候属寒温带海洋性气候,天气变化无常,但受墨西哥湾暖流影响,较同纬度其他地方温暖;夏季日照长,冬季日照极短,秋季和冬初可见极光。冰岛有着世界上极为纯净的空气和水以及顶级的温泉。比起其他的北欧国家,冰岛看来很原始。在这样一个神秘莫测的国度,人与自然非常贴近。

冰岛志愿旅游典型项目:冰岛雷克雅未克文化乐游项目(Iceland Culture Fun)。冰岛虽临近北极圈,却受到暖流的影响,相比同纬度的阿拉斯加,这里的气候尤显宜人,加之地形多变,使得这片土地如此丰富多彩。冰岛的自然风光原始、纯净,景致奇异丰富。小小的岛国上,散布着数不尽的舒适温泉、众多壮美的冰川和瀑布、喷薄的间歇泉、活跃的火山、广阔的草原,无疑是摄影师和户外探险者的天堂。夏季时,这里凉风习习、满目绿茵,几乎没有黑夜;冬日则银装素裹、冰封万里,夜空中极光变化出五彩的锦带。但这绝非冰岛的全部。如果你仔细探寻,会发现冰岛各个区域风光迥异。汇聚冰岛奇景之精华的南部冰岛、蛮荒的中部高地、阴森寂寥的西部峡湾,以及斯堪的纳维亚风情的东部小镇等,会让你惊叹大自然的创造力。若来到充满魅力的首都雷克雅未克,你又会见到这个国度现代、时尚、极具人情味的一面。

全球气候变暖的影响,在冰岛,消融的冰川和升高的海平面已经迫在眉睫,为了提高公众保护环境的意识,以及更好地履行世界公民的责任,让人人都成为环保大使,本项目将会和冰岛公益组织一起开展环境保护计划。从冰岛的首都雷克雅未克开始,志愿者们将会学习有关气候变化、废物处理、再生能源和可持续发展的课题,了解当地地热能源的情况。除此之外,志愿者们将在这里进行垃圾清理和海岸线治理,为冰岛的环境保护做出一份贡献。地球上的绝美风光需要每一个人的保护,这里是上帝的恩赐,也是人类的宝藏。

2. 秘鲁

秘鲁共和国,简称"秘鲁",是南美洲西部的一个国家,北邻厄瓜多尔和哥伦比亚,东与巴西和玻利维亚接壤,南接智利,西濒太平洋。秘鲁沿海多优良港口,海运发达,这是其对外贸易的主要运输方式;内陆地区尤其是亚马孙地区河流纵横,水路运输便利。秘鲁位于南太平洋中部,是整个南美地区的业务节点及分销中心,航空业一度位于世界前列。但由于反复的政治、经济危机,秘鲁航空业发展受到了阻碍。首都利马是秘鲁所有航空活动的中心,聚集了秘鲁各大航空公司总部。由于首都利马年平均气温 18.7 ℃,所以亦被誉为"世界不雨城"。秘鲁以其多样性的自然风光、亚马孙丛林、安第斯山高原、印加遗迹及喀喀湖等,成为世界上颇具观光价值的国家。库斯科是秘鲁南部著名的古城,也是著名的风景区之一。库斯科是古印加帝国的首都,现在是库斯科省省会。库斯科城位于海拔 3410 米的安第斯山高原盆地,秘鲁人称其为"安第斯山冠上的明珠""古印加文化的摇篮",这里也被联合国列为世界文化与自然双重遗产。城中精美的古印加文明痕迹比比皆是,如太阳庙遗址等。

秘鲁志愿旅游典型项目:秘鲁库斯科教学国际志愿者项目。库斯科古城位于安第斯山高原盆地,这里气候宜人,崇山峻岭和葱郁的林木围绕在城市四周。马丘比丘位于库斯科西北 130 千米处,整个遗址高耸在海拔约 2350 米的山脊上,俯瞰着乌鲁班巴河谷。马丘比丘被称作"失落的印加城市",是南美洲重要的考古发掘中心,也因此成为秘鲁非常受欢迎的旅游景点。1983 年,马丘比丘被联合国教科文组织定为世界遗产,是世界上为数不多的文化与自然双重遗产之一。在库斯科,可以去看城内西班牙殖民时期的巴洛克建筑,也可以看到保留下来的印加石墙。在马丘比丘,上下城区的古老巨石和散落在安第斯山脉各处的羊驼是重要的风景。除了观赏优美的风景,志愿者们还将被安排到当地的学校进行志愿教学,教授孩子们新的文化知识,陪伴小朋友们游戏玩乐,丰富他们的教育资源、课余生活,促进他们的身心健康发展。例如,志愿者会被安排在不同的小学或初中教课,教课内容包括英文和体育。英文教学的内容主要为英文语法、听力、阅读和写作。体育的教学内容主要为足球、篮球、乒乓球等。同时,西班牙语是秘鲁的官方语言,因此志愿者们还可以前往当地专业的西班牙语培训机构参加西班牙语学习班,老师都是非常有经验的西班牙语老师。志愿者们在帮助别人的同时还可以学习知识,开拓新的视野,志愿旅游一定不虚此行。

3. 墨西哥

墨西哥合众国,简称"墨西哥",是北美洲的一个联邦共和制国家。墨西哥北部同美国接壤,南侧和西侧濒临太平洋,东南濒临加勒比海,与伯利兹、危地马拉接壤,东部则为墨西哥湾。墨西哥土地面积的 5/6 是高原和山地,平均海拔约 1800 米,沿海有众多的岛屿。其中,在太平洋中,有雷维利亚希赫多群岛、瓜达卢佩岛、塞德罗斯岛和特雷斯马里亚斯群岛;在加利福尼亚湾中,有提布龙岛和安赫尔德瓜达岛;在加勒比海中,有穆雷斯岛和科苏梅尔岛等。深邃的古印第安文明,神秘的玛雅文化,繁华的现代化工农业,墨西哥的神秘浪漫每年都吸引大量游客前去游玩。

墨西哥志愿旅游典型项目:墨西哥梅里达志愿旅游项目。墨西哥是美洲大陆印第安人古老文明中心之一。闻名于世的奥尔梅克文化、托尔特克文化、特奥蒂瓦坎文化、萨波特克文化、玛雅文化和阿兹特克文化均为墨西哥古印第安人创造。公元前兴建于墨西哥城北的太阳金字塔和月亮金字塔是这一灿烂古老文化的代表。太阳金字塔和月亮金字塔所在的特奥蒂瓦坎古城被联合国教科文组织宣布为人类共同遗产。梅里达是尤卡坦半岛最大的城市,墨西哥尤卡坦州的首府坐落于该州的西北部。梅里达原为玛雅古城蒂奥,所以附近玛雅古迹甚多。梅里达以东的奇琴伊察是现存较为完整的玛雅古城遗址,也是近距离接触玛雅文化的必访之地,在库库尔科金字塔、千柱神庙、天文台等古建筑群中,仿佛还能感受到玛雅城邦全盛时期的气息;而梅里达以南的乌斯马尔被称为美丽的玛雅遗迹,占卜金字塔、修女四合院、大统领宫、龟宫、瓜卡玛雅庙等建筑无一不是留存于世的玛雅文化精品。因城中建筑大量使用石灰岩和白漆建造,梅里达也被称为"白色城市"。本项目中,志愿者们会被安排在不同的穷困儿童收容所进行志愿服务。住在收容所中的儿童有些是孤儿,有些则因为家境贫困(或只有未成年单亲母亲)无法抚养。每个收容所会有 10—30 名儿童,年龄从几个月到 10 岁不等,志愿者们可以带领孩子们玩游戏、绘画、唱歌和教授他们英文等,为当地的孩子们提供更加丰富的教育资源。为他们的成长助力是志愿旅游的价值所在。

4. 澳大利亚

澳大利亚联邦,简称"澳大利亚",其领土面积 769.2 万平方千米,位于南太平洋和印度洋之间,四面环海,是世界上唯一国土覆盖一整个大陆的国家。有很多独特动植物和自然景观的澳大利亚,是一个多元文化的移民国家。澳大利亚是世界面积第六大的国家,它是被大洋包围的一块大陆,大陆东侧是太平洋,西侧是印度洋。澳大利亚与西北方的印尼和东南方的新西兰隔海相望。澳大利亚物产丰富,被称为"骑在羊背上的国家""坐在矿车上的国家""手持麦穗的国家"。澳大利亚不只有袋鼠和考拉,这片大陆上还有多样的自然景观,如大洋路波涛中的十二使徒、被称为"红色中心"的沙漠和北领地的乌鲁鲁岩石,以及适合各种海上运动的大堡礁、黄金海岸,还有热带雨林。澳大利亚的城市节奏缓慢、纯净,适合人类居住,除了悉尼和墨尔本,还有阿德莱德、布里斯班、黄金海岸这一串小城,以及西部的珀斯和南部的塔斯马尼亚岛。

澳大利亚志愿旅游典型项目:澳大利亚环境保护国际志愿者项目。澳大利亚位于南半球,作为世界上经济发达的国家之一,宜居、现代化、环境优美是澳大利亚城市的标签。阳光沙滩、慢节奏的生活、花园般的城市吸引了无数观光客。在这里可以领略多元的文化,欣赏纯净的自然风光,品尝世界各国的美食。大洋路、蓝山国家公园、大堡礁、乌鲁鲁是澳大利亚独特的自然风光;而袋鼠、考拉、鸭嘴兽、"塔斯马尼亚恶魔"袋獾又是唯独在澳大利亚才看得到的珍奇动物。在墨尔本,新老建筑有机并存,交相辉映,典雅的街道干净整齐,公园和花园茂密葱郁,各族人民安居乐业。这是一座"微笑的城市",随处可见和善的笑容,充满浓浓的人情味。这里的维多利亚式建筑、电车,以及时装、美食、戏剧、画廊、枝稠叶茂的花园等也让大家流连忘返。墨尔本城市节奏缓慢而悠闲,是全世界非常适合居住的城市,同时也是澳大利亚的金融中心和世界闻名的花园之都。在这里,你既可以领略到这个城市休闲的生活节奏,也可以感受这个城市巨大的包容性。

澳大利亚环境保护国际志愿者项目推出的"世界环境保护计划"旨在邀请世界各地热爱大自然及喜欢野外活动志愿者小伙伴,到澳大利亚参与环境保护志愿项目。在美丽的墨尔本,环境保护工作涵盖树木种植、土地保育、外来物种控制,以及生态恢复和濒临灭绝动植物调查等。在这些志愿旅游中,志愿者们会与世界各地的志愿者一起,跟随当地专业环保人士,深入墨尔本周边社区,为当地的环境保护事业贡献一份力量,也亲身体验专业环保人士的工作和生活。

5. 加拿大

加拿大,是位于北美洲北部的北美海陆兼备国,东临大西洋,西濒太平洋,西北部邻美国阿拉斯加州,南接美国本土,北靠北冰洋。加拿大为北美洲最北的一个国家,有独特的清凉夏季和枫叶般艳红的秋天,素有"枫叶之国"的美誉。在加拿大广袤的国土上,有着难以计数的奇观美景,境内有着多姿多彩的地形地貌。巍峨的高山、雄浑的高原、富饶的谷地、众多的湖泊以及纵横交错的河流与星罗棋布的岛屿一起构成了加拿大神奇、独特而别具魅力的自然风光。从尼亚加拉大瀑布到班夫国家公园,这里是户外运动特别是冰雪运动的理想之地。而加拿大南部一线,则是那些美丽的城市:多伦多、蒙特利尔、温哥华。多伦多是一个繁华、充满活力,同时却又低调的国际大都市,坐落在加拿大东海岸、安大略湖的西北岸。多伦多是加拿大第一大城市和文化与经济的心脏。提到多伦多,人们总是想到其市中心高楼林立的商业区和发达的金融业。其实,作为在全球以多元化元素著称的文化大熔炉,多伦多可以炫耀的有很多很多,比如丰富多彩的国际美食、包罗万象的街头文化、热情洋溢的加勒比海狂欢节、众星云集的多伦多国际电影节、名扬千里的英语戏剧文化、惊险刺激的国际赛车节,以及丰富绚丽的夜生活。在这里,你能体验到令人惊叹的美丽。

加拿大志愿旅游典型项目:加拿大多伦多国际志愿者游学项目。多伦多城市名字来源于印第安的 Huron 族语,意为"会面之地"。多伦多在世界上享有多元化城市的美誉,有来自 100 多个国家的移民,在大街上走动的人肤色各异,社会、饮食、娱乐、艺术、购物和游憩特色,演绎出文化的多元性。在这里游览一圈下来,也算是逛了大半个世界。它拥有傲人的城市风景线,包括现代奇观之一的加拿大国家电视塔、美丽迷人的安大略湖、延绵数里的湖滨走廊、动人心魄的尼亚加拉大瀑布和世界著名的建筑设计师在多伦多留下的大手笔。本次志愿者游学项目,志愿者们将和加拿大国际志愿者组织(全世界拥有上千个支部,成员逾 200 万人的国际性公益慈善团体,也是在加拿大成立较早的十大海外团体之一,在人道主义工作基础上发展了多项符合加拿大多元文化社会需求的各类服务工作项目,在扶弱济贫、社区关怀、女权保护、灾难救助、关顾收容以及行为辅导等各方面给予扶持)一起在当地开展义工工作,如物流银行、家庭援助、社区厨房、铁人三项志工工作等,并探讨及参与解决社会类问题。游学工作之余,本项目还会安排志愿者们去观赏举世闻名的尼亚加拉大瀑布、体验冰酒文化,以及参访多伦多最大奥特莱斯、多伦多大学、安大略皇家博物馆等,充分领略加拿大自然景观与建筑艺术,让志愿者们此次的游学过程能够收获满满。

4.1.3 非洲地区

1. 摩洛哥

摩洛哥王国,简称"摩洛哥",是非洲西北部的一个沿海阿拉伯国家,东部以及东南部与阿尔及利亚接壤,南部紧邻西撒哈拉,西部濒临大西洋,北部和西班牙、葡萄牙隔海相望。摩洛哥位于非洲西北端的阿拉伯马格里布地区,西濒大西洋,北临地中海,隔直布罗陀海峡与西班牙相望,扼大西洋地中海的门户。摩洛哥全国海岸线长 2600 多千米,主要产业是旅游业。摩洛哥最早的居民是柏柏尔人,其余为阿拉伯人,还有少量的犹太人及黑人。公元 7 世纪,阿拉伯人进入此地,8 世纪建立第一个阿拉伯王国。摩洛哥是一个拥有千年历史的文明古国,这里著名的四大皇城仍然保留着曾经的模样。在古城里,游客们会有穿梭千年的独特体验。作为非洲的一个国家,摩洛哥的沙漠景观非常著名,摩洛哥南部与撒哈拉沙漠相连接,大部分来摩洛哥旅行的游客都会选择进入撒哈拉游玩,骑骆驼、观沙漠日出与日落、宿营撒哈拉、拍摄星空都是撒哈拉经典的旅行项目。

摩洛哥志愿旅游典型项目:摩洛哥国际志愿者项目。摩洛哥是一个拥有千年历史的文明古国,有"北非花园"美称。摩洛哥是旅游胜地,境内众多的名胜古迹和迷人的自然风光每年吸引数百万游客前来观光。其首都拉巴特景色迷人,乌达雅城堡、舍拉废墟以及拉巴特王宫等景点都位于这里。古都非斯是摩洛哥第一个王朝的开国之都,以精湛的伊斯兰建筑艺术闻名于世。此外,"蓝色之城"舍夫沙万、北非古城马拉喀什、"白色城堡"卡萨布兰卡、美丽的海滨城市阿加迪尔和北部港口丹吉尔等都是令游客向往的旅游胜地。

此志愿者项目将会安排志愿者与摩洛哥当地志愿者组织联合行动,主要目的是促进当地的教育发展。在摩洛哥,很多学校、教学中心,由于落后的设施和缺乏教师资源,导致整体教育水平较低,特别是在英语教学方面停滞不前。很多私立学校拥有师资,但因为高昂的费用,大多数摩洛哥家庭望尘莫及。在青少年中心,大多数孩子来自经济收入较低的家庭,父母每天外出工作前将孩子送至中心看管。这些孩子需要更多的关心和陪伴,需要丰富多彩的童年生活。在这里,志愿者们将在拉巴特展开志愿者工作,进入当地社区、青少年教育中心开展志愿者教学活动。摩洛哥条件艰苦,需要志愿者们拥有克服困难的动力及能力,同时需具备一定的适应能力及自我调节能力。工作之余,志愿者们还可自行前往卡萨布兰卡哈桑二世清真寺、拉巴特王宫、"蓝色之城"舍夫沙万、马拉喀什,以及撒哈拉大沙漠等著名景观区,了解当地的风土人情。

2. 肯尼亚

肯尼亚共和国,简称"肯尼亚",位于非洲东部,赤道横贯其中部,东非大裂谷纵贯其南北。它东邻索马里,南接坦桑尼亚,西连乌干达,北与埃塞俄比亚、南苏丹交界,东南濒临印度洋,拥有长 536 千米的海岸线。肯尼亚国土面积的 18% 为可耕地,其余主要适于畜牧业。肯尼亚是非洲著名的旅游国家,位于国家中部的非洲第二高峰肯尼亚山是世界著名的赤道雪山,雄壮巍峨,景色美丽奇特,肯尼亚国名即来源于此。数十个国家级天然野生动物园和自然保护区是众多野生动物和 1000 多种鸟类的天堂,是世界上非常受欢迎的野生动物巡游胜地。位于肯、坦两国交界的乞力马扎罗山,是非洲大陆的最高峰,位于赤道附近,人类能够不借助特殊装备到达其最高点,而且它还是世界上海拔最高的孤山,被称作"非洲的屋脊""非洲之王"。著名的"东非大裂谷"也诞生于此,东非大裂谷是一条狭长的断裂带,两旁火山星罗棋布。由于天然地势优势,裂谷内形成了大大小小的湖泊,从而成为非洲人类生命的起源。

肯尼亚志愿旅游典型项目:肯尼亚志愿旅游项目。肯尼亚是人类发源地之一,境内曾出土了约250万年前的人类头盖骨化石,被称为"人类的摇篮"。目前,旅游业是肯尼亚重要的产业和外汇来源之一。作为欧洲列强曾经的殖民地,肯尼亚曾一直是欧洲贵族们的狩猎场,毫无节制的捕杀,使很多珍稀动物濒临灭绝。第二次世界大战后,肯尼亚政府建立了国家公园和保护区,将土地还给动物,让它们重新拥有家园。东非复杂的地形赋予肯尼亚多姿多彩的地貌景观和丰富多样的物种,从热带海洋、沙漠到终年积雪的高山,肯尼亚以截然不同的多种面貌呈现在世人面前。虽然肯尼亚位于赤道,但是平均1500米的高海拔让这里气候宜人,也成为避暑胜地。肯尼亚因原始的非洲草原风光和丰富多样的野生动物,每年都吸引着数以万计的游客到这里生态观光。内罗毕是肯尼亚的首都,也是非洲的大城市之一,较为著名的景点为内罗毕国家公园。此肯尼亚志愿者项目位于首都内罗毕。在这个非洲最大的国际化都市里,有联合国在非洲的总部,也有非洲地区第二大的城市贫民窟基贝拉。当地的项目除了扶持所在社区的小学和孤儿院外,还涉及基贝拉贫民窟。基贝拉贫民窟面积为2.5平方千米,占内罗毕市总面积的不到1%,但容纳了该市总人口的1/4。在基贝拉,政府不提供基本服务(涉及学校、诊所、自来水、厕所等),所以有大量的自发性民间组织及志愿者来到这里进行志愿服务。本志愿项目会安排志愿者们前往当地的学校、孤儿院以及贫民窟进行教学,传授知识,参与者根据个人情况准备和选择不同的授课内容,如数学、英文、地理、历史、体育、亚洲文化等,为当地的教育事业贡献自己的力量,为孩子们的心理健康献上自己的温暖。同时,也会安排志愿者们前往当地的老人院,主要内容是给老人们表演节目和协助当地工作人员给老人们准备午饭。有时候,志愿者们也会随负责人一起拜访当地的独居老人,给年迈的老人送去温暖和安慰。工作之余,志愿者们可以前往当地著名的景观区,感受这里自然风光的绮丽和独特的文化。

3. 坦桑尼亚

坦桑尼亚联合共和国,简称"坦桑尼亚",位于非洲东部、赤道以南。北与肯尼亚和乌干达交界,南与赞比亚、马拉维、莫桑比克接壤,西与卢旺达、布隆迪和刚果(金)为邻,东临印度洋。坦桑尼亚是东非最大的国家,面对印度洋。优越的地理位置赋予了这个国家宜人的、适合旅行的天气和气候——白天阳光充足,夜晚凉爽舒适。坦桑尼亚有多个世界地理之"最":非洲最高峰——乞力马扎罗山;非洲最低点——坦噶尼喀湖;非洲最大的湖泊——维多利亚湖。

坦桑尼亚是人类发源地之一,早在公元前就与阿拉伯、波斯和印度等地有贸易往来,后又经历了阿拉伯人和波斯人的大批迁入,曾经被德国、英国占领,1963年成为苏丹王朝统治下的君主立宪制国家。坦桑尼亚民族众多(约120个部落),都有属于自己独特的文化和传统,政府鼓励种族文化发展,因此近年来以多文化遗产为主题的旅游越来越受欢迎,从凶猛的马赛勇士到斯瓦希里安静富有节奏感的村庄,在今天的坦桑尼亚,依然可以看到已经历经数个世纪的非洲人的日常生活。

坦桑尼亚志愿旅游典型项目:桑给巴尔国际志愿旅游项目。桑给巴尔岛位于东非坦桑尼亚东部,由两座主要岛屿安古迦岛和奔巴岛组成。桑给巴尔岛是世界上美丽的岛屿,意大利、阿拉伯、坦桑尼亚风情完美结合,因气候温和宜人,具有绿松石般的海水和洁白的沙滩,被美国《旅游》杂志评为东非三大必到目的地之一。桑给巴尔岛因盛产丁香而闻名世界,丁香产量占世界丁香销售量的4/5,素有"世界最香之地""香岛"之称。桑给巴尔岛首府石头城被列入世界文化遗产,历史久远,极富特色。此外,岛上融汇着非洲传统黑人文化、伊斯兰文化及印度文化,这也是这里的一大特色。桑给巴尔为欠发达地区,经济发展水平低,生活条件相对艰苦,教育资源也较为匮乏。本志愿项目会安排志愿者们前往当地的学校,志愿者会在当地学校教学,参与者根据个人情况准备和选择不同的授课内容,如数学、英文、地理、历史、体育、亚洲文化等,为当地的教育事业贡献自己的力量,也希望志愿者们能在课余活动期间陪伴孩子们玩耍,为孩子们的健康成长助力。

4.2 志愿旅游国内主要目的地

4.2.1 中国东南部地区

1. 杭州

杭州,简称"杭",古称"临安""钱塘",浙江省辖地级市、省会、副省级市、特大城市,国务院批复确定的浙江省经济、文化、科教中心,长江三角洲中心城市之一,环杭州湾大湾区核心城市、G60科创走廊中心城市。杭州有着2200多年的悠久历史,是我国八大古都之一,其盛名又以西湖为首,拥有三面云山,一水抱城的山光水色,以"淡妆浓抹总相宜"的自然风光闻名至今,令天下众生心向往之。杭州之美,除了集江南神韵于一身的西湖十景,还包括同样丰富多彩的人文景观,苏堤春晓、平湖秋月、灵隐寺、六和塔等景观早已声名远播。杭州自古就有"上有天堂,下有苏杭"的美誉。"鱼米之乡""丝绸之府""文物之邦",都是世人对杭州的唯美印象。历史文人骚客在杭州留下了丰富的历史遗迹和诗书绘画,可以说杭州的景点处处有故事,处处有诗篇。

杭州志愿旅游典型项目:杭州城市公益志愿者项目。杭州自秦朝设县以来已有2200多年的历史,曾是吴越国和南宋的都城。因风景秀丽,素有"人间天堂"的美誉。杭州得益于京杭大运河和通商口岸的便利,以及自身发达的丝绸和粮食产业,历史上曾是重要的商业集散中心。新世纪以来,随着阿里巴巴等高科技企业的带动,互联网经济成为杭州新的经济增长点。作为发展较快的城市,在中国公益组织发展的进程里,杭州自下而上、民间发起的组织扮演着重要角色。近年来,杭州有不少致力改变中国公益慈善事业现状的社会人士,他们坚定自己的使命和愿景,在各个领域深耕,使公益服务不断细化、专业化。杭州城市公益志愿者项目将发起本地志愿者活动,组织志愿者前往各公益慈善机构,学习优秀公益人经验,进行力所能及的志愿工作,让志愿服务成为年轻人的一种生活方式。

自闭症是脑部发育障碍所造成的一种交流障碍,据《中国自闭症儿童发展状况报告》所述,至2014年中国自闭症患者可能超过200万。到目前为止,医学界仍没有发现疗效显著的治疗手段,经由康复性训练,部分孩子可以获得生存技能和社交技能,回归社会,还有部分孩子可能仍然留在特殊教育学校。但对于这个群体来说,更大的障碍和挑战不在于他们的不同,而是社会是否能够更广泛地理解、包容、帮助他们。本项目的志愿者将会奔赴杭州康乃馨儿童康复中心陪伴自闭症的孩子玩耍,陪伴自闭症儿童上"亲子成长班"或"家长操作培训班"课程,替代父母的角色,和孩子一起做游戏,参与课堂,进行康复训练,让每个孩子都能得到来自社会的关心和爱护,志愿者们将用接纳与关爱带领自闭症儿童一同前进。

2. 江西

江西,简称"赣",因公元733年唐玄宗设江南西道而得省名,又因江西最大河流为赣江而得简称;省会南昌,位于中国东南部,长江中下游南岸,属于华东地区;东邻浙江、福建,南连广东,西靠湖南,北毗湖北、安徽而共接长江。江西为长江三角洲、珠江三角洲和闽南三角地区的腹地。江西区位优越、交通便利,地处江南,自古为"干越之地""吴头楚尾、粤户闽庭",乃"形胜之区",素有"文章节义之邦,白鹤鱼米之国"之美称。江西部分地区属海峡西岸经济区,境内有中国第一大淡水湖——鄱阳湖,也是亚洲超大型的铜工业基地之一,有"世界钨都""稀土王国""中国铜都""有色金属之乡"的美誉。江西"物华天宝,人杰地灵""雄州雾列,俊采星驰",是人文渊薮之地、文章节义之邦,孕育了红色文化、山水文化、陶瓷文化、书院文化、戏曲文化、农耕文化、商业文化、中医药文化等特色文化和临川文化、庐陵文化、豫章文化、客家文化等地域文化。江西井冈山是中国革命的摇篮,南昌是中国人民解放军的诞生地,瑞金是中华苏维埃共和国临时中央政府成立的地方,安源是中国工人运动的策源地。历史悠久,风景名胜众多,也让江西成了旅游出行的极佳地区之一。

江西志愿旅游典型项目:鄱阳湖江豚保育项目国际志愿者项目。鄱阳湖,古称"彭蠡""彭蠡泽""彭泽",位于江西省北部,地处九江、南昌、上饶三市,是中国第一大淡水湖,也是中国第二大湖,仅次于青海湖。作为长江流域重要的一个过水性、吞吐型、季节性的浅水湖泊,鄱阳湖也是国际重要湿地,在中国长江流域中发挥着巨大的调蓄洪水和保护生物多样性等特殊生态功能,同时也是世界自然基金会划定的全球重要生态区之一。江豚是世界上唯一的淡水江豚,已经在地球上生活了约2500万年。但随着环境质量持续下降,整个长江流域江豚仅剩不足1000头,目前只有鄱阳湖种群的数量保持相对稳定,大约有500头,堪称水中"大熊猫"。在鄱阳湖有这么一群人,为了保护这里美好的生态环境,为了守护濒危的江豚,成为鄱阳湖边的"护豚人",他们用每天的辛勤付出,不断呼唤着大众对这群可爱生物的关注。此次江豚保育项目将会带领志愿者们前往鄱阳湖进行参观和进行志愿工作,以对江豚保育状况有深入的了解。志愿者们将会对江豚的栖息地进行保护,体验一线野生动物保护志愿者们的日常巡护工作,了解当地江豚保护的现状、面临的挑战,参与重要数据记录。飘荡在美丽的鄱阳湖上,志愿者们将在感叹大自然美好的同时,产生维护人与自然和谐关系的强烈使命感;还将有机会对当地渔民进行访谈,听他们讲述这片湖的过去和现在,也为他们普及更多江豚保护的知识。

4.2.2 中国中西部地区

1. 云南

云南省,简称"云"或"滇",中国省级行政区,位于西南地区,省会昆明;东部与贵州、广西为邻,北部与四川相连,西北部紧依西藏,西部与缅甸接壤,南部和老挝、越南毗邻。云南省总面积39.41万平方千米,占全国国土总面积的4.1%,居全国第8位。云南是全国边境线较长的省份,有8个州(市)的25个边境县分别与缅甸、老挝和越南交界。北回归线横贯云南省南部,可见其属低纬度内陆地区。云南地势呈西北高、东南低,自北向南呈阶梯状逐级下降,多呈现山地高原地形,山地面积占全省总面积的88.64%;地跨长江、珠江、元江、澜沧江、怒江、大盈江六大水系。云南气候基本属于亚热带和热带季风气候,滇西北属高原山地气候。云南动植物种类数为全国之冠,素有"动植物王国"之称,被誉为"有色金属王国",历史文化悠久,自然风光绚丽,是人类文明重要发祥地之一。西北地区目前是云南旅行热门的区域,大理、丽江、香格里拉、泸沽湖等人气景点不仅环绕着绝美的高山风光,还有独特的人文景象,每年都有不少游客来此体验富有情调的古镇生活。滇中及东北部地区以省会昆明为中心,周边的石林、抚仙湖、罗平油菜花田都很值得一看;南部地区不仅有颇富风情的西双版纳,还有蜚声国际的元阳哈尼族梯田,以及普者黑和被称为真实的"世外桃源"的坝美;西部地区主要是在缅甸边境一线的保山、德宏和怒江,这里的景点相对比较小众,但绝对有吸引力,如腾冲地热温泉、和顺古镇、银杏村、三江并流、异域气质的边贸小镇瑞丽等,对于云南深度旅行者来说都是不容错过的。

云南志愿旅游典型项目1:云南香格里拉教学志愿者项目。香格里拉位于云南省西北部的滇、川、藏"大三角"区域,地处迪庆藏族自治州腹心地带,是一片世间少有的完美保留自然生态和民族传统文化的净土。香格里拉,原为迪庆藏语,意思是"心中的日月",世界自然遗产三江并流景区所在地。皑皑的雪山、广阔无垠的草原、鲜红的莨菪花、神秘的喇嘛寺院构成了这里最美的风景。在香格里拉生活着藏族、纳西族、彝族、白族、回族等少数民族,他们在生活方式、服饰、建筑、民俗礼仪等仍保持着本民族的特点,形成了别样的民族风情。这里有四面雪山环绕的草原,阳光灿烂,空气新鲜,有高深莫测的活佛、神圣静谧的湖水、金碧辉煌的寺庙和淳朴善良的康巴藏族,一切都如人们梦想中的伊甸园一般。英国畅销书作家詹姆斯·希尔顿于1933年发表的著名小说《消失的地平线》中通过描述白练垂空的瀑布、气象庄严的庙宇、碧空如洗的天空、成群结队的羊群,为读者开启一段人间秘境之旅,同时也向世人介绍了一个新的词汇——Shangri-la(香格里拉),引起无数人的向往。

云南虽然风景秀丽,但是地处偏僻,部分居于山区与乡村的学生就读的学校,教育水平欠发达,师资力量依然匮乏,学生获取课外教育资源的途径非常有限。本云南香格里拉教学志愿者项目将携手香格里拉当地志愿者组织为当地学生开展支教工作和游戏互动,为当地的孩子带去新的知识技能。工作之余,项目还安排了藏语学习、藏文书写、藏族美食制作、藏族唐卡制作等文化体验,以及普达措森林公园、噶丹松赞林寺、龟山公园等景点参观活动,志愿者们在进行支教活动外,还可以接触藏族文化,了解不同的民族风情。

云南志愿旅游典型项目2：云南丽江教学志愿者项目。丽江，拥有世界文化遗产丽江古城、世界自然遗产三江并流和世界记忆遗产纳西族东巴古籍文献。巍然屹立的玉龙雪山，波涛汹涌的金沙江水，神秘的"东方女儿国"泸沽湖，山清水秀的拉市海，丽江古城、束河古镇有度假的便利也保留着民族文化的精髓。丽江古城是一座没有城墙的古城，据说是因为丽江世袭统治者姓木，筑起城墙就像木字加框而成"困"字一样，故不设城墙。古城依山傍水，风景秀丽，城内光滑的石板路、手工建造的土木结构房屋、无处不在的小桥流水，无一不在向世人展示着这座城市的恬静清幽。浓烈的人文气息，丰富的民族文化，加上艳丽的自然风光，慵懒的生活节奏，使得人们来了就不忍离去。拉市海距离丽江10千米，是云南第一个以湿地命名的自然保护区。走在木板铺成的栈道上，连绵的湿地大草原映入眼帘，满目翠绿，远处是云雾缭绕的雪山，在湖泊中可以看见纯白的云朵倒影，呼吸着干净清爽的空气，恍如置身瑞士小镇。你可以在茶马古道上骑行，徒步去看湿地日落，与纳西族人民围着篝火跳舞，细细品味象形的东巴文字，感受那份在城市里永远找不到的田园情致。

拉市海近年来加快了旅游业的发展，这让很多曾经贫困的当地家庭生活有了改善，但这里的教育水平依然发展非常缓慢。当地学校留不住年轻的教师，父母们全天忙于工作，很多孩子不相信学习能够改变命运，对学业的积极性不高，继续教育率低。被忽视的成长问题、缺乏陪伴的童年、有限的教学资源都阻碍着他们未来的更多可能。山里的孩子纯净得像一张白纸，落在这张纸上的每一笔对他们人生的影响都是巨大的。志愿者们虽然无法代替他们父母的角色，但能够成为孩子们成长中的引导者之一，为孩子们的成长和发展献出自己的力量，也是具有社会价值的一件事。本云南丽江教学志愿者项目将在村中教学点组织"微光课堂"，开展学科拓展、课业辅导、生涯规划、安全卫生、心理健康、艺术启蒙等课程，为这里的孩子们带去心灵陪伴和素质教育支持，每位志愿者用心的教学分享和陪伴，都有可能成为点亮孩子们未来的一束微光。

云南志愿旅游典型项目3：云南维西塔城高度濒危珍稀物种滇金丝猴保护项目。在云南西南边境的原始丛林中，隐匿着被誉为世外桃源的维西塔城。本高度濒危珍稀物种保护项目的志愿者们有机会近距离接触被誉为"雪山精灵"的国家一级保护动物——滇金丝猴。由于人类之前对环境的破坏和猎杀行为，滇金丝猴的数量现在只有2000只左右。本项目将会安排志愿者们走进滇金丝猴的栖息地，跟着护林员一起探索滇金丝猴的活动规律和种群结构，了解保育现状和潜在威胁，引导大家共同投身于一场充满意义与快乐的公益服务——为滇金丝猴保护创造有趣的、充满互动性的媒介产出，引导公众关注自然和动物保护，做一个滇金丝猴保护公益大使。同时，志愿者们还会对维西塔城进行深度体验：白马雪山下徒步滇藏茶马古道,探寻纳西族风情文化;走访当地社区,聆听护林员分享滇金丝猴的故事;漫步于腊普河边的田间,用双手环抱千年银杏古树……走进藏族、傈僳族、纳西族村庄,进行文化探秘和自然探索。

2. 甘肃

甘肃,简称"甘"或"陇",中国省级行政区,省会兰州,位于中国西北地区,东通陕西,西达新疆,南瞰四川、青海,北扼宁夏、内蒙古,西北端与蒙古国接壤,总面积42.58万平方千米。甘肃地形呈狭长状,地貌复杂多样,拥有山地、高原、平川、河谷、沙漠、戈壁,四周为群山峻岭所环抱,地势自西南向东北倾斜。甘肃地处黄土高原、青藏高原和内蒙古高原三大高原的交会地带,气候类型从南向北包括亚热带季风气候、温带季风气候、温带大陆性干旱气候和高原山地气候四大类型。甘肃是汉族的传统聚居地和发源地之一,古属雍州,是丝绸之路的锁匙之地和黄金路段,像一块瑰丽的宝玉,镶嵌在中国黄土高原、青藏高原和内蒙古高原上,历史悠久,地域辽阔,风景秀美。甘肃是干旱与湿润、戈壁与高原、沙漠与雪山共存的地方,到处都隐藏着无数的传奇,等待你去发现。

甘肃志愿旅游典型项目:甘肃敦煌丝绸之路开春公益环保行动。敦煌,古称"沙洲",位于甘肃省西部的茫茫戈壁中,河西走廊的最西端。敦煌在汉朝武帝时,随着丝绸之路的开通进入了鼎盛时期,成为"河西四郡"之一,是中原王朝与西域地区以及中、西亚往来的交通桥梁。它的历史,是一个延续千年的梦。莫高窟、月牙泉、雅丹地质公园等著名景点,向世人展示着敦煌广漠的风情和永远的经典。纵马戈壁,所谓"西出阳关无故人""春风不度玉门关",两关故址仍在敦煌郊外。扬鞭大漠,穿越古今丝路,商队的驼铃声依旧在耳边响起。敦煌是世界四大古文明的交会点,有着世界级的物质文化遗产,有全球现存最大的壁画艺术宝库。这里几乎被沙漠包围,却孕育了悠久的丝路文明。这里有着雄浑壮美的自然风貌,多姿多彩的人文景观以及千年风沙也掩埋不尽的历史底蕴。在本次甘肃敦煌丝绸之路开春公益环保行动中,志愿者们将和莫高窟治沙志愿者团队联合行动,奔赴玉门关参与植树活动。西北生态环境保护一直以来都是国家环境保护的重中之重,志愿者们将在莫高窟和防沙专家一起种下草方格,了解沙防护体系的建立。玉门关外万亩胡杨林公益植树,是构建防沙绿色屏障的有益方式。

同时,志愿者们也会前往莫高窟数字展厅,观看介绍敦煌莫高窟历史文化背景的主题电影《千年莫高》和展示精美石窟艺术的球幕电影《梦幻佛宫》;随后参观莫高窟,感受千佛洞的视觉盛宴;跟随着讲解员的脚步,缓缓打开历史画卷,细细端详丝绸之路上的艺术瑰宝,随着手电的灯光照亮一幅幅精美的壁画和雕像,仿佛穿越千年时空,和当年那些无名大师们一起琢磨着笔尖和刻刀处的匠心。志愿者们还会参观敦煌博物馆,这里是展示敦煌古代文明的重要窗口,也是敦煌学又一个重要的研究基地。寓教于乐,志愿者们在感受文化的同时也能观赏西北大漠的苍凉与广阔。

3. 西藏

西藏自治区,简称"藏",首府拉萨,位于中国西南地区,是中国五个少数民族自治区之一。西藏位于青藏高原西南部,平均海拔在4000米以上,素有"世界屋脊"之称。西藏北邻新疆,东接四川,东北紧靠青海,东南连接云南;周边与缅甸、印度、不丹、尼泊尔等国家及地区接壤,陆地国界线4000多千米,是中国西南边陲的重要门户。西藏以其雄伟壮观、神奇瑰丽的自然风光闻名。它地域辽阔,地貌壮观、资源丰富。自古以来,这片土地上的人们创造了丰富灿烂的民族文化。西藏有神山圣湖,西藏群山绵延耸立,湖泊星罗棋布。阿里地区的"神山之王"冈仁波齐峰,是信徒们心中的世界中心;三大"圣湖"羊卓雍错、玛旁雍错、纳木错如同璀璨的明珠镶嵌在这片雪域高原上。藏传佛教在西藏有1400年历史,佛教文化已渗透进藏族人的生活。拉萨的布达拉宫是藏传佛教圣殿,不远万里来此朝拜的信徒和手持转经筒口诵经文的僧人,让稀薄的空气中弥漫着浓厚的佛教氛围。在自驾爱好者眼中,西藏绝对是"自驾天堂",无论是选择壮美艰险的川藏线,穿越苍茫无人区的青藏线,还是历史气息浓厚的唐蕃古道,行驶在青藏高原,车窗外始终上映着绝美的风光纪录片。

西藏志愿旅游典型项目:西藏藏地环保及自然人文体验项目。在西藏生活久了的人,对时间的概念会变得淡薄。晚上8点,拉萨却亮如白昼,让人觉得太阳走得特别慢。而另一个世界里,时间作为最大的奢侈品,在这里变得不再重要。"一个人走得太快了,需要停下来,等待灵魂跟上自己的身体。"在此项目中,志愿者们可聆听藏漂及藏地艺术青年讲述西藏故事;可去拉萨古建徒步,去八廓街探秘走访,解读藏族建筑物背后的文化和价值观,探秘城区各种青铜佛像、唐卡、木雕、陶器及藏服工作坊,了解西藏手工艺复兴之路;可去感受藏族非遗技艺,体验唐卡绘画课程;可去体验藏族民间文化,做客藏族人家,和藏民一起吃糌粑、看藏戏、跳锅庄舞,学习藏语言,体验藏服旅拍;还可观赏藏地绝美自然与人文景观,如山南羊卓雍错、巴松错、拉萨八廓街、雅鲁藏布江大峡谷、索松村。当然,志愿者们还要进行公益环保理念的倡导,在拉萨河和羊湖开展净滩行动,并进行水质采样和水体检测,了解淡水湖和堰塞湖的地质成因,通过水质检测对比呼吁高原环保重要性。文化历史的传播和环保理念的传播同步进行,志愿者们将为西藏文化的传播和西藏环境的保护贡献出自己的力量。

4. 四川

四川，简称"川"或"蜀"，省会成都。位于中国西南地区内陆，地处长江上游，素有"天府之国"的美誉；为中国道教发源地之一，古蜀文明发祥地，世界最早的纸币"交子"出现地。四川盐业文化、酒文化源远流长，三国文化、红军文化、巴人文化精彩纷呈。四川省地貌东西差异大，地形复杂多样，位于中国大陆地势三大阶梯中的第一级青藏高原和第三级长江中下游平原的过渡地带，高低悬殊，地势呈西高东低的特点，拥有山地、丘陵、平原、盆地和高原。四川省分布着三大气候，分别为四川盆地中亚热带湿润气候、川西南山地亚热带半湿润气候、川西北高山高原高寒气候，总体气候宜人，拥有众多"长寿之乡"。四川历史悠久，受汉文化影响较大，主要有成都市内的历史遗迹以及乐山、青城山、都江堰等。四川北部的自然景观以瑰丽的九寨沟和悠扬的若尔盖草原为主。四川不仅有以大熊猫为主的各类珍稀动植物自然保护区，更有众多民族特色的传统活动。此外，川菜是四大菜系之一，一年四季都有无数游客慕名前来，在感受自然风光的同时，寻找味觉上的刺激。

四川志愿旅游典型项目：四川雅安大熊猫科普体验项目。雅安不仅是一座山水相间的城市，还是一座碧茶飘香的城市，又是一座因大熊猫而名扬四海的城市。这里自然风光、历史人文独具特色，雅安的上里古镇、望鱼古镇等是南方丝绸之路上的重要驿站，素有"川西咽喉""西藏门户""民族走廊"之称，也是茶马古道上的重镇。雅安是世界茶文化的发源地，蒙顶山是公认的世界茶文化圣山。城内造型独特、风格迥异的桥梁将南北城区连成一片，树木葱茏，雅致秀美的城市休闲公园，彰显着这座历史文化名城的历史人文、自然风貌、民俗风情。

雅安碧峰峡景区是国家 5A 级旅游景区，包括风景区和野生动物园，位于雅安市北 18 千米，距离成都市 150 千米。景区有两条峡谷，呈"V"字形，植被、峡景和瀑布是碧峰峡景区的鲜明特色。峡内林木葱郁，苍翠欲滴，峰峦叠嶂，崖壑峥嵘。多类型的瀑布景观，更使双峡增添无限景色，令人陶醉。中国保护大熊猫研究中心把基地设置在碧峰峡风景区内，截至 2012 年，300 多只野生大熊猫，70 多只圈养大熊猫在碧峰峡基地快乐生活。该基地是集大熊猫繁殖科研、宣传教育与生态旅游于一体的全国大型半散放式大熊猫生态园。此次志愿者项目联合大熊猫基地携手推出大熊猫科普体验项目。科普体验内容如下。

(1) 大熊猫探秘：来到大熊猫别墅区，近距离观察大熊猫。

(2) 大熊猫营养师：了解大熊猫"窝窝头"，亲手为大熊猫制作爱心"窝窝头"。

(3) 大熊猫行为研究：在专业人员的带领下，使用专业方法，观察、记录和分析圈养大熊猫行为。

(4)爱心竹林:为大熊猫种植食竹。

(5)竹类辨识:探寻园内常见竹类,分辨各自特征,了解大熊猫食性知识。

(6)大熊猫电影院:观看大熊猫科教纪录片。

(7)科研小助手:从"便便"入手,体验大熊猫野外种群调查背后的艰辛与不易。

(8)熊猫制作:利用竹子等材料,进行熊猫手工创作,制作出一件熊猫主题作品。

5. 贵州

贵州,简称"黔"或"贵",中国省级行政区,省会贵阳,地处中国西南内陆地区腹地,是中国西南地区交通枢纽,长江经济带重要组成部分,全国首个国家级大数据综合试验区,世界知名山地旅游目的地和山地旅游大省,国家生态文明试验区,内陆开放型经济试验区。贵州境内地势西高东低,自中部向北、东、南三面倾斜,素有"八山一水一分田"之说;地貌可概括分为高原、山地、丘陵和盆地四种基本类型,其中92.5%的面积为山地和丘陵;总面积17.62万平方千米;气候属亚热带季风气候;地跨长江和珠江两大水系。贵州秀丽古朴、风景如画,是世界上岩溶地貌发育典型的地区之一,有绚丽多彩的喀斯特景观,著名景点有黄果树瀑布、赤水丹霞、织金洞、红枫湖景区、梵净山、遵义会议会址等。

贵州志愿旅游典型项目1:贵州侗寨少数民族教学志愿者项目。贵州黔东南苗族侗族自治州,地处云贵高原东南边缘,居住着苗族、侗族、汉族、布依族、水族等20多个民族,民族风情非常浓郁。这里有世界上最大的苗寨和最大的侗寨,有独特的吊脚楼、风雨桥、鼓楼;这里有如天籁般的侗族大歌,有刺绣、银饰、蜡染等让人眼花缭乱的民族技艺和非物质文化遗产。本次项目所在地为黔东南地区的侗族村落,这里保存着完整的民族人文生态系统;人们热情淳朴,与世无争;雾气弥漫在山间,山腰上的竹林掩映着木质吊脚楼,栈桥轻巧地架在小河沟上,层层叠叠的稻田里蓄着水,水牛甩着尾巴从田埂上缓缓摇过,有着一种久违的朴素。黔东南由于历史及地域原因,长期以来处于相对封闭状态,大山守护了当地人们性格的淳朴和此地世代传承的民族文化,却也在一定程度上阻挡了人们看向世界的目光。近年来,村落中的中青年一代为了更好的发展,纷纷离开家乡,留下了家中老人和孩子,一些贫困山区的学校很难留住长期驻扎的年轻老师。贵州侗寨少数民族教学志愿者项目将在侗族村寨教学点组织"微光课堂",开展学科拓展、课业辅导、生涯规划、安全卫生、心理健康、艺术启蒙等课程,为孩子们带去心灵陪伴和素质教育支持。

贵州志愿旅游典型项目2:"贵州厦格·百年侗寨读书计划"项目。黔东南是贵州省被大众所熟知的目的地。整个黔东南州以最高峰雷公山为界,北边是苗族聚居地,南部则以侗寨为主,故而有"苗乡侗寨"之美誉。相对封闭的环境使得黔东南极好地保留了其浓郁的原生态面貌。苗族那华丽的服饰、精致的刺绣和炫目的银饰让人叹为观止;而朴素的侗族则在山谷里逐水而居,巍峨的侗寨、高大的鼓楼还有精巧别致的风雨楼,都让人有留下来的冲动。各民族浓郁的民俗风情和花样繁多的节日,更是引得各地游人纷至沓来。

厦格村距离全国最大的侗寨——肇兴不过3千米,往上1500米是堂安侗族生态博物馆——世界上唯一的由中国和挪威政府共同组建的侗族生态博物馆。当游客们蜂拥而入地挤进肇兴和堂安时,作为中途"歇脚驿站"的厦格村却独享这一份与世无争的宁静——这里有错落有致的民居,依山环抱的梯田,郁郁葱葱的树林,波澜不惊的水塘。但作为一个有着上百年的古老侗寨,它也不可避免地面临着传统与现代的摩擦——大部分人外出务工,少部分人以务农为生。很多老人不会说汉语,留守儿童缺乏教育和关怀。当这里的年轻人竭尽全力逃离村寨的时候,志愿者们却一步一步往回走,做大山深处的逆行者,打造一座属于侗寨孩子们的乡村图书馆。该项目希望通过志愿者们的努力,能够点燃孩子们对书籍和知识的热爱,培养他们的阅读习惯。

6.青海

青海省,简称"青",中国省级行政区,省会西宁;地势总体呈西高东低、南北高中部低的态势,西部海拔高峻,向东倾斜,呈梯形下降,东部地区为青藏高原向黄土高原过渡地带,地形复杂,地貌多样,4/5以上的地区为高原,东部多山,西部为高原和盆地,兼具青藏高原、内陆干旱盆地和黄土高原三种地形地貌;属高原大陆性气候;地跨黄河、长江、澜沧江、黑河、大通河五大水系。青海以青藏高原雄浑壮美的自然风光而独树一帜,家喻户晓的青海湖是中国最大的内陆咸水湖,每年七八月间的万亩油菜花吸引着众多游客的到来。长江、黄河均发源于青海境内。长江源头景色秀丽,几十米高的冰塔林耸入晴空,绵亘数十里,宛如一座水晶峰峦,千姿百态。青海有着金黄的花海、耀眼的雪山、似海的碧水。黄河源头风光宜人,水草丰美,湖泊、小溪星罗棋布,甚为壮观。青海是多民族聚居区,生活着汉族、藏族、回族、蒙古族、土族、撒拉族等民族,民俗风情别具一格。

青海志愿旅游典型项目1:青海湖生态环境保护志愿者项目。青海湖位于西宁以西,是我国最大的内陆湖泊。藏语名为"措温布",意为"青色的海"。优美的风景、路况良好的环湖公路让这里成为自助旅游的热门地。青海湖最美的时节,莫过于七八月,彼时环湖千亩的油菜花竞相绽放,碧波万顷的湛蓝外围散布着金灿灿的亮黄,高山牧场的野花五彩缤纷,如绸似锦,数不尽的牛羊膘肥体壮,点缀其间。而 5 月的鸟岛,则成为观鸟爱好者的天堂。青海湖也是骑行胜地。每年夏季,骑行者拼搏的身影会成为湖边另一道独特的风景线,更有一年一度的环青海湖国际公路自行车赛在此开办。

青海湖环湖主要景点有二郎剑、日月山、湖里木沟岩画、橡皮山、茶卡盐湖、鸟岛、尕海古城、金银滩草原、沙岛等。青海湖岸边有辽阔的天然草场,栖息着斑头雁、黑颈鹤、普氏原羚、湟鱼等珍稀物种。游客若置身于一片辽阔碧蓝的湖水边,远处是巍巍的雪山,背后是披着绿装的草原,夜里有璀璨星河。随着旅游业的迅速发展,青海湖的生态也受到严重的破坏,在青海政府和各民间公益组织的协作下,本地开启了生态环境的保护。小泊湖生态保护基地在青海湖从事了长达 20 年的环保活动,本次青海湖生态环境保护志愿者项目将会联合小泊湖生态保护基地展开生态保护活动。志愿者们将在基地导师的带领下,完成高原植物多样性调查,探寻普氏原羚的行迹,进行沙漠湿地保护学习,以及青海湖边垃圾清理等志愿工作。国土的每一份美丽需要我们每一个人的努力。

青海志愿旅游典型项目 2:青海可可西里动物生态保护项目。青海可可西里国家级自然保护区总面积约 450 万公顷,是 21 世纪初世界上原始生态环境保存较好的自然保护区,也是中国建成的面积较大、海拔较高、野生动物资源较为丰富的自然保护区。青海可可西里国家级自然保护区主要是保护藏羚羊、野牦牛、藏野驴、藏原羚等珍稀野生动物、植物及其栖息环境。可可西里也是中国最大的无人区,被称为"生命的禁区",是高原精灵藏羚羊的庇护所。但 20 世纪 90 年代初曾遭非法偷猎者打击,藏族人索南达杰更是在守护藏羚羊过程中与偷猎者发生枪战而英勇牺牲,因此才成立自然保护区,旨在唤醒世界保护藏羚羊的意识,更是传承守护精神。本次生态保护项目中,志愿者们将前往索南达杰保护站,在保护站展厅了解索站地图的由来,并系统学习藏羚羊救养工作等。每年暑假,大批的藏羚羊从四面八方来到可可西里的卓乃湖畔产仔,目前小藏羚的存活率仅为 30% 左右,因此可可西里保护站的保护人员便承担起了救护小藏羚羊的责任。在这里,志愿者们将跟随保护站的工作人员一起学习普氏原羚和藏羚羊的相关知识,观察物种的行踪轨迹以及野生动物保护的知识,唤醒更多人对野生动物的保护意识,为国家的濒危珍稀动物的成长贡献一份力量。

第 5 章　志愿旅游与乡村振兴战略

5.1　乡村振兴的概念

5.1.1　乡村振兴的提出

乡村振兴战略,是基于中华人民共和国成立以来城乡长久处于二元分割情况,为处理好"三农"问题提出的应对策略的凝练和深化,是对未来"三农"工作推进的顶层设计。

脱贫攻坚与乡村振兴战略,对于我国"两个一百年"奋斗目标的达成具有决定性的关键作用,脱贫攻坚是乡村振兴战略的必要先决条件,乡村振兴是成功脱贫攻坚的后续发展任务,是农村建设的进一步发展。脱贫攻坚是全面建成小康社会、实现第一个百年奋斗目标的重点任务。在党的正确政策和制度保障下,经数十年的建设,到 2020 年我国农村达到了全方位脱贫摘帽,为乡村振兴的经济建设创造了基本条件。

当前,脱贫摘帽成功后,许多区域容易陷入"返贫"的困境,这是乡村振兴过程中必须谨慎处理的难题。许多区域还存在一种错误认识,那就是认为只要脱贫了,就没有后顾之忧了。因此在乡村振兴战略的实施当中,不能忽视已脱离贫困身份的农户。

温铁军教授指出,当前世界和国内形势较为多变难测,中国已居于世界经济发展的前列,中国也不能参考西方的发展经验,因此中国必须重点加快农村建设。乡村振兴战略是新"三农"工作的主攻方向,已是过去数十年中总结改革开放以来我国经济建设的经验而成的重要认识,这一战略的历史意义,体现在"西式现代化"与"去西式现代化"的探索和改革实践中。工业化和城市化是西式现代化的核心内容,是西方文明的内生事物,我国本质上是农耕文明,我们生存的文化内在差别性和多样性由中华文明和其地理因素而定,这些都体现在经济、政治、文化和精神信仰等各个方面。鸦片战争以来,"西式现代化"与"去西式现代化"或者说"工业文明"与"生态文明"之间的矛盾已经拉扯了一个多世纪。我们可以发现在中华文化的内核中,生态文明被赋予了重要意义,但在发展面前,必须选择工业化。而当发展问题得到一定程度的处理后,生态文明建设的基础得以建成,我国将重视其以农村为依托的生态文明建设。近年来,我们国家也调整为以国内大循环为主体、国内国际双循环相互促进的新发展格局。在面对三重压力,也就是供给、需求、预期压力时,国家遵循的基本原则是"稳字当头",而乡村振兴就是国家稳定的战略基础。

从历史进程中,我们可以看出乡村振兴一以贯之的重要性。党的十一届三中全会实行家庭联产承包责任制,大大鼓励了农民生产的动力,很大程度地促进了农村生产力进步。2004年至2022年,我国先后出台了19个中央一号文件,出台了一系列农民致富、帮扶的政策,一步步强化农业在我国经济建设过程中的重要性。党的十六届五中全会提出发展社会主义新农村的重要历史工作,也提出了"生产发展、生活宽裕、乡风文明、村容整洁、管理民主"的具体要求。2006年,农业税被完全取消,结束了2000多年的农业补贴政策历史,标志着我国经济社会迈出了从农业大国向工业强国迈进的新步伐。党的十七大以"三农"为抓手,提出要重点处理好"三农"问题,促进城乡经济社会发展一体化。党的十八大以来,以习近平同志为核心的党中央高度重视"三农"工作,提出了"中国要强农业必须强,中国要美农村必须美,中国要富农民必须富""中国人的饭碗任何时候都牢牢端在自己手中"等方针政策。

2017年11月,习近平总书记在党的十九大报告中,将"决胜全面建成小康社会,开启全面建设发展社会主义现代化国家新征程"提高到战略地位,这是党的十九大作出的重大战略部署,是决胜全方位建成小康社会、全方位建成社会主义现代化国家的重大历史任务,是解决"三农"问题的战略指示。乡村振兴战略的总要求是"产业兴旺、生态宜居、乡风文明、治理有效、生活富裕",建立健全城乡结合工作机制、体制和政策体系,以加快促成农业乡村现代化。

2022年2月,《中共中央 国务院关于做好2022年全面推进乡村振兴重点工作的意见》,即2022年中央一号文件发布。这是2004年以来,指导"三农"工作的第19个中央一号文件。文件重点强调了年度工作和分别的对策指导:以时效性为导向,规划全方位促进2022年乡村振兴的年度性任务;确定了两项底线任务——保障国家粮食安全、不发生规模性返贫;三大重点工作——乡村发展、乡村建设、乡村治理;促进"两新"——推动乡村振兴取得新进展、农业农村现代化迈出新步伐。

应对百年未有之大变局,推动经济社会平稳健康进步,需要紧紧围绕国家重大战略需要,稳定农业基本盘,做好"三农"工作,稳定推进乡村振兴,保证农业稳产保供、农民持续增收、乡村安居乐业。

文件中提到两条底线工作：第一是保障国家粮食安全，第二是不发生规模性返贫。三方面首要工作：第一是农村进步，首先推进农副产品加工、农村娱乐旅行、乡村电商等产业；第二是农村建设为农民而兴、为农民而建，坚持自下而上、村民自治、农民投入；第三是农村整治，即调查和整治组织性差的农村基层党组织，做好驻村第一书记和工作队的职责任务，加强党建，推动乡村振兴。

乡村振兴战略对于社会进步具有重要战略作用，党中央持续关注"三农"工作的推进，我国长久积累的农村建设经验为我国新时期乡村振兴目标的达成提供了借鉴。

"三农"问题是我国民生问题的最根本问题，只有乡村得到了发展，才会推动整个社会的发展进步。从目前的情况看，城乡差距大、乡村建设落后是当前的鲜明问题。重点体现在：季节性农产品供求不失衡，农产品质量有待提高；农民的生产方式仍较为传统粗放，无法与先进生产力和现代化市场衔接，专业化现代化的生产力有待完善。乡村基础配套、农民保障等社会事业不足，乡村的村容村貌和生态环境有待整治，农村整体经济的发展程度较低。我国扶持农业的政策力度不够大，机制尚不完善，城乡一体化建设工作有待加强。农村基层党组织的建设缺失，农村治理体系和治理能力不足。所以，推进乡村振兴，是提高我国的经济水平和稳定性的重要内容，是满足人民日益增长的美好生活需要，以及实现中华民族伟大复兴的定然要求。

不论从全球格局，还是国内经济视角来看，乡村振兴是促进我国社会现代化，构建良好的工农联系和城乡联系，为全球的国家确定新型现代化路线贡献中国特色的对策。

5.1.2 乡村振兴在各学科中的解释

乡村振兴战略不是于某一个学科或者某一领域单一地提出的理论发展政策，它是全方位的、发展的、具有我国社会主义特色的理论发展政策。乡村振兴战略可以从多个维度认识与解读，这些方面包括但不限于社会学、经济学、政治学、金融学、旅游学等。由此，笔者将在下列内容中，对乡村振兴在各方面学科的理论知识做适当的阐释。

1. 乡村振兴与社会学

从社会学的维度来看，乡村振兴关注的问题就是乡村由传统向现代化变迁的变革过程。乡村经济体制改革推动了乡村产业的建设和经济水平的提高，但是在很多方面,例如,市场化、城市化、国际化中也浮现了很多因为内部生动力不足产生的问题,包括劳动力的流失、村庄空心化以及乡村土地人口承载量大大降低等各种问题。乡村振兴的提出不仅仅只是要强调富裕,如果只是要强调富裕,那么我们只要提高收入水平、人均GDP、慈善水平、社会保障水平就可以解决这一问题。而在社会学领域,我们更为关注的是为何会形成这类变迁以及形成这类变迁可能会导致的结果。

1)农村社会变迁

提到农村社会的变迁,就不得不从社会变迁的理论框架开始解释。社会变迁有两个要义:一是社会现象发生改变的结果,这种结果是一种事实存在;二是社会现象发生的过程,这种过程是从时间维度上的一个考量。这两种要义有着内在关联,但是也存在着差别。从社会学角度来解释,所有社会现象、社会事件、社会历程都能被归作社会变迁,当研究社会变迁问题,这两个要义都被包含在内,所以,社会变迁属于宽泛的、包容性的概念。要更具目标性地调查和明确社会变迁的历程,具有代表性的社会变迁划分为三类:第一,社会进化与社会革命——依据特定的社会变迁的属性而定,若社会系统变迁的进程中要素发生变化,则此进程便成为社会演化或社会进步,若社会系统产生了质的变化,则变成社会革命;第二,结构性变迁与非结构性变迁——结构性变迁指在社会系统的机制当中发生了体系的转换,而非结构性变迁属于因社会现象产生的变化;第三,社会进步与社会退化——当人类社会是朝着前进、积极的方向变革的,那么,这个现象就是社会进步,反之则是社会退化。社会变迁有生活、技术、政治、制度、文化形式,而社会变迁的驱动来源是经济发展。

在我国大环境的社会变迁环境下,我国农业社会经历了两次社会变迁,不管是村容村貌,抑或是背后的社会结构,不管是农民的生产力状况,抑或是农民生活条件都发生了重大变化。农村社会的变迁具有双重含义:一是农村变迁是相对迟缓的,因为乡村的客观因素导致了乡村有一定的封闭性,以及其低流动性;二是乡村因为生产和生活的共同体所体现的简单性的社会结构。乡村的社会变迁主要是由社会更替和文化演变而完成的。因为乡村社会结构小,所以文化与更替相对活跃。第一次农村的变迁时间节点是在1949年中华人民共和国成立到改革开放初期;第二次变迁时间则是在1980年改革开放初期之后。

第一次变迁核心内容有三点。第一,土地改革。1950年借《中华人民共和国土地改革法》达到耕者有其田的宗旨,这有力提升了农民的主动性,有效提升了农民的生产效率。土地改革还达成了乡村土地的全方位再次分配,使得乡村社会结构更加趋于平等;彻底将农民从被压迫的地位变成主人,他们原先的经济环境、社会地位得到了提高。此外,土地改革为中国农业打下了坚实的地基。第二,农业合作化在"一五"期间就掀开了我国社会主义经济发展和工业发展的帷幕。农业合作化的变迁过程是由几个不同的阶段组成的,即互助组、初级社和高级社。基于农户之间自愿原则,农业合作化对农户之间相互合作和土地公有制的确立起到了积极效能。第三,人民公社化运动促成了农业生产资料的公有制。

第二次农业社会变迁集中表现在农业生产经营体制和乡村社会治理体制的改革中。1984年,人民公社走向了历史的终结。家庭联产承包责任制打破了吃"大锅饭"的现象,这项改革保障了广大农民的主体地位,将农民的创造性与能动性积极调动且发挥出来,并提高了生产效率与收入水平。1992年后,由于市场变革,乡村的劳动力外流到城市,在当时构成了农业与兼业的融合,从而提高了家庭经济收入。

从农村两次社会变迁的历史轨迹和经验来看,改革开放是乡村社会变迁的分水岭。在改革开放之前,国家凭借土地改革和社会一系列改革,从根本上解决了农民生产和生活基本保障的问题,但产生了不同程度的温饱问题。改革开放以后,在家庭联产承包责任制的政策环境下,农民的主动性得以激发,农业生产效率和生产量大幅提升,化解了粮食危机。从乡村社会变迁的历史轨迹来看,在此项进程中,农民、农业和农村社会都有一定程度的进步,并且此次变革为"三农"工作积累了丰富的中国经验,对各项工作都起了促进作用。

2)城市化与农村社会现代化发展

城市化是社会变迁与进步的典型属性和方向,由此,考察农村社会变迁不得不从城市化的维度探究。

城市的形成是人类社会在一定历史阶段的结果,城市社会与农村社会在结构上有着根本差异,在差异的发展中造就了当下的人类社会的不同社会结构。现代社会有城市社会扩大而农村社会没落的势头。城市化是社会变迁的进程,居民的职业转型为非农业,聚居地由农村到城镇地区,生活方式也城市化。城市化的进程往往与工业化同步,在工商业逐步聚集到一定范围内时,在此范围内必将产生人口聚集的现象,产生相对应量的城镇或城市,进而衍生出了城市化的社会生活方式。城市化涵盖了多维意义:首先是人口意义。城市化的人口意义体现了城市和乡村人口的结构和关联。城市化率一般体现某个社会的城市化水平或现状,也就是城市人口在社会总人口当中的比重。城市化率越高,则可以看出其城市化的程度越深。其次是地理意义,即人的生活住所在地理上逐渐趋向于城镇聚居。从地理意义上讲,城市化集中体现了社会生活方式与住所的地理位置及范围。再次是文化意义。城市化作为社会变迁的类型之一,隐含了深刻的文化意义。最后是社会意义。城市化的社会意义包括:城市社会的结构变迁,以城市职业结构为主;与城市建设有着密切联系的工商业和非农职业转变为领军产业;社会生活方式的现代化。

城镇化、城市化或者都市化(可用城镇化代替)极大地正向影响了乡村社会的建设,集中表现为:一是在社会构成的转型,城镇化的进程将能够极大地促使乡村建设上升到新的台阶;二是在社会功能上,城镇化能够完善乡村建设的诸多因子;三是城镇化为乡村的人口和创造了更多机会以及全新的提升空间;四是城镇化推动了乡村社会的变革和发展。城镇化的提升路径,其实遵循了乡村社会发展的一般规律,也比较适合较多乡村范围的社会进步需要。拉动城乡发展的首要途径是借工业反哺农业,用城市的辐射功能带动周边乡村,建立以工促农、以城带乡的长效机制,从而有效地推动城镇的协调统一推进。城镇化的方式多种多样,生活化的转变实际上即城镇化的文明内核。城镇化并非意味着人口聚居在城镇,而指的是现代化的文明思想在人们意识中形成以后,便能被称作城镇化。在城镇化的过程中,农村经济仍然面临着许多问题,其中一个重要问题就是农村经济水平依然滞后,而且城市与农村之间的差距还有拉大的势头。这主要是因为乡村居民没有同城市居民享有一致的社会福利、公共财政所贡献的物品,或者保障在城乡之间有很大的差别,且在城市发展与农村发展过程中,城市就业机会基本排斥农村户口的现实问题。另外,国家的大部分财力主要集中投资在城市,而非农村范围。

达到工业现代化、农业现代化、国防现代化、科学技术现代化,是中国共产党领导全国各民族进行社会主义现代化发展的根本宗旨。所以,促进乡村社会的现代化意味着我国"三农"问题的解决,达到我国乡村建设的势头和目标。社会学对现代化做出了广义与狭义的定义。广义的现代化,即人类社会自传统农业社会逐步转型为现代工业社会的过程。狭义的现代化即现代社会的人们生产、生活方式的变革。所以,能够得出乡村社会的现代变迁是将社会现代化的根本属性融入乡村这一形态中。但是,乡村现代化的演变,不能只是仅仅依靠乡村实体,更重要的是要依靠人的观念与思想的现代化变革。

综上,笔者认为,重点推动新农村发展与乡村振兴是适应当今全球发展格局与落实党的二十大工作部署的重中之重。

3)新农村建设

新农村的建构是在新时代中乡村社会变革进步的定然要求。之所以要以"新"字贯穿乡村社会的发展,集中表现为新结构、新功能、新主体三个方面。新结构指生产结构、社会治理结构、行政管理结构以及意识概念结构上要有新的突破。新功能即乡村社会结构的转型。新主体包含在村农民、两栖农民、非农职业者、不在村乡村人、生活不能完全自理的非劳动力中达到变革与革新,达到乡村主体的现代化。

从全球来看,现代化、城镇化、市场化与如今全球化已然成为社会变迁的大势,当今世界格局和形势下,这一大方向是定然的,国内乡村社会的现代化进程亦然。但城乡之间的距离差异也从改革开放之后凸显出来,所以,诸多"三农"问题专家认识到,"三农"困境的根本是乡村原生条件的弱化,但是我国无法彻底城镇化,因此,要以新农村为抓手,改善农村的生产条件,发展乡村生产力,提高乡村整体经济发展程度。

当前建设新农村有三个突出模式。

一是乡村工业化。这一模式主要是在我国东部沿海农村范围。因为可耕种面积较小,农村发展凭借工商业发展会更加迅速,由此构成了以工商业为主的农村经济结构。

二是乡村集镇化。这一模式集中表现于我国西部地区。由于该地区较为贫穷和地理位置较为偏僻,农村政府公共服务和产品聚集在集镇,以土地流转、社会保障、教育等政策和方案达成乡村资源的重新分配,从而达成农村集镇化。

三是"美丽乡村"模式。"美丽乡村"模式主要是在农业集中地地形平坦地区的乡村,以及资源条件独特的乡村。这一模式主要是凭借加强公共设施建设,改善生活环境和治理体制,达到居民的生活现代化。在旅游资源丰富的区域,利用开发好乡村自然旅游资源和民俗文化,从而带动乡村社会现代化发展。

在新农村发展过程中,我们可以看到政府是首要的驱动来源,政府需要凭借机制和方针、法律法规的及时更新,清扫乡村建设中由于治理低效导致的困难,贡献可靠的官方保证。并且,政府拨出的经费要致力于乡村的公共设施建设和民生发展。最后,政府需要起到引领效能,引领乡村社会的进步发展。

新农村发展进程不能忽略市场与社区,也就是乡村内部的自身力量。乡村社会的发展离不开市场机制的优质配置及其效率,只有有了优质的配置和效率,新农村推进才会有新的发展力量。此外,也需要充分鼓舞农民置身于新农村发展的主体意识和主动性,只有这样,我们的社会主义新农村发展才会有可持续发展性。

在党的十九大提出的乡村振兴战略和《中共中央 国务院关于做好2022年全面推进乡村振兴重点工作的意见》(2022年中央一号文件)中我们都可以看到,首先,乡村振兴是解决新时代中国特色社会主义主要矛盾的应有之义,也是达到全体人民共同富裕的必经之路。乡村振兴是在社会主要矛盾的变迁背景下提出的重点建设农村和农业的方略。其次,乡村振兴是达到城乡一体化发展的策略途径。最后,乡村振兴是对农村的重新认识和重新建造过程。由于这一战略的实施,我们国家的乡村社会发生了许多变迁,并且乡村得到了可持续化的发展。

在实施乡村振兴的道路上,这条路一定是不平坦的,在《中共中央 国务院关于实施乡村振兴战略的意见》具体实施方案中,我们仍然可以看到乡村振兴所面临的几大问题:首先是乡村人口流失问题;其次是之前制度惯性的调整;最后是结构惯性作用的挑战。

乡村振兴作为新农村建设的基本战略,能极大地推动国家兴旺发达,工作方向就是将农村构建为一个"产业兴旺、生态宜居、乡风文明、治理有效、生活富裕"的社会。由此,守好两个底线、抓好三大任务、推动达到"两新"是此次《中共中央 国务院关于实施乡村振兴战略的意见》里贯穿始终的中心思想。

2. 乡村振兴与经济学

城乡关系是掣肘一国经济发展的重要关系,城乡结合发展是人类社会经济发展的定然势头。在中国特色社会主义的发展路线上,解释乡村振兴就必然要从马克思主义政治经济学框架体系中运用相关理论分析其逻辑,了解乡村振兴战略的理论起点、理论路径,以及其宗旨。

乡村振兴的理论基础是物质资料的生产和再生产,这也是马克思主义政治经济学基本原理中最本质的要求。理论上,路径是农业生产方式和生活方式转型,宗旨是达到共同富裕。

1)物质资料的生产和再生产

物质资料的生产和再生产是指持续变更和反复发生的物质资料生产过程。人类社会无法不消费,所以生产不可以落后。所有社会的生产进程,自其持续保持关联,且持续变更,即再生产过程。所有的生产过程均必须使用物质资料,不单单涵盖不同类别的生产资料,且涵盖生产主体耗费的不同类型的消费资料。此外,特定生产过程完成,将形成形式各异的生活资料和生产资料。它们既为下一次生产过程贡献了必要基础,也为满足人们的生活需要贡献了物资先决条件。物质资料的再生产是人类社会生存和发展的基础。物质资料再生产有简单再生产和扩大再生产。

发展中国家一个显著属性就是农民收入少于城镇人口收入,怎么样推动农村发展、拿什么让农民生活富裕,是亟待解决的根本问题。而只有扩大再生产,才能解决农民的生活水平提高问题,才能使得城乡建设过程保持稳定,才能为乡村振兴奠定物质基础。

2)农业生产方式和生活方式变革

生产方式是经济发展的根本性因素,它不仅左右着生产力中物质的变量,比如劳动资料的革新,而且还左右了生产力环节中人的因素,比如提高劳动者的能力等,以生产方式的变迁带动更加现代化的生活方式。农业生产方式的诸多矛盾集中表现在小农户的生产方式与市场化、社会化生产需求矛盾,以及土地的碎片化与达到农业扩大化、高效化经营与要求的矛盾。这些矛盾极大地影响了农业、农村发展和农民生活条件的改善。所以,着力推动生产方式转型,构建一个现代化的农业生产方式,使生产力与生产关系深度结合,才能为乡村振兴夯实基础。

如何将生产方式与生活方式有机融合是乡村振兴中的一个重大研究问题。温铁军教授分析认为,在新的发展阶段下,有两个新经济类型成为国家战略的引领:一个是数字经济;一个是生态经济。而生态经济是我国特色社会主义新时代的经济基础。在县域经济层面,生态资源的自然边界和社会空间边界高度重合,"资源、资产、资本"是"县域"空间的最优地,基于这些要素,县域经济在国内大循环经济拉动和生态经济增长这两方面具有极大潜力。且在乡村振兴战略中,"产业兴旺"不是产业资本阶段一般意义的农业产业的产业化,而是农业供给侧改革与金融供给侧改革这两大改革的配合推进的生态经济这一新经济模式。

此外,数字经济也已成为重要的演进势头。数字乡村是指乡村借助数字经济的进步,以现代信息网络为重要载体,以数字技术创新为核心的驱动力,达到农村生产大数据化、管理数据化与生活数据化,不断提高传统产业数字化、智能化程度,急速重构经济进步与乡村管理模式的新型经济形态。农村可以借数字化提高生态环境管理水平,加强生态资源优化配置,促使生态经济绿色发展。

数字经济和生态经济的融合,可能会使已经产生的金融资本利益群体走向西方金融新资本虚拟化的扩张发展模式。温铁军教授认为,农村发展是一个生态资源社会化的过程,应该在有一定投入的情况下,推动城乡之间更好的沟通、交流,动员城市居民下乡,让人才返乡,让新鲜血液进入农村,提高乡村生态资源要素价值,创造解决相对贫困问题的基础,之后借以一系列制度设计,让农民分享资源变资产再变为资本的增值收益,从而为我国可持续发展贡献健康稳定的动力。

3. 乡村振兴与旅游学

综上所述,旅游学能为乡村振兴做些什么?这是本研究贯穿始终的思考。旅游学对于乡村振兴,是连接农村和城市的纽带,也是第二、第三产业的结合催化剂,加速促成农业现代进步。这既推动了社会资源和文明成果以及生态资源在城乡之间的共享,帮助实现财富的重新再分配,也为区域间经济进步缩小差异做出了贡献。

到目前为止,不管是在学术界还是经济发展中的实践领域,对于乡村旅游这一概念的界定还未达成一致。学者们从不同的维度去分析解读乡村旅游,并且也尝试对乡村旅游的划分、表现形式、历史沿革等做出一定的研究与界定。

1) 乡村旅游的定义

最开始,欧洲联盟(EU)与世界经济合作与发展组织(OECD)把乡村旅游定义为发生在乡村的旅游活动。根据联合国世界旅游组织(United Nations World Tourism Organization,UNWTO)的定义,乡村旅游(Rural Tourism)是一种游客旅游活动类别,其主要是将游客体验与广泛的产品相融合,这些产品通常与自然活动、农业、乡村生活方式以及文化、钓鱼文化、景点观光密切联系。乡村旅游活动主要发生在非城市范围,也就是乡村区域,其方式具有以下几个属性:一是人口密度低;二是主要用地为农业用地或森林;三是具有传统的社会结构和生活模式。在法国,乡村旅游也被称为"生态旅游""可持续旅游""绿色旅游"。中国学者则一般认为乡村旅游是基于农民为经营主体,利用农民所拥有的土地、院落、经济作物和地方特色资源,为游客贡献服务,从而获得报酬的经营模式。在2004年的首届"中国·贵州乡村旅游国际论坛"上,专家们就乡村旅游这一定义达成了高度一致,认为农村旅游应该包含独特的民族魂,以农民经营为主体,借"吃农家饭、干农家活、享农家乐"等活动体现其民族风俗。其目标受众群体为城市居民,可以满足城市居民享受田园风光和回归淳朴田园生活的美好愿望。

2) 乡村旅游产品的分类

学界对于乡村旅游的定义还没有达成高度的统一,由此在区分农村旅游的产品以不同表现形式在归纳定义时,还有着许多模糊和边界不清晰的界定,且因为没有具体的、确切的定义和范围,对此乡村旅游在开展筹划还有乡村旅游研究和统计都造成了影响。

潘悦、陶文铸、梁颂恒从资源认知视角划分乡村旅游产品,归纳出三种乡村旅游产品体系(资源依托主导型乡村旅游、文创主导型乡村旅游、系统配套型乡村旅游),以及五种乡村旅游产品(基于资源的观光益智旅游、基于生活质量的休闲度假旅游、基于经济效益的商务旅游、专项旅游、特殊兴趣旅游)。

邹统钎认为,我国的乡村旅游主要有三种类别:乡村依托型(以乡村聚落、农民生活为抓手);农田依托型(以农田、苗圃、茶园、花园、果园、林园等为抓手);农园依托型(以"三高"农业园为依托)。

王玉玲等学者将乡村旅游产品按照农业、乡村、农民三类资源又细分出了九个亚类。农业板块包含农区、农产、农科亚类。农区亚类包含平原、梯田、高原、山川、沼泽、海滨;农产亚类包含花类、瓜果、五谷、农林、渔产、禽畜;农科亚类包含现代园艺、高科创新、特色农业、农业加工。乡村板块包含农舍、农野、农肴亚类。农舍亚类包含皖南农居、蒙古包、吊脚楼、围屋、四合院、窑洞;农野亚类包含林海雪山、草原、戈壁、青纱帐、芦苇荡、鸟群落;农肴亚类包含山野农肴、渔家菜肴、草原农肴。农民板块包含农事、农艺、农俗亚类。农事亚类含有播种、采摘、收割、捕鱼、放牧、养殖;农艺业类有剪纸、茶艺、陶艺、编织、地方曲艺、民间美术、民间非遗;农俗亚类有节令庆典、民族文化、宗教仪式、辟邪祈福。

不论乡村旅游的定义以及其归类方式是否统一,我们从中可以观察到的共有特性是乡村旅游一定具有"乡村性",这是乡村旅游最本质的属性。而其形成的原因是我国与其他发展中国家一样面临着城乡之间的巨大差异,以及城市的高成本、快节奏、强压力的生活方式等因素的作用。乡村旅游因为其特殊的属性,对城镇居民形成了巨大的吸引力。在国内大循环为主体、国内国际双循环相互促进的新发展格局背景下,国内旅游成为许多旅游爱好者的首选。乡村旅游在这个特殊大时代、大背景之下,不但能够满足广大人民日益增长的旅游需求,而且还有助于乡村区域更好地利用自身资源推动乡村发展,增加收入,以缩小城乡差距,从而达到共同富裕的宗旨。

5.2 乡村振兴的发展状况

2021 年,"乡村振兴"成为一个大众传播频率极高的热门词汇。乡村振兴之所以重要,是因为它与我们党提出的"两个一百年"奋斗目标密切联系。"两个一百年"奋斗目标的主要内容是:到中国共产党成立 100 年时全面建成小康社会;到中华人民共和国成立 100 年时基本达到现代化,建成富强民主文明和谐的社会主义现代化国家。

与脱贫攻坚相比,乡村振兴的工作更为重大,目标也更为宏远。乡村振兴有五个方面的要求:产业兴旺、生态宜居、乡风文明、治理有效、生活富裕。中央也提出,乡村振兴要达到五大振兴,即产业振兴、人才振兴、文化振兴、生态振兴和组织振兴。

以上五个方面的要求和五大振兴,是环环相扣、相辅相成的,只有各方面齐头并进,才能最终达到乡村振兴。但是保证这五个方面的可持续发展就离不开"一个原则"(坚持和加强党对"三农"工作的全面领导)、"两条底线"(牢牢守住保障国家粮食安全和不发生规模性返贫)、"三新思想"(立足新发展阶段、贯彻新发展理念、构建新发展格局),以促成乡村振兴高质量发展。

2004 年至 2022 年,中央一号文件连续 19 年聚焦"三农"问题。新春伊始,中国大地,就迎来了《中共中央 国务院关于做好 2022 年全面推进乡村振兴重点工作的意见》(即 2022 年中央一号文件),全文共有八个部分,包括:第一,全力抓好粮食生产和重要农产品供给;第二,强化现代农业基础支撑;第三,坚决守住不发生规模性返贫底线;第四,聚焦产业推动乡村进展;第五,扎实稳妥促成乡村建设;第六,突出实效改进乡村治理;第七,加大政策保障和体制机制创新力度;第八,坚持和加强党对"三农"工作的全面领导。

以上八个方面表明,在全球经济复苏脆弱的客观环境下,我国仍然顺利完成了脱贫攻坚这场"战役"。乡村振兴战略是脱贫攻坚有效成果的关键衔接,2022 年中央一号文件就已产生的难点和即将遇见的各种难点,做了整体解决方案,还在一些具体区域给出了具体方案。

面对百年未有之大变局,要更好地推动社会平稳健康发展,就不得不从国家战略需要出发,稳定农业基本盘,继续做好"三农"工作,全方位促成乡村振兴,以确保农业稳产增产、农民稳步增收、乡村稳定安宁。

在目前国内外复杂环境的背景之下,特别是在国际形势的作用下,在2022年中央一号文件第一部分就着重强调了粮食安全难点。粮食安全作为我们国家的重要考量,粮食、油料等安全供给难点就显得尤为重要。从中央一号文件中可以看到,中央提出了统筹做好农产品全经济链监测预警体系的要求。

在第二部分中,文件强化了现代农业支撑的要求。具体有对耕地、种业、农机等方面的各项要求。农业现代化的本质是生产过程的现代化,农机、种子、耕地是农业发展的物质要素,良机、良种、良田是现代农业发展的关键环节。据数据统计,目前我国农作物耕种收综合机械化率达72%,农业科技进步贡献率超61%,良种在农业增产中的贡献率超45%,全国耕地质量等级较2014年提升0.35个等级。尽管数据上都有所提升,但是进口农产品依旧在挤压国内市场空间,由于资源环境约束所带来的绿色变革压力,以及人工、农资等价格攀升,小生产与大市场难以对接。由此,不得不深化供给体系,以应对需求的适应性,提高农业全要素的生产率。

我国人多地少水缺,中低产田比例高。可耕地面临着面积减少和用途监管的巨大压力。第三次全国国土调查显示,我国耕地数量在2009年到2019年减少了1.13亿亩。从此数据可以得出部分区域产生耕地"非农化""非粮化"情况,为农业生产带来巨大隐患。在中央一号文件的第二部分可以看出耕地就是耕地,归纳起来就是要采取"长牙齿"的耕地保护硬措施,要严守18亿亩耕地红线,实现逐级分解、严格考核、终身追责。此外,还要突出高规范农田建设,加强耕地占补平衡的全程监管,严格限制耕地转为建设用地或其他农用地。要将有条件的盐碱地适度开发为耕地,5亿亩盐碱地也要科学开发利用。

种业是发展现代农业的先导性工程,我国很多品种与国际领先水平还有较大差距,在先进育种技术研发应用里还处于跟跑阶段。因此,既要聚焦创新,加快研发,又要培育企业,壮大经济主体。

农机是农业现代化的重点抓手。但在使用农机操作中,还面临着区域、品种、环节上的许多难题。在典型丘陵山区县,农作物综合机械化率小于50%。在园艺作物等领域,"无机可用"困扰着行业,导致生产成本居高不下。在西部区域的一些乡镇,农田建设与农机现状不适宜,有了农机却无用武之地。因此,要加强农机研发,使得农机得到更有效的使用,且要扩大农机购置补贴,以鼓励农民使用农机。

我国虽然打赢脱贫攻坚战,但巩固拓展脱贫攻坚成果的工作依然艰巨。当前,脱贫户收入整体水平仍然不高,脱贫区域防止返贫的工作任务还很重。根据中央一号文件精神,要对有返贫致贫风险和突发严重困难的农户纳入监测范围,要流程简单化、时间缩短化。如发现因灾因病的苗头性难点,要采取及时救助和帮扶措施。此外,中央一号文件还提出,要推动脱贫人口稳定增收。想要不发生规模性返贫还是要借助资源优势和发展核心,要做好乡村振兴筹划布局,发展壮大脱贫区域的特色优势产业。要科学统筹整合资源,推动财政、金融、土地的帮扶政策,让乡村振兴重要帮扶县在全方位促成乡村振兴的新征程中不掉队、赶上来。

在中央一号文件第四部分中,重点强调了第一、第二、第三产业的结合推进。由此可见,"产业兴旺"是解决乡村一切难点的先决条件。村民致富要靠乡村产业,乡村产业要靠"农"字当头,除了要做强种业,还要积极拓展乡村农业的多种功能,要深度发现乡村多元价值,要推进农产品加工、乡村休闲旅游、乡村电商这三大乡村产业。要构建好农业纵向的全产业链,一是要推动农业与生态文明的横向推进,以提高乡村在各方面的经济价值。二是要重点推进县域经济。要推进县域范围内优势明显、就业容量大的产业,融合各类产业园区平台带动效能,构建城乡联动的优秀特色产业群。三是要带动农民就地就业增收。积极调动农民主动性,形成产业链优势互补、分工合作的格局,让农民更多分享经济增值收益。

中央一号文件在阐述扎实稳妥落实乡村发展措施中重点申明,乡村建设为农民而建,要充分尊重农民意愿,要继续实施乡村人居环境整治提升五年行动,并对农村改厕、污水管理、水电路网等基础设施建设以及教育就医等公共服务发展等作出具体部署。中央一号文件起草组成员周应华表示,乡村建设根本的宗旨,就是改善乡村生产生活水平,努力让农民就地逐步过上现代文明生活。在规划目标时,标准不要过高,水平、规范、档次等都要因地制宜,有高有低,在重点保障基本功能外,解决突出性难点。加快发展如乡村道路、仓储冷链和物流等,既有利于生产,又有利于生活的设施。发展过程中,要充分明确乡村建设的持续性、复杂性,要实现求好不求快、数量服从质量、进度服从实效的高标准。建新村时,不要好高骛远搞大融资、大开发、大建设,要严格规范村庄撤并。要坚持自下而上、村民自治、农民参与的基本纲领。

乡村管理一直是乡村振兴的重要内容之一,关乎党在乡村的执政基础和乡村社会大局的稳定。中央一号文件在第六部分就对症下药地提出了一系列的具体措施,切实维护乡村社会的稳定安宁。

从中央一号文件中可以看出,想要改进乡村管理,必须紧抓三个方面。第一,要抓紧基层组织建设。除了一直重点申明要深化县级党委抓乡促村职责,组织全方位的乡村振兴培训,还要使用新方法来加强改善村党组织对各类组织的领导,也就是要采取网格化治理、数字化治理、精细化治理。第二,要抓好精神文明建设。要将精神文明建设与农民群众的需求融合好,要有创新意识,要用农民群众听得懂、易接受的方式传播党的方针和政策,要增加对农民群众文化产品供给,改善乡村移风易俗,要推动文明乡风、良好家风、淳朴民风的文明行动。第三,抓好模式载体创新。要扩大"积分制""清单制"等好经验、好做法的推广应用力度,这些被重点推广的创新办法可以用"技术"来解答,且这些"技术"将最大限度地发挥功能,在一定程度上破解乡村整治主体不足、效能低下、"内卷"等困境。要进一步规定细化的规范、规范的程序、评价的机制,努力把乡村整治抓好抓实、抓出成效。

加大政策保障和体制机制创新力度中包含了四点:一是扩大乡村振兴投入;二是强化乡村振兴金融服务;三是加强乡村振兴人才队伍建设;四是抓好乡村改革重要工作落实。其中,第一点扩大乡村振兴投入是需要"真金白银"优先保障的投入。乡村振兴从提出以来,从中央到地方各级涉农资金增加,可以看出"三农"问题是重中之重。要优先以"真金白银",补上农业乡村的短板,以"真金白银"的投入使用,统筹乡镇范围内金融机构的资源,将乡村闲置资金用于乡村经济进步,积极调动农民群众的主动性。如何提升金融服务乡村振兴质效,重点还是在于政策改革创新,可以采取鼓励大型商业银行和股份制银行法,设立专门的乡村振兴机构,增强对"三农"的投入力度;继续进一步优化支农支小再贷款、疏通政策传导堵点;稳定增大乡村金融的支持力度。

要坚持和加强党对"三农"工作的全面领导。想要统筹落实乡村进步、乡村发展、乡村整治各项重要工作,归根结底要靠党的领导。中央一号文件中特别重点申明,要继续压紧压实工作责任,制定乡村振兴责任制实施办法,开展省级党政领导班子和领导干部落实乡村振兴战略实绩考核,完善市县党政领导班子和领导干部落实乡村振兴战略实绩考核制度,把五级书记抓乡村振兴落到实处。要建立健全推进机制,开展"百县千乡万村"乡村振兴示范创建,深入落实"万企兴万村"行动,建立乡村振兴表彰激励制度,构建全社会共同投入乡村振兴的良好氛围。要完善乡村振兴领导体制机制,深化党委乡村工作领导小组"三农"工作牵头抓总、统筹协调等职能效能,把党管乡村工作的政治优势进一步转化为推动乡村全方位振兴的强大动力。

从中央一号文件中可以看出,中央在继续推动和实施乡村振兴的道路上,不仅继续归纳之前遇到的困难和阻碍,还提出了各方面的具体战略部署和战术筹划。由此,在探讨乡村旅游与乡村振兴的关系时,我们应该全方位考虑国家对乡村振兴各个方面的部署。只有全方位地了解宏观政策,才能实现量体裁衣、对症下药。

5.3 志愿旅游与乡村振兴的关联

5.3.1 志愿旅游促进乡村旅游

1. 乡村旅游发展的关键点

乡村旅游如何推动乡村振兴？每年的中央一号文件都把此当作中央带领全体各族人民致力于解决"三农"问题的重要抓手。

2015 年的中央一号文件就提出了要积极开发农业多种功能，挖掘乡村生态休闲、旅游观光、文化教育价值。同年 5 月 19 日第五个中国旅游日，时任国务院副总理汪洋在湖北恩施调研旅游扶贫工作时重点申明，乡村旅游是基层和群众的创造，旅游扶贫是贫困地区脱贫攻坚的有效方式，是贫困群众脱贫致富的重要渠道。

2016 的中央一号文件提到要大力发展休闲农业和乡村旅游。要强化规划引导，采取以奖代补、先建后补、财政贴息、设立产业投资基金等方式扶持休闲农业与乡村旅游业发展。

2017 年的中央一号文件再次重点申明，要大力发展乡村休闲旅游产业，充分发挥乡村各类物质与非物质资源富集的独特优势，利用"旅游＋""生态＋"等模式，推进农业、林业与旅游、教育、文化、康养等产业深度融合。

2018 年的中央一号文件提出实施休闲农业和乡村旅游精品工程，建设一批设施完备、功能多样的休闲观光园区、森林人家、康养基地、乡村民宿、特色小镇。加快推进森林草原旅游、河湖湿地观光、冰雪海上运动、野生动物驯养观赏等产业，积极开发观光农业、游憩休闲、健康养生、生态教育等服务，创建一批特色生态旅游示范村镇和精品线路，打造绿色生态环保的乡村生态旅游产业链。

2019 年的中央一号文件再次提出要大力发展休闲农业和乡村旅游，强化规划引导，同样是要遵照 2016 年的方式，采取以奖代补、先建后补、财政贴息、设立产业投资基金等方式扶持休闲农业与乡村旅游业发展；指出要将乡村人居环境整治与发展乡村休闲旅游有机结合，提升乡村公共服务水平，建设一批森林乡村，保护古树名木，开展湿地生态效益补偿和退耕还湿，推进现代农业产业园建设，推进休闲旅游、餐饮民宿、文化体验等乡村新型服务业，加强乡村旅游基础设施建设，改善卫生、交通、信息、邮政等公共服务设施。

2020 年的中央一号文件提出保护好历史文化名镇(村)、传统村落、民族村寨、传统建筑、农业文化遗产、古树名木等;重点培育家庭农场、农民合作社等新型农业经营主体,培育农业产业化联合体,凭借订单农业、入股分红、托管服务等方式,将小农户融入农业产业链;脱贫攻坚收官,推进经济防止返贫,补齐"三农"短板,加强乡村区域基础设施建设。

2021年的中央一号文件提出了要开发休闲农业和乡村旅游精品线路,完善配套设施;推进农村第一、第二、第三产业结合发展示范园和科技示范园区建设。文件清楚、重点申明,要重点实施乡村建设行动;加强村庄风貌引导,保护传统村落、传统民居和历史文化名村名镇;加大农村地区文化遗产遗迹保护力度;加强农村资源路、产业路、旅游路和村内主干道建设;实施农村人居环境整治提升五年行动;开展美丽宜居村庄和美丽庭院示范创建活动;推进城乡公共文化服务体系一体建设,创新实施文化惠民工程;根据乡村休闲观光等产业分散布局的实际需要,探索灵活多样的供地新方式。

2022年的中央一号文件在关于文化和旅游方面,正式指出:稳定促进乡村第一、第二、第三产业结合发展;鼓励各地拓展农业多种功能,发现乡村多元价值,着重推进农产品加工、乡村休闲旅游、农村电商等产业。实施乡村休闲旅游提升计划;支持农民直接经营或参与经营的乡村民宿、农家乐特色村(点)发展;将符合要求的乡村休闲旅游项目纳入科普基地和中小学学农劳动实践基地范围。

乡村旅游要成功,除了要紧跟中央战略筹划,还要融合自身本地文化、有一个符合自身的区域的全域旅游运营、着力吸引人才达到的扶持政策,在会管理的基础上科学运营。例如,四川战旗村的成功经验就值得被分享。战旗村以成都统筹城乡一体推进为契机,开展资产核算,用资源换取资金,将土地统一筹划治理,从而为自身进步集体经济构建了基础条件。另外,战旗村还建立了资产管理公司,以村委会作为集体资产的所有权者,以家庭为单位发放股权证书,让农民群众在得到公司分红的积极情绪中参与经营活动。战旗村还关掉了污染型企业,尽管这些企业对战旗村有着贡献,但是战旗村仍然坚持以推进生态为主的观光农业,借机推进乡村休闲旅游,构建A级旅游景区,融合原生态农业、种植业、加工业景观化,设计体验式旅游产品,让游客深入其中,与乡村拉近距离。村里还积极开展大学生进村入户活动,发动学生为村中环境做清理,以提升环境质量,教会村民养成良好的生活习惯;还开展国学诵读、文艺表演等活动,在村庄营造积极乐观的文化氛围。战旗村的成功还离不开着眼于推进特色产业,村里引进了榕珍菌业、非遗郫县豆瓣制作基地等,解决了当地村民近80%的就业难点,用好收益、高收入留住人才,达到了产业兴旺。

2020年以来,乡村旅游逐渐成为我国城镇居民的主要休闲度假方式,因为乡村的"乡村性"等原因,越来越多人认为乡村旅游空间开阔、人流密度低,是一处安全度假地。中国旅游研究院和巨量引擎城市研究院联合发布的《文化赋能旅游，旅游振兴乡村——域见中国·2021年文旅行业专题报告》中的数据显示，2021年1—5月，乡村游客规模累计实现86653.7万人次，较2020年同比增长55.5%。国内乡村游需求旺盛，出游规模迅速增长。由此可以推断，乡村旅游接待人数增多，很大程度上提高了农民收入。为了满足城镇居民的生活习惯，农民群众在接待时必定会受到城镇居民的一些生活习惯潜移默化的作用，间接提高了乡村生活现代化的程度。从这一方面来看，乡村旅游推动了城乡结合，也推动了乡村振兴的进程。2022年的中央一号文件，更加用浓厚的笔墨为乡村旅游勾画出了美好蓝图。

从每年的中央一号文件中看到，其主要筹划都是紧紧围绕"三农"工作任务进行的，由此对2022年的一号文件提到的实施乡村休闲旅游提升计划可以融合2021年12月国务院发布《"十四五"推进农业农村现代化规划》进行解读。《"十四五"推进农业农村现代化规划》提出，推进乡村旅游要"依托田园风光、绿水青山、村落建筑、乡土文化、民俗风情等资源优势，建设一批休闲农业重点县、休闲农业精品园区和乡村旅游重点村镇"。要重点"推动农业与旅游、教育、康养等产业融合，发展田园养生、研学科普、农耕体验、休闲垂钓、民宿康养等休闲农业新业态"。此外，还要以农业乡村资源为抓手，以农民为主体，培育壮大乡村特色产业、乡村休闲旅游业、乡村新型服务业等，构建特色鲜明、类别丰富、协同推进的乡村产业体系。这样的乡村旅游，不仅可以带动当地人口的就业难点，还会促进之前进城务工的乡村居民返乡创业，为家乡做出贡献。

2. 志愿旅游的优势

我国虽然在志愿旅游板块中还面临着诸多难点，如在社会维度、组织维度、活动维度中都有难点亟待解决，但是其正面作用在国外许多项目和活动中已经被证实。例如，博根项目(The Borgen Project)中就提到：在志愿旅游项目中，志愿者们可借此机会让自己更为深入地了解跨区域文化。在当今政治格局下，许多文化由于与志愿者自身文化不同，而受到许多局限，了解不同文化对于人们打开眼界、开放心胸、兼容并蓄大有裨益。认识一件事就是深入其中、感受其中，由此，相比较于其他旅游方式，志愿旅游更能让人置身其中。另外一个好处则是志愿旅游本身是可持续发展的，那么这种模式就能可持续地支撑当地经济，从而推动脱贫。志愿旅游的参与者既可以提高当地收入，但又不占用当地就业机会。此外，志愿者还会将所知所学运用到当地社区或组织最需要的地方，可以最大限度地帮助到当地发展。除此以外，志愿旅游的参与者也会从中获益。比如，自身技能得到更好的巩固、看问题的角度更加全方位、在与不同文化的人群打交道过程中心智得到磨炼，助推个人今后的事业等。

在我国，有"三下乡"社会实践活动。在国家层面上，"三下乡"推动了我国先进生产力的水平提高，用社会实践活动引导我国大学生为先进生产力提高中的人才为大背景，深入乡村、发展乡村；从当地经济水平提高来说，"三下乡"带动大学生进入乡村，为农民群众送去温暖、将文明之风带到乡村、将先进技术引入乡村、将正气之风植入乡村；从大学生自身来说，深入乡村等同于了解国情、了解社会，深化了大学生自身责任感和使命感，对于提升自身综合素质、建立正确价值观有着积极效能。至于第三方组织发起的"多背一公斤"活动，从志愿者视角分析，志愿者在与被帮助孩童的过程中获得交流，得到了成就感；在与乡村教师交流中，体验乡村生活，获得了生活便利，加深了对孩子的了解，从而获得了情绪满足。整个过程中，志愿者感受到了社会责任和生命意义。从农民群众视角分析，他们分享了乡村生活经验，对志愿者到来感到高兴，对志愿者的帮助格外感激，得到了物质帮助，还有心灵世界的丰富。从双方交流过程中，他们得到情感积累，使得彼此都获得了情绪满足。

乡村要振兴，科技文化是要义。科技文化要提升，人才加入是核心。乡村振兴中的一个症结难点就是要如何引进人才、留下人才，发挥人才的最大效能，这是乡村振兴过程中不得不解决的难点，也是时代要求我们解决的难点。梁思颖的基于网络文本分析的义工旅游现状研究(未包含全部志愿旅游项目)指出，志愿旅游者为初中以下学历的占 0.002%、高中 0.009%、大专 0.089%、本科 0.094%、研究生及以上 0.085%。由此可以判断出，志愿旅游参与者大多数拥有大专以上学历，是拥有专业知识技能的志愿者群体。因为在我国，政府组织的志愿旅游这种类别较为有代表性，项目参与者多数为高校学生。比如"三下乡"项目就是由团中央在 20 世纪 80 年代号召、组织大学生深入乡村区域，特别是落后和欠发达区域，从文化、科技、卫生等方面开展大规模项目，让学生在假期将自己所知所学传播到乡村区域。如今的"三下乡"社会实践活动已经不同于 20 世纪 80 年代初所提出的背景，当下的乡村因大批劳动力进入城镇，导致大批土地闲置抛荒，文化活动、传统活动都日益减少。由于"三下乡"从实施以来就带有科技、文化、卫生的使命，因此，为农民群众送去科技知识、文化活动、医疗服务等，使得很多较为沉寂的乡村再一次恢复了生机和活力。

早在 2003 年，团中央就开始实行西部计划，在各大高校招募毕业生到西部基层进行支教、支农、支医、扶贫、基层法律援助等，并给予相应职位，对西部进行人才支援，所有参与西部计划的毕业生都有一个共同的名字——西部计划志愿者。其他由第三机构(非政府机构)组织的，如"多背一公斤"活动就积极倡导旅游者在出行前准备少量书籍和文具，将这些物品发放到沿途的贫困学校和生活在乡村区域的孩童手中。

由上述国内外例子可以归纳出，志愿旅游不论是对志愿者本身，还是被帮助者在个人技能、情绪、世界观、人生观等方面都有作用，对于乡村社区在经济、文化、科技上的发展也都有着不同程度的推动作用。现在正是乡村旅游兴旺之时，我们应当科学应用志愿旅游的利他性和乡村振兴战略，将乡村志愿旅游看作乡村振兴的良好途径，发挥其正面效能，达到乡村振兴的良性循环。

3. 志愿旅游与乡村旅游

旅游业作为国民经济战略性支柱产业，其地位日益巩固。旅游成为小康社会人民美好生活的刚性需求。"旅游，其实就是利用自身优势，促进广大旅游者，前来驻足观赏，形成口碑，引导消费，拉动经济。"乡村旅游的宗旨就是利用志愿旅游带动乡村旅游，从而达到乡村振兴。乡村旅游要实现提升经济水平的目的，就离不开人流、物流、技术流、信息流、资金流。

乡村旅游需要创新，乡村旅游产业链需要进一步完善，单一乡村旅游产业链已不能达到可持续性，完善乡村旅游产业链还需要融合自身条件水平提出创新模式，要引入新技术、提出新思路、促进多人才拓宽道路。

中国志愿旅游，特别是非政府组织项目在旅游经济中还处于起步阶段，发展模式还相对单一，推进速度相对缓慢。学术界目前还没有对乡村志愿旅游形成确切的定义，"中国公益旅游网"对此也没有确切的阐释。学者杨晓霞集合公益旅游和乡村旅游的概念，把乡村公益旅游定义为：旅游者出于利他主义目的，离开自己熟悉的活动空间，到达社会经济环境较差的地方开展有计划、有组织的公益活动，但其中也包括了乡村浏览、观光、休闲等旅游本身具有的性质属性。由此，志愿旅游可以作为乡村旅游的一个创新驱动，能够对接人才、带动物流、引入科技、交换信息，达到创收的目的。放眼国外，韩国金道勋等提出可将志愿旅游作为区域激活替代乡村旅游的方案。

由政府主导的"三下乡"社会实践活动，除了要大学生们深入乡村、了解社会、深化实践，还在推动乡村经济水平提高各方面形成了积极效能。最为明显的正向作用因素就是因为人才引入，带动了乡村社会在技术、信息、文化方面的认知升级。比如，针对福建宁德四村一乡的乡村旅游的调研中，村委会着重提到了乡村旅游水平提高的主要障碍在于缺乏人才，集中在专业技术人员、优秀医疗人员、创新型乡村治理者、互联网人才等。因为高校具备教育、社会、人才等资源，"三下乡"可以很好地将高校培育人才引入乡村，让高校教师、学生利用自身优势在乡村发展中发挥效力。从安徽芜湖平铺镇的例子中就可以看到，当地有一定资源优势，但起步晚、缺规划，在乡村旅游规划中衍生了资源浪费。以点看面，可以看出乡村旅游在规划时的困境。政府有意愿，但无人才来科学实施，由此，高校作为培育专业人才基地,有责任也有义务为地方经济水平提高做出应有的贡献,以及大学生也有责任将所学知识与现实社会有效融合,为培养立体化人才提供平台。在天竺山镇,除了交通、食宿、商业信息等硬件设施需要完善,其工作人员、民宿服务人员也存在着文化程度偏低、专业性较差的缺点,这些短板限制了村里的旅游水平提高。由此,镇里借西安翻译学院的"三下乡"社会实践活动,对经济、产业进行了调研分析,从而展开了"互联网+产业思维"的探索分析。

由第三方发起的志愿者旅行项目较多,但其知名度和作用力在当下尚有不足,如"多背一公斤""牧游行""大学生义工旅行"等。前文已提到,志愿旅游的主体参加者是大学生,由此,根据2022年国务院关于印发《"十四五"旅游业发展规划》的通知中的,立足健全现代旅游业体系,加快旅游业供给侧结构性改革,增大优质旅游产品供给力度,激发各类旅游市场主体活力,推动"旅游+"和"+旅游",构建多产业结合经济新局面等要求可以得到提示,应建立由各部门积极参加配合的"乡村志愿服务+旅行"模式,将引入人才,才能使得乡村旅游变为可持续发展,从而推动乡村旅游。农村志愿者人群结构可以为学校、商会、工会、科研单位、行业协会、公社等。主导部门则可以为政府、高校、公益机构、旅行社、公益旅游个体等。"乡村志愿者人群结构+主导部门"模式可以起到组织、管理、监督、宣传等效果。各机构落实"乡村志愿者+旅行",可以根据专业人才调研后,开发不同种类的志愿旅游项目,从而促进乡村旅游的经济水平提高。

5.3.2　志愿旅游协助乡村治理

1. 乡村治理的难点

乡村自治是国家治理的一个重要方面,自改革开放以来,村民自治成了我国村级治理的基本制度。但是城镇飞速进步,村民自治面临着"空心化",表现为主动性不高、人口流失严重、自治保障不足等难点。这些难点归根结底都是"人"的问题。如何进一步凝聚广大农民群众的人力、脑力,是落实乡村治理的症结难点。要处理好这些难点的对策,笔者认为,一是要提高农民群众一般知识、素养,二是要将有能力、有水平的人引入乡村振兴建设中。在中央精神的指导下,管理有效是乡村振兴中的一个重要环节,并且是加速达到乡村治理现代化的唯一手段。

2. 乡村旅游促进乡村治理

我国的休闲乡村旅游在目前历史大背景之下已经进入了历史性阶段,许多乡村区域以乡村旅游水平提升为根本,而乡村旅游水平提升基础是建立在农业、生态、区域文化维度上的。因此,推动传统乡村旅游的变革升级,延长其生产链,提高其旅游价值显得尤为重要。只有乡村旅游推进呈多元化势头,让闲置资源、生态资源得到充分再利用,才能从其中获得经济效益。而这一发展与产业升级,又离不开乡村的有效整治和筹划,因此,如何利用乡村旅游推动乡村管理是一个重要研究问题。

乡村旅游水平提升对乡村管理现代化有着积极作用。周国忠、姚海琴在研究中提到,乡村旅游发展提升了村庄凝聚力和认同度,是基于乡村品牌做大做强。在建设工程中,需要全村上下的努力,需要全村农民群众的参加。在参与过程中,村民之间增加了沟通和相互了解,从而提升了村庄的凝聚力,并产生了正向反馈,村民更信赖基层组织的领导,也更配合所制定的政策,进而产生了经济上的经济反馈。经济上的反馈又推动了外出劳动力回村就业,从而增大了乡村治理村民加入其中的主动性,产生了村民之间互帮互助的情形。返乡村民创业就业,也使得乡村治理有人可用,提高了乡村治理效率,使得资源得到优化,经济效益不断提高。而乡村发展欣欣向荣,乡村治理多元有效,就会引来外来投资者,在利益分配均衡、服务质量有保障的情况下,产生一个良性循环。

1)旅游促进乡村生态环境治理

乡村旅游最吸引人的地方就是其农业生态环境,这种生态空间承载着乡土、乡思、乡音,是城镇区域居民在获得满意的物质生活水平之后非常向往的古朴民风。如要将乡村美德、乡村传统、乡村风气进行良好传播,吸引更多游客,良好的乡村环境则是实现目的的重要基石。

国家发改委、文化和旅游部等13个部门联合发布的《促进乡村旅游发展提质升级行动方案(2018年—2020年)》中,正式提出了乡村基础设施建设和乡村人居环境的改善是乡村旅游水平提升的要义。由此,基础设施的提升与乡村环境的改善是乡村旅游水平提升的核心,乡村旅游水平提升的速度也会反作用于乡村环境的改善。

第一,要达到乡村道路的通畅。"要致富,先修路"是一句颇为经典的话。经过数年脱贫攻坚,乡村已经大体处理好了贫困区域农民群众出行困难的难点。但整体上看,这些道路等级还比较低,还不能成为旅游景区道路和进出入乡村的公路。旅游景区的道路建设除了要保证车辆顺利通行,还要符合当地特色构建标志化。进出入的公路还要考虑道路养护、后期治理,完善道路标识系统等难点。

第二,要对乡村用水贡献保障。水是农业的命脉,也是影响村民健康和生活质量的重要因素。乡村旅游水平的提升离不开水,由此,水资源的开发和维护对保障农业灌溉、生活用水等起着至关重要的作用。

第三,要优化乡村生态环境设施建设。要稳妥处理村庄内部的垃圾、污水,特别是旅游厕所和医疗设施等,为游客提供方便,以增加游客满意度。要将垃圾清洁化、资源化处理,使得乡村转换传统处理垃圾的方式,让乡村变得更干净。要继续"厕所革命",用干净厕所的使用带动农民群众生活方式的转换。要加强村民的精神文明建设,约束村民不要随地吐痰、乱扔垃圾等。

第四,要建设乡村清洁能源。农村要有"亮度"、有"温度",才能在生活质量有保障的情况下推进如民宿、餐饮、娱乐等其他旅游设施的建设。因此,电网发展、燃气下乡在提高村民生活质量和推进旅游方面也至关重要。

第五,要建立农村保护体系,农村旅游环境开发要有法可依、有据可循。对旅游者经营者,要有保障机制;对游客消费,要积极宣传维护当地生态环境;对于已经被破坏的环境,政府要积极修复;对开发投资者,要积极协调,尽力维护好生态环境。

2)旅游促进乡风文明建设

村民作为农村的主体也是农村旅游重要组成部分,是游客在体验农村旅游中不可或缺的重要因素。村民作为农村旅游的参与者与投资者,有权选择是否加入农村旅游开发、以何种方式开发,以及用何种模式在自身利益有保障情况之下让农村旅游获得有序推进。

农村旅游除了生态景观,农村居民也加入其中。他们是乡风、民风的呈现者。因此,农村居民需要接受系统的专业培训,学习专业的经营知识、文化知识,从学习中受益,提高物质生活和精神生活水平。农村居民在获得了一定的基础专业知识后,可以将自己所知所学投入农村旅游推介生产中,从而更好地了解农村整治,加入农村治理。

3)旅游促进乡土文化重塑

农村旅游中,除了生态环境是农村旅游吸引物之外,农村文化也是农村旅游推进的核心要素。不同区域的农村有着不同的历史文化,要发现其独特优势,维护传承传统文化,丰富其旅游体验内容,提升其旅游要义,构建好农村旅游品牌,使得农村旅游形象具有辨识度。要用当地民风、民俗融合餐饮、娱乐、住宿等贡献农村旅游独特体验。例如,可以将乡愁作为农村旅游的重要抓手,使得旅客放慢脚步,流连忘返。

3. 志愿旅游发展中的农村治理

前文多次提到志愿旅游构成主体受教育程度整体偏高,在参加志愿旅游过程中,除了简单化的旅游方式,还追求旅游深度、文化内涵和体验的真实性。在志愿旅游过程中,志愿者们除了体验民族风情、领略当地文化,还希望承担责任,投入当地发展建设中。因为志愿旅游参与者大多来自城镇区域,而农村面临着人才流失的困境。在2022年的中央一号文件中提到,要加强乡村振兴人才队伍建设,在各领域培养乡村振兴人才,要鼓励地方出台城市人才下乡服务乡村振兴的激励政策。要让人才植根于农村基层社会,才能推动村民自治。

1)提升乡村文明程度

志愿旅游参与者拥有较高的文化程度与专业知识,且有着利他服务的动机,可以利用城镇与农村之间的差别性和个人修养方面的优势,促进农村文明的发展。因为志愿者们有的是教师,有的是各类专业的学生,还有的是企业家、业界精英等。他们有的善于处理人事关系,有的具有专业知识,有的具有创业经验,有的具有经济头脑,从各方面维度来说,都有着改善农村居民思维和拓宽见识的积极作用。农村居民与村干部在与志愿者们的互动中,可以增加自我意识、提高文化素养、增进邻里感情、了解政策法规,从而改善乡风乡俗,进一步促进农村治理,在乡村振兴的战略大框架下,达到物质与精神的双丰收。

2)提升生态环境

志愿旅游可以归为旅游的一种,志愿旅游当下还不要求要有规模化、现代化的服务设施,但作为农村,也定然要有一定的基础接待水平,如住宿、饮水、电灯。许多志愿者项目针对农村环境改造,将闲置设施再利用或者科学布局生态空间。志愿旅游可以将城镇中好的环保信息传入农村,也会将城镇生活方式带到农村。志愿者们可以同农村居民一起美化当地环境,做好环境维护宣传,修缮村民居住地等改善农村居民的生活环境。志愿旅游参与者中也不乏专业人士,可根据当地水平,对环境规划、环境整治等提出自己的建议方案。

3)提升技术服务

志愿旅游可以在一些领域中贡献技术类服务。如前文已经提到的,参加志愿旅游的人群有很多技术类专业人士,他们凭借志愿旅游这项活动,深入农村,除了享受与城市不同的生活环境,还有一份公益心,由此,在农村发展中,他们可以在给农村做培训、宣讲等活动的时候,让农村居民与村干部了解最新技术、最新成果与最新思路。

4)增强法律意识

现在有很多律师事务所也开展了农村公益法律咨询的联系业务,在志愿者旅行中,有法律志愿者加入,对于改善民生、促进文明起着至关重要的作用。志愿旅游在旅游环节中可以帮助农村完善和其相应的法律法规,这不仅有利于维护游客的利益,也是对村民的一种保护措施,为农村管理及其安全发展创造了有法可依的良好环境。

5)给予文化支撑

志愿旅游到某一个农村,一部分原因就是受到当地的独特文化的吸引。很多志愿旅游项目中,亦有较为了解情况的本地志愿者投入其中,由此,可以积极利用这些志愿者在农村以外空间的所见所闻,结合当地民风民俗,对村民展开文化培训,让特色文化科学运用、有序管理,避免过度开发以及对农村特色文化产生冲击和破坏。

5.4 志愿旅游与区域经济

5.4.1 志愿旅游促进区域经济发展

1. 区域经济的定义

从狭义上说,区域经济就是由一定范围内的若干不同性质或功能的经济单位所组成的一个统一整体。国民经济的比例在行政区域内的分布,是劳动地域分工的结果。在持续的社会经济活动中,由于历史、地理、政治、经济、宗教等因素,一些经济联系比较频繁的居民区逐渐构建了独特的经济区。区域经济是国民经济的一个缩影,具有综合性和区域性。在我国经济体制改革不断深入以及对外开放政策逐步实施的环境下,如何在宏观上对全国各地进行有效的调控,已成为人们较多关心的难点。

区域经济被维诺德·杜贝(1964)分为四种。第一种定义是"这门学科是一个孤立性学科"。根据维诺德·杜贝、哈维·斯蒂芬·博洛夫,也就是与阿尔文·哈维·汉森共同编写《国家与地方财政》一书和与小埃德加·S. 邓恩及埃里克·E. 兰帕德合著的《地区、资源与经济增长》一书中提到,他们认为不能将任何区域研究或区域科学变为孤立学科。第二种定义融合了 Lionel Charles Robbins (1932) 的定义,即用"经济学是一门研究人类行为学科,是把人类行为当作目的与具有各种不同用途的稀缺手段之间的一种关系来研究的科学"这一定义融合研究各区域中发生的经济类行为。第三种定义方法将区域经济学定义为将经济学学科分支的空间经济学理论进行解释论证,这种说法得到了 Lefeber 和 Nourse 的支持。第四种定义是将区域经济学定义为用于处理好固定资源的一个经济学子学科,而这种观点得到了 Borts (1960)、Stein (1961) 和 Meyer (1963) 的支持。

Horst Siebert 认为,环境经济学是研究人类在物理空间中的经济行为的学科,从环境经济学的视角出发,来回答"什么是区域,为什么,接下来会发生什么"的学术性问题。在埃德加·M. 胡佛和弗兰克·杰莱塔尼的《区域经济学导论》

中,区域经济的定义是:研究在一个资源分布不均匀和流行不完善的空间中,区域的差别化和借以社会间接资本的投资,以减少因为这些情况所衍生的社会难点。由此,这个定义范畴下研究的是如何(多少)与在哪里生产和再分配使用稀缺资源或公共产品。

由此,区域经济是综合性经济发展的一个地理概念。区域经济学则是从研究这个视角出发而提出来的一门新的学科。其大体工作就是对一定范围内的生产要素进行优化配置,以推动国民经济保持稳定协调向前;体现区域性资源开发利用的成果和难点,特别是矿产资源、土地资源、人力资源、生物资源的科学利用,集中表现在区域生产力布局的科学性和经济效益方面。区域经济的效能不仅体现在经济指标上,还体现在社会整体经济效益和区域性的生态效益上。

2. 志愿者促进区域经济

在我国新常态的经济时代下,旅游业作为第三产业的重要组成部分,已经变为了推动区域经济结构调整的一个重要板块。一般而言,传统旅游业可以带动当地经济、推动就业、增加人口收入、调节区域结构等,而志愿旅游则在旅游业传统推动效能的基础上增加了"利他性"的道德属性,使得农村旅游水平提升,推动了当地经济多元化发展。

经济发展的数量和质量,是衡量经济增长的一项重要指标。志愿旅游本身就带有一种自发性帮助他人的属性,并且具有旅游休闲性质。这就为推进农村旅游和树立农村独特项目品牌以及帮助区域经济水平提高提供了天然效能,为当地文化宣传带来了契机。此外,志愿旅游的推进,还要借助于志愿者的组织结构,在这种旅游行径中,农村可以借助志愿旅游人力、智力基础以及农村已存在或即将投入的其他资源发展。志愿旅游对农村来说是另一种新的发展机会,这个机会可以带动一批就业,推动当地 GDP 增长。

1)志愿旅游带来人流

旅游业要提升,首先要有人愿意来到农村,许多农村得不到良好开发,首要问题就是"无人问津"。但是从目前政府引导或是第三方机构、个人组织的志愿旅游项目中可以发现,在志愿旅游目的地中,边远及贫困区域的乡镇占大多数。可以从各类报道中看到,以政府为导向的项目中,大学生们"上山下乡",利用自己的寒暑假时间,既到异地旅游,也为贫困区域贡献了志愿者服务。而在梁思颖的分析研究中也发现,选择边远及贫困区域等落后区域在志愿旅游中多次被提及,其频率为 0.185%,相比较于生态/自然保护区的 0.172%、少数民族区域的 0.168%要高。且在他的分析中发现,参加农村支教类与农村医疗帮助类的志愿者占比最高。由此,志愿旅游出于利他性与体验性旅游的动机,不仅为旅游欠发达区域带去人流,并且借以公益行为,为当地更好、更快、更有保障及持续性发展做出了实质性的贡献。在他们投入项目时,第三方机构或个人的活动消息在现代社交媒体在网络上传播,也起到了一定的宣传效能。这不仅会激励更多的有意向参加志愿旅游的社会各类群体,在当地构成一股消费群体,而且还凭借各类公益性服务,帮助当地居民提升文化素养、提升行业认知、提升生活条件等,使得该区域经济、文化、医疗等领域发展水平得到正向提升。

2)志愿旅游带来物流

志愿旅游中也包括吃、住、行、游、购、娱六大要素。在很多志愿旅游项目的目的地,衣、食都具有当地特色。志愿者在进行旅游时,会被当地生态美食、民族服饰、手工艺品等所吸引。但是对于发展进程相对滞后的区域而言,农产品的销售方式还是局限于游客到当地进行的现场采购,由此掣肘了农产品和其他特色产品的流通和销量。志愿旅游除了像上文中提到的可以将当地农副产品、特色商品通过社交网络媒体进行传播外,还可以在帮助当地建设旅游物流的过程中起到出谋划策的效能。可以利用信息差,将城镇主流购物模式介绍到当地,推动当地旅游物流的发展。

3)志愿旅游带来信息流

随着社会的信息化和信息的高度涌现,以及人们对信息要求的激增,信息流构成了错综复杂、瞬息万变的形态。这种流动可以在人和人之间、人和机构之间、机构内部以及机构与机构之间发生,包括有形流动(如报表、图纸、书刊等)和无形流动(如电信号、声信号、光信号等)。在社会经济生活中,随着商流、物流与资金流的分离,信息流的效能越来越重要,其功能集中表现在沟通连接、引导调控、辅助决策以及经济增值等方面。

志愿旅游在农村达到旅游与志愿者目的地时,从人与人的关系上说,为农村带来了城镇生活的信息,由此让农村对城镇生活方式、思考方式有着更深刻的认识和更直观的感受。从第三方志愿旅游组织者或个人组织者视角来讲,基于机构本身和组织者本身就是一个信息发布平台,在网络社会中,对志愿旅游感兴趣的团体,已经构成了良好的传播媒介。因此,在志愿者们借以网络社交媒体进行旅行纪实时,其行为本身就已经起到了一定信息传播的效能,如果再加上机构的转载,又会构成另一股信息的传播。志愿旅游的参与者们分享目的地,会使更多人了解到该区域,这又会引入人流,带来经济效益的增长。

4)志愿旅游带来技术流

科技在旅游业的发展过程中一直都在发挥着效能,近20年来的轨迹更为明显,特别是在以信息技术、通信技术、高速交通等为代表的领域中提升了旅游质量。农村旅游的现代化发展,转换了组织方式、服务模式、组织架构,推动了旅游商业模式、产品和业态创新。而志愿旅游为农村带来技术流,特别是在一些以政府为领导的项目中,志愿者能够发挥有关专业效能,将新技术、新科技带入农村,促进农村发展。志愿者有关人才将会带入与旅游有关基础环境技术、旅游企业技术、旅游行政和公共管理三个领域的信息。尤其是在欠发达区域,志愿者首先会带动基础环境技术的转换,在道路交通、通信机制、医疗服务、厕所改造、救援设施等子领域中发挥效能。

5)志愿旅游带来资金流

志愿旅游本质上也是一种旅游模式,志愿旅游者在吃、住、行、游、购、娱六方面都需要进行消费。志愿者从城镇来到农村,不仅带来了物资,还带来了资金流。资金流与物流、信息流密切相关。当志愿旅游者看到当地特色产品,拥有了购买意向后,接下来就是支付,在支付形成的过程中就带来了资金流,由此,志愿旅游者在农村空间中的任何经济行为,都可以为当地农村带来资金流,从而为当地居民带来收入,让当地有了资本积累途径。

总之,志愿旅游所带来的人流、物流、资金流、信息流,能够推动农村土地、劳动力、资本等要素在新农村发展中发挥效能。志愿旅游者的志愿服务过程,能让传统农民变为向服务业靠拢的专业农民。志愿旅游带来各种资源有利于当地的资本积累,从而推动农村经济进步,增加当地的就业机会,但是不占用当地的劳动名额,并且还能带动农村区域其他经济产业的进步。除了能够贡献传统旅游业给区域经济带来的益处之外,志愿旅游中的农村支教、医疗服务、捐赠减贫、文化维护等,也能够推动农村区域经济的可持续发展。

5.4.2 志愿旅游促进乡村振兴

乡村振兴,症结在人。习近平总书记指出,要推动乡村人才振兴,把人力资本开发放在首要位置,深化乡村振兴人才支撑。志愿旅游者是发动有爱心、有学识、乐于体验不同生活的一批人,在享受休闲旅游之外,还做出道德意义上的援助和帮助。

乡村振兴与否,重点要看"产业兴旺、生态宜居、乡风文明、治理有效、生活富裕"是否落实。在发展的新阶段,全方位促成乡村振兴,除了需要农村有人,更需要高水准、高素质的人才为乡村振兴在经济、乡风、管理、文化上的进步贡献力量。从"三下乡"等由政府领导的社会实践活动中可以看到,高校学生及教职人员利用自身所学的知识在很多农村区域组织了农业知识宣讲会,在农业生产、农业加工、产品流通、经营方式等领域进行有关知识科普,并融合专业背景知识,在农村组织专项技术培训班等活动。参加此类活动的高校学生及教职人员还将在校习得的法律知识、农业知识等在农村基层进行普及,对乡村中的土地所有权、承包权、经营权"三权"分置,以及宅基地所有权、资格权、使用权和如何保障农民基本权益、针对扫黑除恶专项斗争及平安农村发展等进行宣传。在与基层政府对接上,他们为基层设施发展贡献新思路,深化基层政府与高校的合作,为农村管理建言献策,筹划新的方向。乡村振兴中的难点就是新农村发展中的人才匮乏,高校学生及教职人员群体凭借"三下乡"等社会实践活动,稳定向农村输出人才,为农村孩童提供科普教育服务,并融合当地传统文化,宣传社会主义先进思想,提高农村居民的环保、节约意识,促进农村文明的发展。他们从提升农村居民个人素质上,在体育上、文艺活动上,更好地贡献了满足农村居民的精神文明发展的需要。

在乡村振兴的过程中,人才资源缺乏是掣肘农村文化发展进步的重要因素,由政府领导下的公益性服务社会实践活动在空间、时间上仍有一定的局限性。因此,当务之急是用多方机构志愿旅游的各种项目的新模式和新机制来弥补相应空缺。志愿旅游的"公益+旅游"的模式能够更好地促进农村文化的发展。志愿者们可以利用专业知识为乡村进步提供技术支撑,用"互联网+公益+旅游"的模式为乡村振兴发展进行更好的宣传。此外,志愿旅游还很好地弥补了传统旅游中的深度性、趣味性、投入性、民俗性等不足,在"文化+旅游"的深度和广度上助力乡村振兴的可持续发展。

志愿旅游者以青年群体为主,旅游经营项目在青年团体中越发火热。青年群体有一个特点,那就是素质普遍偏高。因此,当青年人以志愿者的身份加入旅游经营活动中,青年人的热情与专业知识就可以发挥最大效益,用他们的实际行动带动当地有关从业人员的经营素质,用他们的好学、积极与热情等素质激发农村有关从业人员的学习动力,为今后农村旅游带动乡村振兴创造良好的条件。

志愿旅游的优势还在于,聚集了一批不同学科背景、思维灵活的青年奉献者,从而可以加速旅游资源的变革和升级。比如,理工科背景的志愿者,可以对生产流程和制造公益提出意见;艺术方面的志愿者,可以对当地的品牌塑造和农产品工艺设计提出想法;文科背景的志愿者,可以分享设计宣传方案的思路;法律背景的志愿者则可以围绕农民参加旅游服务的过程进行普法宣传;外语学科背景的志愿者可以指导外语导游语言不足的情况;经管学科背景的志愿者,则可以针对当地经营情况贡献相关经营理念。在汇聚了不同学科背景知识的志愿者投入乡村振兴过程中,可以形成"头脑风暴",对当地旅游品牌发展有着诸多裨益,避免乡村旅游发展中出现千篇一律的困境。

在旅游者与经营者的纠纷中,志愿旅游者因为拥有经营者和旅游者的双重身份,从而可以多视角地考虑各方利益。因此可以建立良好的沟通协调渠道,为处理好各方分歧起到正向效能,如让游客对志愿者的服务消除戒备心理,使游客得到更舒心的旅游体验。从经营者的视角来说,在志愿者的示范下,可以看到志愿者处理相应问题的方式方法,从而为经营者打开解决问题的新思路,为今后更好地贡献旅游服务质量起到良性循环的效能。

从"数字化＋旅游"的视角推动乡村振兴的视角来说,志愿旅游者更加广泛地使用微信、微博、直播平台等,能形成更大的社交流量。旅游方案分享对于青年志愿旅游者而言是宣传当地文化的有效手段,这会让更多青年人加入此群体,不仅增加了游客数量,还增加了服务人员的数量,构成良好的旅游经营循环,从而带动当地经济的发展。

第6章 海南省乡村振兴重点项目概况

6.1 美丽乡村的认识与理解

6.1.1 美丽乡村概念

"美丽乡村"实际上是我国社会主义新农村建设的进一步深化阶段,这一词首先在2013年中央一号文件中明确提出。在党的十八届三中全会通过的《中共中央关于全面深化改革若干重大问题的决定》中,明确提出完善城镇化健康发展体制机制,走中国特色新型城镇化道路。这表明党中央对美丽乡村工程建设高度重视。根据文件精神,要强化乡村生态工程推进实施和生态环境的保护,开展多方位的整改,着力打造美好乡村,并对加快开展"美丽乡村"工程建设做出了部署。2013年7月,习近平总书记在鄂州市长港镇考察城市一体试点工作时,再度谈到了建设美丽乡村的问题。习近平总书记还重点提出了实施城乡一体化,建设美丽乡村,是要给乡亲们造福,不要把钱花在不必要的事情上,比如"涂脂抹粉",在房子外面刷层白灰,一白遮百丑。不能大拆大建,特别是古村落要保护好。习近平总书记指出,即使未来城镇化达到70%以上,仍有四五亿人生活在农村。农村绝不能成为荒芜的农村、留守的农村、记忆中的故园。城镇化要发展,农业现代化和新农村建设也要发展,同步发展,才能相得益彰,要推进城乡一体化发展。2013年底,习近平总书记在中央农村工作会议上提到,中国要强,农业必须要强;中国要美,农村必须美;中国要富,农村必须富。要建成美好中国,建成"美丽乡村"是必然要求。随后,2014年3月,《国家新型城镇化规划(2014—2020年)》出台,再次提到美丽乡村,明确提出"建设各具特色美丽乡村"。

鉴于中国基本国情的特殊性,近十几年来中央一号文件精神对"三农"问题的关注程度也日益增加,乡村建设是"三农"问题的首要任务。2005年10月,党的十六届五中全会批准了《中共中央关于制定国民经济和社会发展第十一个五年规划的建议》,要求按照生产发展、生活宽裕、乡风文明、村容整洁、管理民主的要求,切实高效地建设社会主义新农村。"十一五"和"十二五"期间,各省、市、区主动地回应全国社会主义新农村建设的需要。2008年浙江省安吉县全面开启美丽中国工程,全面开启《安吉县建设"中国美丽乡村"行动纲要》规划实施,争取在大概十年以内,将安吉县变成全国最美的乡村。广东省增城、花都、从化等市县从2011年以来就全面开展"美丽乡村"工程建设,2012年,海南省也做出响应美丽乡村工程建设的规划。

6.1.2　美丽乡村建设意义

美丽乡村的建立是我国社会主义新农村建设中的又一个深化发展阶段,重点在于解决农村文明观念、农村建筑结构、农村居住条件、农村自然环境以及农村文明提升的具体实现方式困境等。故其含义体现为以下几点:一是转变农业土地使用方式,以促进农村生产的发展要求;二是增加收入,以改善农村生活条件的发展要求;三是维护农村利益,民生稳定的需要;四是保持和弘扬当地民俗和传统,推动乡村精神文明水平提升的需要;五是增强村民整体素质和新技能,促进农民自身整体素质提高的需要。

6.1.3　美丽乡村建设中的问题

(1)在发展理念上,因为乡村在人才、资金、组织领导能力等方面相对缺乏,在先进信息交流中有缺失,在发展理念上还处于相对保守、落后的状态,因此缺乏创新。

(2)在产业发展中,因为资源没有得到合理应用,资源配备不合理,导致在产业发展过程中缺乏延伸性、融合性、可持续发展性。

(3)在乡村建设中,因为各地建设用地指标不同,且缺乏相关人才与资金,导致乡村建设过程中出现了向城镇建设学习,忽略了各乡特色等其他受限因素,导致乡村建设布局不合理、基础设施建设不科学等问题。

(4)在收入问题上,由于中国农业的内部结构比较单一,且生产技术简单,所以大部分农户仍然依靠养殖业的单一收入来生存,导致城乡居民人均收入差异较大,同时也致使农村主要劳动力大批涌入城市打工,从而导致中国乡村空心化。

(5)在公共设施保障上,由于村庄的小规模、分散性等原因,在医疗、教育等领域,乡村一直处于资源较为匮乏的状况,在求医、求学路上有着很长的距离要走,因此造成了求医难、求学难的困境。

(6)在人才问题上,因为农村发展空间有着局限性,农村的就业机会较少,因此有知识文化和有技术能力的劳动力大多流向了城镇地区,造成乡村在发展中处于人才匮乏的状态,同时也导致了乡村技术缺乏和创新动力不足等问题。

(7)在资金支持中,因为有些村庄地理条件和自然资源的局限性等客观原因,对于资本的吸引力有着先天缺陷,因此反而需要更多的资本投入。

(8)在管理机制方面,由于人才匮乏和乡村空心化原因,导致大多数地区的乡村治理仍然为一种相对稳定但缺乏创新的管理模式。

6.1.4 美丽乡村建设目标

美丽乡村建设,不仅仅是对当地房屋进行"涂脂抹粉"或是完全以城市建设发展作为模板,而是要遵从合理规划、科学布局、生态宜居等特点,围绕让户户能生产、家家能经营、个个有事干、人人有钱赚的生活富裕目标而建设;要包含历史传承、文明延续、主题鲜明的人文关怀,保证创新、管理民主、体制优越,从而实现美丽乡村的建设目标。因此,要根据每个乡村的实际情况,根据各自的地理位置、交通资源、生态资源等特点明确发展目标,做好产业定位,从可持续发展的角度出发,制定出高质量、高辨识度的整体规划。

6.1.5 美丽乡村发展模式

财政部于2019年4月出台的"十大模式"引领"美丽乡村"建设中总结道,美丽乡村建设大致有十大方向:以江苏省张家港市南丰镇永联村为典型的产业发展型管理模式、以浙江省安吉县自然山川乡高家堂村为典型的农村生态环保型管理模式、以上海市松江区泖港镇泖港村为典型的市区－郊区集约模式、以吉林省松原市扶余市弓棚子镇广发村的农村社会综治型管理模式、以河南省洛阳市孟津区平乐镇平乐村为典型的文化传承型管理模式、以广东省广州市南沙区横沥镇冯马三村为典型的渔业发展型管理模式、以内蒙古自治区锡林郭勒盟西乌珠穆沁旗浩勒图高勒镇脑干宝力格嘎查为典型的草原牧场型管理模式、以广西壮族自治区恭城瑶族自治县莲花镇红石村为典型的环保修复型管理模式、以江西省上饶市婺源县江湾镇的娱乐旅行型管理模式、以福建省漳州市和平县三坪乡的有效农耕型管理模式。

6.1.6 海南美丽乡村建设概况

海南省委、省政府制定了《海南省美丽乡村建设指导意见(2014—2020年)》,

对美丽乡村建设提出总体要求、具体内容和措施;出台了《海南省美丽乡村建设三年行动计划(2017—2019)》《海南省美丽乡村建设考核办法》(试行)以及《海南省美丽乡村建设标准》等相关文件,将海南全省各市县纳入美丽乡村建设试点,涌现了一批美丽乡村建设的典型。

例如,澄迈县的加茂村,经济结构从原先以种植业与外出务工为主转变为以农业为基础,以原生态乡村生活体验为特色,成为发展农业观光体验、乡村旅游、休闲旅游的第一产业与第三产业相结合的旅游美丽乡村,整体提高环境质量与居民的生活环境的同时,也提升了该村的社会经济效益。

例如,海口市石山镇的施茶村,因受地理环境影响,当地农业水平一直处于较低水平。居民收入渠道单一,经过美丽乡村建设后,因地制宜地探索出了"企业＋合作社＋农户"的合作模式进行石斛产业的发展,打造了一批特色农产品。同时,积极发展旅游业,将生态环保与本土文化保护作为重要工作任务进行培育与传承。该村作为海南美丽乡村建设典型获得了国家级、省级、市级等各级荣誉,同时习近平总书记视察施茶村也对该村的工作给予肯定。

例如,三亚市吉阳区的中廖村,以种植业、养殖业与外出务工为收入来源的当地村民在寸土寸金的三亚并没有着眼于短期利益,而是通过党建引领进行二次转变,打造了以少数民族文化为特色为主、以生态旅游为辅、可持续发展的美丽乡村模式。从单一发展特色农业向特色农业与"乡村游"有机融合转型,打造几个拳头特色农产品,做精、做优特色乡村振兴项目。

6.1.7 美丽乡村经验总结

从这些经验模板中可以看出,美丽乡村建设并不是理解了自身发展缺陷和拥有创新发展理念就可以将美丽乡村打造成功。美丽乡村的建设是一个系统化工程,需要涵盖其他方面,需要将各方面落实,稳扎稳打。首先需要重视的就是经济上的创新发展,乡村需要发展就需要以经济为支撑。

(1)要看到乡村自身资源、交通特点、已有问题等相关情况,然后明确目标发展地位、构建符合自身特点的科学产业体系,促进第一、第二、第三产业进一步协调快速发展,保证产业结构的稳定性和科学性。

(2)要维护好乡村的生态环境。杜绝因盲目追求经济效益而不顾自然环境的保护,要坚决贯彻执行"绿水青山就是金山银山"的环境友好发展路线。

(3)要尊重文化传承。每个地区都有自己文化的根,而文化发展也是乡村发展的根,不能盲目学习城市发展建设,忘却自己的文化,要更深入挖掘自身文化,善于利用文化来发展乡村建设。

(4)要吸引扩招人才。人才是美丽乡村建设参与主体,没有人才,乡村发展就会停滞不前。要利用良好的配套政策,吸引优秀青年回乡创业,并且要利用人才实现对当地农村居民的再培训,培养更多的本地人才。要与高校、社会各类组织积极合作、积极吸纳人才,通过定期帮扶进行支农互动服务,让人才真正成为美丽乡村构建中的重要角色。

(5)要学习引进技术。技术是加快美丽乡村建设的重要手段,要建设美丽乡村,就要鼓励走出去、多学习、多合作,将适合乡村本地的新技术引进来,不断利用技术科技加强自身发展。

(6)重视社会事业的发展。科、教、文、卫协调发展是农村基层建设的基本保障,因而在美丽乡村的推进过程中,要强化和完善居民保障体系,让村民的生存发展得到良好保障。

(7)要加强与资本的合作。要开放思想、加强创新,鼓励资本回乡投资,通过自身优势、产业优势吸引社会资本合作,加强学习各种融资方式,找到符合当地农村自身基础条件和优势的优良模式,促进农村建设的积极发展。

(8)改革管理机制。乡村治理与管理机制是确保美丽乡村建设健康有序发展、持续有效的重要基础。因此,在管理方面,要在有人才的基础之上,不断突破,将管理体制与发展步伐匹配一致,为推动美丽乡村建设,促进农村地区可持续发展提供强有力的保障。

(9)要找到合理发展路径。找到切实可行的合理发展路径对于实现美丽乡村建设具有基础意义。在发展前期,要做到深入分析自身优劣势、深入挖掘本地特色、做好产业品牌布局规划,促进物质文明与精神文明相结合,有序推进建设计划,以实现美丽乡村建设。

(10)要扎实推进乡村建设。要以时间和地点为转移,依据不同农村的实际情况发展和推进乡村建设。要根据每个乡村各自地理、资源、交通、文化、规模等设计出一套符合自身条件的基础公共设施建设。要根据自身文化特点对乡村房屋进行改造,不能盲目跟风,忽略自身文化优势。

6.2 特色小镇的认识与理解

6.2.1 特色小镇的概念

特色小镇发展于2012年提出了创新式发展战略后,被写入了党的十八大报告。2014年,在浙江发展出了特色小镇的萌芽。2016年国家正式发布了《关于开展特色小镇培育工作的通知》,明确要求到2020年,培育1000个左右各具特色、富有活力的休闲旅游、商业物流、现代制造、教育科技、传统文化、美丽宜居等特色小镇,引领带动全省小城镇建设。2017年,《关于规范推进特色小镇和特色小城镇建设的若干意见》中涉及特色乡镇建设不变形、不盲目开发的要求。2018年中央一号文件强调要坚持问题导向,以提升城镇化质量为核心,推动城镇体系更加完善,城市功能进一步增强,农村要素充分流动,产城互动深度融合,形成一批有竞争力的大中小城镇。2020年,《关于促进特色小镇规范健康发展的实施意见》指出,要围绕主导产业聚集,促进新型特色乡镇健康快速发展、城乡建设协同健康发展。2021年开始,我国全面实行乡村振兴战略,在此战略指导下,《全国乡村旅游重点村镇名录建设工作方案》中明确提出要建立产业领先镇、文化旅游特色镇和生态和谐示范镇,把特色小城镇作为落实乡村振兴政策的重要抓手和立足点。同年,国家发改委又颁发了《关于印发全国特色小镇规范健康发展导则的通知》,对我国特色小镇建设规范性发展作出了明确指示。

特色小镇,是随着中国市场经济发展到特定经济阶段而形成的新型城市产业布局,其建设用地范围仅限于几平方千米的微型工业集聚区,但并非行政建制镇,也并非传统产业园区的发展规模。特色小镇的主要目的是培育发展新产业,吸纳人力资源、科技、资本市场等先进要素聚集,同时还具备细分高端产业的显著业态特点、产城人文相融的丰富功能、高利用率、高效的建筑布局特征。因此,特色小城镇是指业态特而强、功能聚而合、形式小而美、制度新而活的新兴经济发展空间。

创新科技已成为现代发展的强大动力,中国特色小镇已变成新型城镇化的具体体现,是逆城市化的过程中产生的优质聚居地,成为后工业改革发展的第二空间。特色小镇的部署是乡村振兴的重要途径,它不仅在宏观层面上可以助推国民经济,更是在微观上提升了居民的生活幸福感、参与感与获得感。

6.2.2 特色小镇的功能

依据《关于印发全国特色小镇规范健康发展导则的通知》,全国特色小镇的功能主要有三点:一是优质经济健康发展的创新载体,以有限的土地建筑集中助推特色的专业化产品和企业,推动空间使用率提高、生产力结构改革和完善;二是新型城镇化建设的新载体,疏解了大都市中央城区非核心功用,吸引农村迁移人口进城就业发展生存,鼓励了乡村迁移人口的城市化和就近城镇化;三是城市乡融合发展的新支点,承载都市要素转换,支撑城市产业的协调发展。

因此,可以将特色小镇功能概括为三类:一是缓解大城市压力;二是小镇升级功能;三是聚集创新功能。

1. 缓解大城市压力

近年来,在我国社会经济迅速发展的环境下,城市化步伐也非常迅速,中国城镇化率已由 2000 年的均值 36.2% 以年均增加 1.3 个百分点的速度迅速发展,这也表明中国每年有约 1750 万人流向大城市,中国传统的"大城市病"将随即而来。由于人口的日渐饱和,以及交通、环境等问题,一线大城市生活成本持续攀升,中国政府将更加注重于发展中小大城市及城镇。小城镇是连接大中小城市与广袤的农村地区枢纽,是产业聚集的平台,也是未来就业方向转变蓄水池,是缩小城乡差距,统筹城乡发展的重要途径。因此,当地政府和各主管部门积极倡导,通过充分发挥小城镇的各种资源、产品资源优势,积极建立区域中心,辐射促进邻区经济社会发展,以有效减轻大城市人口的流入带来的一系列困难和问题。

2. 小镇升级功能

目前可以看到,在许多城市,各种产业的发展已经处于瓶颈状态,特色小镇主要还是依托于传统产业的升级平台和载体,是推动传统产业集群升级换代的有效载体,特色小镇的功能可以促进就业,带动创新机制。特色小镇虽为小乡镇,但并非传统意义上的小乡镇,因为特色小镇主要目的是要具有某个地区的特色产业甚至是某一类产业,而这里又包含着传统产业、商贸服务、旅游产品、新制造业等。特色小镇并没有常规的政府单位和行政级别,它是一个依附于大中城市的一个集新兴产业或者景点传统产业的相对独立空间,汇集了专业人才、创新技术和创业活动等相关元素。与传统工业园区、经济开发区、服务业聚集区或者景区不同的是,特色小镇的主要定位还是以特色产业为龙头、人与环境为副翼的融合发展空间。

3. 聚集创新功能

特色产业是乡镇发展的基础力量,创新则是特色小镇发展的竞争力内核。要培育出可持续发展的中国特色小城镇,就要发掘中国特色小城镇经济的新动力,特色小镇的发展并不是单纯地把高端要素汇聚到一起,也不能单纯地将地方政府支持与优惠政策作为唯一投入,而是要把经济政策链、产业链、金融服务链、资金链、技术创新链等融合,从而形成一种新型的投资与创新的生态系统,一种可以培育创新动能的产业空间。要以政府为主导、企业来加入的模式,打造一个"草根"可创业、"高知"能落地的良好发展生态圈。要依托人才培养基地,将技术研发、金融资本、知识产权等引入特色小镇,让特色小镇在今后高规格、高质量的发展中打好基础。要利用好"产业+资本"的模式,让小镇发展有资本加入,打造创新平台,让特色小镇保持特色良性发展。

6.2.3　特色小镇发展中的问题

目前,各地开展打造特色小镇规划建设在摸索过程中,各个项目也都开展得如火如荼,但是很多特色小镇,并没有将"特色"二字落到实处,还是存在千镇一面、品位不高的问题。成功的特色小镇发展已经证明了,只有完全做到将自身特色发扬光大,才能有知名度、影响力、吸引力,才能进入特色小镇以特色产业为主的良性循环。2017年以后,很多地区都出现了建设特色小镇一哄而上、盲目发展的问题,虽然建设特色小镇秩序目前已得到好转,但是仍有许多问题存在。

高恒冠、刘春朝等认为特色小镇的成功与否关键在其是否能够做到可持续发展。可持续发展的原则是既可以满足现代人的基本需要,又不会给下一代生活造成影响,并具有公平、持续、共享的三个基本原则,以便获得一致、协调、平等、优质、集约、多层次的社会发展。因此,特色乡镇的发展不应该单纯地为建设特色乡镇而建设小镇,而是应该通过产业改造提升、在地域中的创新,构建出新型城市化,获得乡村振兴建设的成果。所以,在发展度和持续度上,很多地区在建立特色小镇过程中出现了急功近利、盲目跟风、面子工程等问题。同时,在协调度上政府过于大包大揽,从编制规划到服务管理,从投资建设到投入使用都是政府在亲力亲为,这导致了资金进不来、市场化无法运作、企业不愿进等问题,以及政府与资本、政府与市场、政府资金与社会资本等方面的失衡。

根据邢鹤龄的利益相关者诉求分析来看,中国特色小镇所存在的社会问题分为五大类。

第一,当地政府对于规模、速度、效率的政治追求。因为很多政府机构都很期待这种具有创新性、创造性的产业能对区域经济产生驱动力,所以很多地方政府都大力兴建特色小镇,且都是盲目效仿地修建特色小镇。很多区域资源禀赋缺乏、基础设施薄弱、公共服务空间不足,加之盲目对建筑改造修建,对生态环境、传统乡土文化、地域特色造成了相当程度的破坏。

第二,社会资本追求短期投资回报的利益诉求,但是忽略社会资本是一个难以控制的概念,在社会资本投入决策时,首先考虑的还是投资回报周期。所以,在资金实力弱和风险承受能力低的社会资本介入时,急于获得投资回报会对特色小镇生态环境和文化资源造成破坏,也会导致忽视农村居民的利益诉求,很多小镇商业化严重,特色也逐渐变为千篇一律。

第三,在地区居民对现代化生活体验与诉求上有差异性。在旅游特色小镇中,旅游的开放属性为不同文化观点、整合提供了平台,但涉及小镇地理位置的旅游项目和产品本身机制,没有为商业利益相关者提供进一步交流的渠道。受到传统活动方式单调且活动档次水平低下的影响,以及邻里关系、旅游培训、政府政策规划等因素影响,小城镇的经营管理者在活动营销理念上仍停留在较浅层面上,因此普遍出现了效率较低、经营不善等问题。对本地居民来说,小镇并非风景区,而只是生产活动和生活空间场所,因此人们对现代化的生活品质和空间环境也有一定要求,这类小镇在生态环境和生活空间的变化过程中难以得到平衡。

第四,关于社会对于利益平等的增权要求问题。在旅游工作中,政府、社区、企业等为了满足游客的需求,有时往往忽略了本地居民生活空间的需求。当地政府在考虑要用乡土气息满足游客对传统文化的需求来吸引游客,而当地居民又需要生活设施现代化,因为在政府求政绩、商人求钱财、村民求富裕的背景下,当前的旅游小镇发展存在着重市场、忽略当地居民需求的现象。尽管建设好了设施和处理好了环境承载量问题,但这种情况下也占用了居民的生存空间,而且到了旅游淡季又会有大量闲置出现,而这种问题的结果通常要由社会力量来承担,最后往往也会出现政府部门、投资主体以及旅游社区等出于集体理性考虑而进行的决策,产生了群体非理性结果,导致了公共资源的滥用和无序现象。

第五,在游客对于文明的精神需求与当地居民物质需求的冲突。消费者的需求是既要在乡村中保留原汁原味,也要有精致化、细化的现代化生活设施。特色乡镇已成为地方独特文化的特殊载体,要满足游客们的精神追求和社区居民对现代化生活质量的追求,因此开展了大量乡村拆迁改造工程,过程中流失了本土文化内涵,因此产生了旅游小镇项目的脸谱化,和游客想体验原生态的初衷背道而驰。

特色小镇发展到如今,还存在着其他问题。

一是特色产业过于单一。众所周知,特色产业才是特色小镇发展的内核,而特色小镇的核心竞争优势则是特色产业的生态产业链。但是我国很多欠发达地区小镇都存在产业基础差、规模过于小的问题,因此在市场竞争核心中缺乏优势。在东部较为发达地区,这些小镇由于自身原有产业资源禀赋较好,加之经济实力较为雄厚,因此产业特色较为突出,就容易形成区域优势的产业链。我国中西部区域的特色小镇,普遍面临着因自然资源禀赋薄弱,竞争优势不突出,所有的内生发展动能缺失,基础工业建设发展滞后,缺少特色产品和新兴产业等问题,出现特色小城镇在地方经济实力上薄弱和社会效益不突出的现状。

二是特色小镇的优势没有辨识度,同质化问题显著。特色小镇的空间布局虽然比较分散、地理区域跨度较大,但在某些领域,经营层次、产出条件等仍然有相似之处,因此在建设特色小镇过程中,出现了同质化现象。在中国西部区域,可看到特色乡镇的经济定位主要是以第三产业中的旅游业作为特色产业,同时也都采用了"旅游业+运行"管理模式。

三是特色小镇建设中缺少了市场经济运行机制。虽然目前全国各地的特色小城镇建设都在学习浙江的发展模式,但并没注意到这里的小城镇基本遵循政府引导、市场主导的运作模式,所以很多政策行为在当地因诸多原因是不适用的。

四是资金来源比较单一。目前而言,中国特色小城镇的建设经费还是以地方政府的财政拨款和民间资本两种形式获得,社会资本参与度低。对于经济水平相对较低的乡镇,经费来源主要为财政;产业基础比较好的乡镇,则是由民间经济主体为建设主体自行募集资金。应该看到,因为特色小镇在投资方式上缺乏多元化,对当地政府平台企业或当地国有企业的依赖性程度大,所以唯有融资途径向多元化延伸,才能冲破资金不足对企业经营的束缚。

五是政府缺乏全方位的监管。在各级政府部门决策层中,并没各领域专家,许多情况下要外聘第三方的权威机构一同设计方案并进行落地,由此就出现了缺少监管的现象。所以,当下特色小镇在建设进程中还缺少一种监管机制。

6.2.4 浙江省特色小镇成功原因分析

2015年,浙江省率先在全国提出富有创造性的特色小镇发展模式与战略,在全国上下顿时掀起浪潮。这些模式与战略是推动企业集群、行业发展、企业提升的新推动力。浙江省的特色小城镇建设一直以来都注重经济、社会、环境统筹开发,以及生产、生活、环境多功能的综合开发,具体表现在:确定具有特色的产业风格和主题,并且善用各种优惠政策对该地区特色主题资源和要素展开更加科学合理的协调分配,体现出个性化、主体化、文化创意特色化的当地发展道路;发展当地核心产业,遵循产业发展空间规律,把产业链和相关服务配套措施在较有优势的地区资源整合,从而得到产业优势;加入当地人文历史文化,以彰显当地小镇特色,提高其核心竞争力。浙江特色小镇的功能复合性将产业、创新、文化、旅游、社区、生态糅合起来,形成一个包容性的发展空间载体,又以城市管理理念为标准,将政府责任放到行政管理和外围环境管理,加强了社区自治水平,提高社区生产生活管理的大众参与程度。

浙江省在历经几年的道路探寻和发展后,探索出成熟的三套发展模式。一是以龙头企业为主体进行规划,政府提供服务。因为龙头企业自身拥有市场容量较大、资本能力较为雄厚、产业服务广泛的资源优势,能带动小镇规划发展。二是地方政府主导规划,项目合并形成组合建设。一般每个小镇确定一个重点项目主题,由当地政府重点开展对小镇的规划引导、资源整合、提供公共服务、完善政策等工作,而中小企业则可自主进行投资项目,用大项目承载、小项目扩张的形式来开展建设。三是通过政府规划建设,或采取市场招商形式,由政府进行直接融资,撬动社会资金参与建设,或通过政府产业政策,引导社会资本的参与建设,或搭建小城镇产业发展项目来打造新型的投资平台。

浙江省在特色小镇发展战略上,强调采用以市场机制为主、公共部门加强配套服务为助推的模式。在建设推进的主体构成和方式上,坚持选择以政府引导为主,市场、社会多方参与的形式。

总体而言,政府做好顶层设计、优化制度建设、做好服务管理工作,企业则整合市场资源,利用市场运营模式,居民进行监督参与。

6.2.5 总结

特色小镇发展是以改善民众生活水平和为解决广大民众对美好生活的需要而出现的新型社会经济形态,在农村脱贫攻坚战中对区域经济、产业文化、民族特色的发挥产生了积极影响,有力推动了中国乡村振兴战略的实现,为顺利推进新时期我国发展特色社会主义创造了良好载体。

特色小镇在发展建设过程中,同样存在着各类问题,主要包括地方政府理解政策不到位、政府机构大包大揽、特色小镇产业不突出、小镇建设千篇一律、社会资本介入较低、市场化程度不够等。针对上述发展不足,国家发改委发布了《关于促进特色小镇规范健康发展的意见》,提出了15条具体执行的细则,在深入推动特色小镇科学发展上明确了目标,在规范化发展特色小镇建设中明确了要求。

6.3 共享农庄的认识与理解

6.3.1 共享农庄概念

共享农庄,大致有以下几个特点。

第一,共享农庄是由有条件的乡村企业、农庄、产品基地,经过农业设施改造、产品基础、生产服务、环境景观等工程建设,与农业产品、生活生态共同健康发展,与第一、第二、第三产业相融,以及有农村文化旅游嵌入的一种新型农业业态模式。

第二，共享农庄在不变更农户自身产权的前提下，将对农家空闲房屋实施主题化改造，以城市居民要求打造农家体验、度假疗养、文化创意等多元模式，以网络、物联网等信息技术为依托，与城市居民的旅游休闲房屋居住的需要相衔接，以达到当地、团体机构、农家、城市消费者共赢的良好社会经济发展态势。

第三，共享农庄这一概念是由中国人民大学土地政策与制度研究中心密切关注我国农业集体用地策略改革发展方向，从城乡发展需要入手，组织研究设计并完成的这一农业集体用地建设出租房屋的创造性方案。整体方案设置凸显了"安居乐业"四个字生产生活的内在要求。其中，"安"是指不影响农户所有权所属，以及城镇居民、乡村财产平安的前提条件，共有农庄只是提供咨询、法务咨询、筹划、改造、租借、维护、服务平台；"居"是指在保证农户集体土地权属的基础上，由农村集体和农户出空间，社会资金、公司资金等在一起翻建空间，以改造农业生活，健全周边基础配套，建立宜居的合作农业，并以此空间来吸纳居民或组织；"乐"是指政府将已弄明闲置的土地资源出租经营者有偿让渡，得到农户合理回报，使农户增加收入，市民们就可以实现"田园梦""创业梦"，地方财政的税收水平也提高，以达到各方共赢；"业"是指让村民可以不离乡背井去就业，也让企业的资金、人员等可以进入乡村投资兴业，达到可持续发展的目标。

所以，共享农庄就是以农业集体经济机构为首要载体，在农村以多方资产混合公司为农业经营发展的主要主体，以信息化为基础，以农村经济空置资产共享为主体特色，以循环农业、创意农业、农事体验于一体，以农业为基础，融合第一、第二、第三产业综合经营的新业态。

6.3.2 共享农庄意义

共享农庄的意义在于将沉睡中的农村资源唤醒，把农村资源变为资本，还将社会资本带入到投资回报稳定的项目中去。共享农场的经营模式好处就在于给予了农户最高程度的自愿性、自主性和自发性，政府完全尊重农户的自由意志，重视当地农业的发展现状，在不危害农业生存的情况下，由政府带动农户，把传统农村企业所掌握的资源盘活，并投入创业过程中，在提高收入的同时培育农户的市场参与意识。共享农庄强调了因地制宜原则，这也减少了城市化过程对自然环境的影响，也使无法适应城市化发展的市民体验到了农村生活，同时逐步让科技介入，增加农民收入，加强城乡交流。

6.3.3 共享农庄案例

1. 国外案例

1）美国艾米农场

共享农庄始于美国加州的艾米农场。它于1997年投入运营,鲜明特点是"四随便",即随便进入、随便干活、随便摘菜、随便给钱。该农场每周星期一至星期六都可以随便进入。同时,还出售农副产品,如蛋类、肉类、果蔬,并出售加工副食品,如奶酪、果酱等。其出售方式为无人收货的形式,让消费者自己刷卡或自己找零。这种开放式的经营模式,让消费者根据自身体验需求寻求满足,创造了休闲农业旅游的新模式。这种开放式共享农庄的形式,不但没有让艾米农庄亏本,反而令其每年营利数百万美元。农庄不仅提供旅游体验,同时还开设了自然教育课程,针对不同阶段的学生们设计出不同阶段的课程。艾米农庄的开放自助式经营和户外知识课程带来了大批人流的同时还有着较好的经济收益,从而使农庄经营形成稳定的良性循环。

2）日本MY Farm

日本的MY Farm于2007年底投入营运,其运作内容主要包括城市小型农业园区、农业专业教育培训、农副产品直销、农业用地出租。每个内容板块都有其特色。在城市小农园板块中,他们将场地设置在东京市近郊,利用交通便利的特点,吸引了大批游客,同时农园还实行会员制度,缓解了闲置农用土地的问题。农村专门学院板块则设置在东京、大阪、名古屋,培育轻松务农的专业农业从事人员,主要教授农庄运营、农事技能、蜜蜂培育养殖三个学科,学生在学习一年半后得到毕业证书。在农产品直营板块中,设计了三个风格鲜明的直营店,在保证供应生鲜原料的同时,还降低了传统农业中配送成本的问题,从而完成了从产品生产到供销服务的本土化的经营模式。最后,在农园土地租赁板块中,公司将作为第三方,为空闲的农地牵线搭桥,撮合甲乙双方合作,从成功交易中获取手续费。

2. 国内案例

1）广州艾米农场

广州艾米农场创建于2014年,它将以"生态稻田＋人工智能"模式融合资源,实现稻田共享平台。而广州艾米农场也对合格的闲置耕地进行考核,再加以建造,最终开发出共享经营管理模式。首先,广州艾米农场会先对农田环境进行评估,之后再对农田进行统筹建设,并通过对生态农田管理建立规范,与人工智能、无人机等新科技进行融合打造,再对农庄进行管理,从而完成了共享农庄的整体运作。此外,还利用当地政府部门、合作社、特色小镇等渠道,进行全市区域内的优质农田托管申请。通过采用共享模式,在培育生态水稻后,发掘下游行业资源,在投入产品加工后,把产品放到网络,从而让消费者与预订的农产品进行第二、第三产业融合。

2)乐东尖峰共享农场

乐东尖峰共享农场位于海南乐东县尖峰镇的万钟农庄,是由海南万钟实业有限公司投资兴建的。该共享农场的总体开发思想是利用水果种养基地,实现海、山、田的全域旅游资源开放。该庄园涵盖了住宿用餐、观光、农民教育、农村科普、果蔬种植采摘等形式,将多种项目融于一身,形成了特色的旅游庄园项目。在整体规划上,公司通过募集庄园拥有者,并有偿地将土地使用权转移给农户,在转移过程中,对时间进行科学合理分配,使共享资源得以最大限度的利用。同时,庄园里的水果品种还委托给本地农户进行栽培与生产,为农民提供了土地资金和务工收入。共享农场还把经营模式分成两种。第一种是房产模式,将农场拥有的房产直接委托给酒店经营,可以进行居住、管理、租赁,或者由农场统一管理运营。也可以进行技术转让,由酒店在扣除折旧价以后进行处理。第二种则是土地管理,是由农场本身的技术经营队伍进行管理,如果没有技术,也可以由专门的科技服务队伍进行管理种植。如果农户不愿意管理,也可以进行托管。另外,尖峰共享农场还率先建立了全国共享农场协会,通过利用互联网,先让海南岛的房主在海南岛内进行土地交换,然后再在全国进行土地互换。

6.3.4 共享农庄发展中的问题

1. 基础设施建设有待加强

共享农庄因为地理原因,很多地方运输不便,且安全设施保障有所缺失,在农庄的住宿条件也有待改善。在农家体验、农庄度假或康复保健这些项目的规划和运行中,很多社会条件也未能满足市场需要。因为设施建设和管理服务没有建设统一标准,因此结构规划等比较散乱,服务项目内容也大大受限。

2. 同质化发展现象较为严重

因为产业发展较为单一,加上资金投入跟不上发展步伐,产业发展还主要聚集在第一、第二产业,因此产业融合程度较低,不易构建完整的、有竞争力的特色产业链来带动共享农庄的发展。加之共享农庄投入较大,但投资渠道单一,且投资市场不成熟,这些因素都大大降低了共享农庄的发展建设,从而导致了共享农庄的发展出现了同质化现象。

3. 从业人员素质不高

由于从业者大部分都是来自周边从事农村劳作的人员,一般都不会接受专门的旅游业务相关技术培训,所以他们在用餐服务、食宿接待、服务意识上都有所欠缺。项目推进时,因需要社会资本的投入,往往也需要和农民签订法律协议合同,农民因不理解协议合同内容,有时会产生矛盾,发生违约或纠纷,这些都大大阻碍了共享农庄的项目建设进度,也会使农民在满足游客需求能力上出现欠缺。

4. 土地流转不畅

共享农庄建设依赖于农村用地,虽然很多地方都做出了相应的政策调整,但是在土地流转上还存在着许多问题,很多农村建设用地只能在原址使用,因此就无法实现异地整合,从而导致了在周围一些较小村落或块状建设用地上没办法整合资源的困境。这无疑阻碍了共享农庄的发展,也同时打击了投资者的积极性,从而不能达到共享农庄利益最大化的目的。

6.3.5 总结

共享农庄是将共享经济发展理念融入农业发展的新形式,是利用城乡结合推动乡村振兴的另一个有力抓手。共享农庄本来就具备了自身发展优势,其农业性和庄园性就包含了农业生产、休闲旅游、自然观光等服务项目,从而达到了利用土地资源促进第一、第二、第三产业发展的目标。在国家供给侧结构性改革的大环境下,共享农庄积极运用多种条件重新利用起农村废弃闲置土地,增加了农民收入,促进了中国农村现代化。将共享农场理念作为中国农村经济振兴的主要抓手,是推动中国农村经济综合改革发展和社会主义精神文明建设的新动力。

6.4 海南省百镇千村发展概况和典型案例

6.4.1 海南省百镇千村简介

2016年,海南省开始以新的思路建设农村,在当年海南省政府工作报告中,正式宣布了要实施"美丽海南百千工程",要着重建设100个海洋文化特色产品乡镇和1000个宜业宜居宜游的"美丽乡村"。在2017年的第二十三号文件中,又颁布了《海南省美丽乡村建设三年行动计划(2017—2019)》,提出要贯彻创新、协调、绿色、开放、共享的发展理念,希望借助百镇千村将美丽农村建设工作与推进农村、社区、生态建设协同健康发展紧密结合,进行对农村环境卫生的整治,以提高生态人居质量,推动经济产业健康快速发展,推广民族特色乡土文化,推动美好乡村构建管理工作从点到线到面的大转变,通过助力全国全域旅游示范省的创建,依托旅游产业的特色化发展,将海南建设成为全国生态文明示范区,助力全域旅游和国内外旅游。其目标是按照"规划引领、示范带动、全面推进、配套建设、突出特色、持续提升"的要求,全面推进美丽乡村建设,持续改善农村人居环境,不断提高新农村建设水平。根据宜居、宜业、宜游的发展标准,要在各个村镇内面建立1—2个美丽乡村示范村,各个市县一年要建立20个美丽乡村示范村,至2017年底全国范围内建立至少400个美丽乡村示范村,2018年底不少于700个美丽乡村示范村,2019年底建立不少于1000个美丽乡村示范村,并且还要建立一大批乡村旅游特色民宿示范村和美丽乡村休闲旅游度假景区。

  实施这个项目的首要任务就是对乡村环境卫生问题进行整改,这项工作主要包括洁净家园专门整改、清洁田园专项整治、清洁水源专项整治。在清洁家园专门整治过程中,要全方位清除乡村陈年生活废弃物、健全乡村保洁机制,要探索区域共享合作模式、提高各级垃圾处理能力,促使乡村垃圾处理就地减量和分级处置。在清洁田园专项整治过程中,要着重清除田园内及其周边农事产生的废弃物,同时还要普及乡村的生产绿色化,以避免农业生产造成环境破坏。要依据谁污染环境谁负责、谁污染谁治理落实责任。在清洁水源专项整治中,要全方位重点排查饮用水保护区以及附近产业生活、畜禽污染源,要依法取缔、清除有环境污染危害的各种排污口和污染源,并做好对河流水域的清淤整改工作。

  第一,则是要改善村庄的生态人居品质。内容主要包括:加强村庄规划编制和实施;加强对村庄危楼拆迁改建;健全村庄无害化及卫生公厕建设;健全村庄基础设施及配套设施建设;健全乡村绿化、美化、亮化、海绵化改造;加强公共服务设施建设。在做好美村镇计划制定与执行过程中,要以政府多规合一的工作成果和全国各地美好新农村建设专项规划为基础,积极倾听农民建议,并于政府批准之前通过村民大会或村民代表会,经过民主探讨形成统一意见,及时在村里公布;要支持农民选择并量身制作富有海南旅游业地方特征、民族特色和时代风貌的农民住宅建设实施方案,并引导使用传统建设样式,引导建立独特村寨景观。在加大农村危房改造的力度上,要充分发挥乡村危房改造的示范带头作用,积极推进农村房屋报建管理和建筑风貌管控,努力打造环境清洁农房,形成绿色生态乡村。

加强乡村无害化卫生公厕建设中提出,要将已新建、改造好的乡村住房配套修建三级化粪池的卫生公厕。到2019年,完成了海南省内85%以上农民新建和改厕,基本实现了家庭无害化的卫生公厕建设目标。在加强基础设施配套完善中提出,要完善村庄路线和交通方式畅通。公共停车场、安全饮水、电源、通讯、邮政等重要基础设施建设方面,要积极开展农村低碳环保型社会建设项目,并引导农民使用沼气发电、光伏太阳能、风电等清洁能源。在做好乡村绿化、美育、量化、海绵化的改造工作中提到要搞好乡村园林绿化工作,要更多运用本地植被,并运用本土植被形成多元化、有错落感的园林绿化空间;要将农村景观升级,达到白天看绿化、晚上看亮化、晴空看美化、下雨看净化、建筑看文化、村庄景区化的五化标准。要建设海绵村庄,在乡村广场、路面施工时添加透水性建筑材料,以维持天然水体,降低硬化率。强化农村公共服务设施建设,要重点做好农村两委的生活娱乐休闲生活空间建设,以及便民服务所、农业农事咨询和培训服务中心、农村文化体育中心、卫生健康综合服务中心、综治协调服务中心、农村购物娱乐中心建设。在有条件的农村区域内要建设小学、社区综合服务工作站、农村金融网点等场所。要建立服务和治理为一体的新型农村社会综合体,推动光纤宽带上网向乡村地区拓展,促进农村互联网的全网络覆盖。

第二,则是要推动农村经济产业发展。主要包括:积极发展城乡生态农业经济;大力推动乡村自然景观和农村体验观光旅游;全力构建农村特色的农家民宿酒店产业。在全力发展新农村洪湖生态农业方面,要加强发展现代农业,积极推行种养融合等新型农作机制,积极发展热带地区的高效农场。要着重培育具备海南特点的名、特、优、新商品和服务,扎实落实一村一品的绿色农业建设。要积极引进国际电子商务龙头企业,共同建设海南地区独具特色的国际电子商务平台。加快推动乡村土地流转,鼓励耕地成片集中经营,以扩大农业经济规模效益。要将农户经营专业化,培育乡村农业科技创业致富带头人。在发展农村生态旅游过程中提出,要加强对休闲农业技术设施建设力度,进一步发掘农村旅游中的人文内容,要把将农业特色产业融入乡村建设,首先是要开展具有农村特色美丽的旅游服务基地建设,要将农村建设当成一种历史小品来建造,以达到一村一品、一村一景、一村一韵的农村旅游景象。在培育农村特色住宿业时指出,应借助海南的特色景观、自然环境和人文内涵,以产业发展为引导,优先向都市近郊、景点周边、历史人文遗存等地拓展,以文明自然、优美宜居、特色景观、传统乡村文化为主体,努力打造安全、人本、精致的农村特色住宿。

第三,则是政府要着力发展农村的特色文化产业。主要包括:培育特色文化乡村;开展文明素质教育。在培育中国特色文明村落中,要全面发掘保留好古村落、古民居、建筑等农村物质社会历史文化,要保留好农村的民俗文化、传统文化景观、历史典故传奇、祖训家规、中国传统文化沿革等农村非物质社会历史文化产物。要健全中国历史文明民村、中国传统村落和民族村寨的名录。编制并实施中国传统文化村庄建筑保护计划,做好中国传统文化村庄建筑措施。传统村镇建筑规划中要反映农村传统建筑特点。在开展思想文化教育项目中,提到应深入开展宣传社会主义核心价值观和乡村生态文明建设的教育活动。要增强村民素质,增强对环境卫生问题的管理意识,要利用传统农村文化教育资源,利用传统村级文化教育场地,开展形式丰富的农村生态文明文化常识传播教育和农业技术学习等活动。

最后,在积极推动中国美好农村旅游发展示范区的建设过程中提出,要充分开发利用自然生态、环岛滨海、中部山区、地方人文、历史文化等资源,积极带动农村旅游发展。在各地形成一圈(美丽乡村环岛旅游圈)、三纵(G223、G224、G225高速公路沿线)、三横(沿文昌－定安－澄迈－临高线;沿万宁－琼中－儋州－洋浦线;沿陵水－保亭－五指山－乐东－东方线)、多带(美丽乡村旅游带)和沿三江三河(南渡江、昌化江、澜昌江、万泉河、太阳河、南圣河)的美丽乡村旅游格局。

6.4.2 百镇千村在发展过程中的问题

海南省人民政府发布的政协提案中,针对百镇千村发展提出了六大问题,并给出了建议,以助力推进将百镇千村发展战略落到实处。

这些问题也表明了百镇千村存在着各级政府部门不重视的现象,导致百镇千村在发展中遇到了各类问题。第一,部分农村地区目前尚不能实现美丽乡村发展规划,有些地区对于百镇千村的概念仍不了解与不认识,导致百镇千村没有投入实施。第二,在新农村建设中,还面临着投入主体单一的问题,在乡镇主体上也缺乏新成立的政府投入体制。现在发展以政府投入为引导,企业也有热情参与,但是由于政策落地困难等因素,又打击了其积极性,过度依赖政府,容易使市场边缘化,影响美丽乡村建设。第三,土地存在过低流转的隐患。土地不管以什么方式流转都会带来农民失去土地的隐患,因为就算是以租赁形式流转,农民也会出现没有土地使用的时间段。在这个时间段内,如果村民又没有工作,那么这与发展战略背道而驰;如果企业也没有土地,那么参与建设美丽乡村的积极性也会有所降低,这是一个重要的问题。第四,百镇千村建设没有与全域旅游实现有机融合,全域旅游可以概括地解释为将海南省作为一个大型景区进行打造。但是打造全域旅游需要旅游有关元素配套齐全,以全面达到游客满意度的综合性旅游目的地,但是百镇千村建设过程中宣传力度不够、社会认可度低等,也都是阻碍发展的因素。第五,百镇千村发展对本地文化挖掘力度不够,文旅整合力度弱。第六,乡村社会治理能力尚需要深化提升,目前农村的普法覆盖率还不足,在很多地区农民还面临着信访不信法、按闹分配等的错误认识,很容易加剧社会问题。

综上所述,百镇千村发展还面临着许多与全国其他美丽乡村建设一样的困难,同时还面临着自身发展过程中存在的特殊问题。因此,在百镇千村发展中还需要高位协调,将政策落到实处,深度了解各村独特文化,加强村镇领导治理能力。这样才能实现百镇千村全域旅游美丽画面。

6.4.3 案例

1. 案例1——博鳌镇

博鳌亚洲论坛是亚洲论坛的永久性会址,也是国际精英荟萃、国际政商高层探讨世界发展的主要平台,正是这个平台让小镇拥有了国际范,也是国际上展现中华风貌的重要名片和平台。博鳌镇如今发展"产业+旅游"的新兴产业,让小镇特色层层叠加,成为中外游客理想旅游目的地,使得小镇发展更为全面。博鳌镇的成功,不仅仅是因为论坛为其带来了巨大名声,还因为其他很多因素,使得这里成为旅游爱好者的选择。

博鳌镇的天然条件也是它作为博鳌亚洲论坛选址的一项主要因素,博鳌镇隶属海南省琼海市,地处琼海市东海滨,万泉江入海口。东至大南海、南与万宁市相连,西与琼海市朝阳镇、大甬镇相接,北与潭门镇毗邻。博鳌镇集合江、河、湖、海洋、丘陵、海岛多类地理环境,综合椰林、海滩、奇形怪石、涌泉、农园在内的多重天然精粹。其中,既有当今全球天然保存至为完整的出海口,又具有获得吉尼斯世界纪录的玉带滩等自然奇景,因此博鳌镇本身就具有适合旅游产业发展的特质。

博鳌镇在2017年就入选为全国第二批特色小镇,因是博鳌亚洲论坛的永久选址,博鳌镇拥有了非其他地方能比拟的政治文化属性,也因此一直受到国内外众多游客的关注。博鳌镇紧紧抓住了这个机会,大力发展推进农村建设,改善卫生条件,保护生态资源,不断优化环境资源,改善基础配套设施建设,在特色小镇建设进程中,发展迅速。

博鳌镇的特点是将鲜明的主题、标志性建筑与旅游的休闲性相结合,让许多海内外游客不约而同地被亚洲论坛会址所吸引。因为论坛每年都要召开,因此博鳌镇周边建立了琼海博鳌机场,修建了直通博鳌镇的高速公路,交通的便利带来了许多的人流量。又因博鳌镇本身自然资源丰富,景观优美,加之博鳌镇举办的博鳌国际美食节,周边设立了许多因接待外宾和国家领导人的五星级酒店,旅游吸引力可谓是相当之高,因此打造出了"西有达沃斯,东有博鳌镇"的名誉,如今成为令人流连忘返的特色小镇。

2. 案例2——施茶村

施茶村,地处海南省海口市秀英区石山镇北部,北与海秀镇接壤,西面与永兴镇接壤,距镇政府驻地——石山墟约3千米。施茶村是国家级文明生态村和全国五星级美丽乡村,位于国家地质公园所在的琼北地区最高的火山口脚下。受到火山口地形的原因,全村到处都是火山岩,其突出特点就是土层薄、不存水,导致当地农民祖祖辈辈都望着岩石而发愁,之前也种植过蘑菇、蜜茱萸等经济作物,但效果均不理想。施茶村地多人少,又因土地中富硒含量较高,普通农作物在此都无法进行耕种。

2015年,在村党委的引导下,施茶村摸索并进一步发展出了一个以发展石斛产业为主的"公司+联合社+农民"的经济发展道路,通过这个产业促进了200多名村民就业。在年底,15万斤的新鲜石斛期货,也在网上拍卖出了6000多万元的价值。施茶村还利用网络的渠道,乘势推出了石山壅羊、石山黑豆等特色农业商品,拿到了农业部(现农业农村部)和国家市场监督管理总局的地理标志证。

施茶村因为地处火山地貌地区,过去发展一直受阻,但如今这个困境却被旅游发展打破。根据独特的天然条件,施茶村发展以火山作用为主体的生态旅游观光,已形成了"美社有个房"等8家民宿、12家特色饭店、5家火山根雕企业等,开发田园变公园、农家变酒店、农活变成体验的游览环节。施茶村又通过深入发掘本土民俗文化,大力发展中国传统八音艺术、美设乡贤传统文化、火山爆发居民文化等,组织农村民俗传统展示活动,成功开建了中国传统家风训施茶馆,把民族民俗文明与家乡文化血脉的继承发扬光大,让其文化价值变成抓住旅游者需求的要素。施茶村后又对周边村貌实施了整改,把8个天然村落全面建设成绿色化天然村,将慎砍树、禁挖山、少拆房作为目标,积极保护古屋、古庙,大力维护原有生态环境。施茶村在2017年还成功构建了海南省第一个农村绿色环保化全自动污水处理站,全面将乡村环境从脏、乱、差转型成洁、净、美,形成了当地卫生环境的大转换。

施茶村可以说是令过去发展受限因素摇身一变成为乡村发展积极因素,真正贯彻落实了"绿水青山就是金山银山"的思想,将火山地理不利因素转变成为如今的美丽经济。

2017年,施茶村的农民年人均可支配收入已超过1.45亿元。施茶村于2018年被授予中国幸福村,2019年入选中国乡村民主治理示范村名录,2020年8月入选第二批中国国家农村旅游发展重点村名录,2020年9月,被农业农村部办公室授予2020年全国最优美休闲村庄,获得一系列荣誉。

6.5 国内美丽乡村和特色小镇案例比较分析

6.5.1 美丽乡村案例与特色小镇案例

1. 美丽乡村案例

1)美丽乡村案例1——莫干山

莫干山镇,地处中国浙江湖州市德清县的最西面,周边有我国著名风景区——莫干山。由于莫干山本属历史名山,自然环境良好,有着发展中国传统旅游观光的资源优势,因此辖区内物产和自然景观均相当丰厚。但这里的旅游资源未得到全面挖掘和进一步发展,乡村也没有特色突出的可提供游览景区。

莫干山镇后来开始进行小镇周边环境综合治理工作,把小镇环境与政治提升和产业发展相结合,积极引进新兴产业,给小镇环境带来了全新的活力。莫干山镇过去主要是以山居的休闲度假为主,随后又增加了名人的文化体验、户外生态活动等精品化休闲旅游项目。

莫干山是越洋家乐的重要发祥地,同时也是一个国际高级民宿管理人才的培养教育基地。坚持以民俗产业为主要发展方向,强化洋家乐品牌效应,以裸心养生为特色,构建了中西融合、可持续发展理念。现莫干山镇的民宿模式已经发展为全国典范样板,成为新农村建设探索的成功案例,是构建美丽中国的优秀样板。

由于莫干山民宿与设计行业的发展成熟以及优越的自然环境,莫干山还引入了不少高端项目,如Discovery、郡安里等,而这些项目也都促进了当地的文化创新、养身休憩、健身娱乐等行业的成长和成熟,而这些充满生机的项目在地方政府指导下,最终引导落后行业向文化文创、旅游商品生产等方面转变。而且,种种成效还促进了本地传统农业向休闲工业的转变升级。莫干山本地的旅游业支撑了当地的就业。

莫干山又由于确定的产业发展目标定位和良好的旅游发展氛围,吸引了更多旅游相关项目和企业进入,相关项目的投资金额还在继续上升。通过当地政府的引导,越来越多的人才也向着莫干山镇聚集。在公共服务领域,当地政府也在逐步完善,不但出台了民宿管理政策,还制定了首个住宿地方规范等,同时在为企业抓好的服务保护方面,也出台了退二进三的产业调整措施。

2)美丽乡村案例2——吉安县

吉安县的美丽乡村投入体制主要是由政府在初期作为主导、民众自愿参加和社会多方支持下形成的共建共享机制。吉安县政府设立了美丽乡村的专项财政,在乡镇经费支持上扩大对新农村建设的投入,通过村一级的集体经济和农民收入增加带动农民支持建设的主动性,将村民放到乡村建设的主体地位,尊重村民的主体地位、智慧和主创性,借由社会支持来吸引更多社会力量参与到美丽乡村建设中。

吉安县按照美丽乡村建设规划,融合自主申请与指示相辅相成的形式,合理依照地方产业、人文民俗特色、村容村貌来因地制宜地制定和落实方案,主要建设目标是避免"千村一面"、一味全盘照搬。

吉安在农村生态环境治理过程中,主要以公路路面建设、住房维修、基础设施服务等为任务重心,在以乡镇为单位的领导下全方位实施环保政策,并设置布局优化、路面硬化、村庄绿化、路灯亮化、卫生洁化、河塘净化、环境美化、管理强化的"八化"规范。

乡村在部署上以全局整体战略为主要战略指导精神,以全线景观贯通整个美丽村庄,以呈现吉安全局规划的全面化成效。落实到具体的乡村,主要以融入当地自然景色为目的,防止大拆大建,在建筑原有基础上做好修缮工作,保留原有建筑特色的同时,强调人与自然的和谐景象。

吉安发展区还实施了因地制宜、依势指导发展的政策战略,按照各乡镇地理位置、产业区别将全县行政区划分成产业特色村、休闲产业村、新城镇化建设村、高效农业村和综合发展村,在各乡镇自身的特点基础上将乡镇特点最大化体现,并突出一村一品、一村一景的现代村庄独特之美。

吉安的成功发展离不开将第一、第二、第三产业实施联动机制。通过将第一、第二、第三产业进行整合,促进了当地农业特色产业建设,创造了农户多样化就业模式,扩大了农户增收途径,进而实现了农业的可持续发展。吉安通过自身的生态资源与文化资源,将白茶产业、竹子产业与乡村旅游结合,形成了一批美丽产业,有效地将农业资源变为农业资本。

2. 特色小镇案例

1)特色小镇案例1——乌镇

乌镇隶属于中国浙江嘉兴桐乡市,是浙江省的主要旅游特色小镇,更是江南六大名镇之首。乌镇位于东部地区长江三角洲宝地,杭嘉湖冲积平原腹地,地理距离杭州、江苏都仅60千米左右,离上海市100千米左右,位于京杭大运河西侧,距离码头很近。因此,由于其良好的地理市场定位给小镇带来了先天的旅游资源优势,也使得其发展定位为"旅游＋产业"模式。在2018年全国特色小镇年度品牌影响力中位列第一。乌镇同时是中国国内盈利潜力较大、发展水平较高的旅游文化特色乡镇。至2020年,乌镇区域生产总值累计达到71.67亿元,按可比价格成本核计,较2019年下降了3.3%。

乌镇是以旅游业和互联网行业为特征的特色小镇,是将传统旅游观光、会议展览服务等相关行业与智能化方向融合而形成的富有传统水乡特点和与高新技术产业结合的互联网小城镇。乌镇将网络产业分为南北二区,涵盖东西两个部分的大乌镇。其中,南区将是中国网络信息产业的核心发展地,而北区则将侧重智慧旅游、智能医疗等行业。

乌镇之所以获得成功,是因为始终遵从2016年乌镇创新的管理原则,即政府主导、多方参与、市场运作有条不紊地进行。优惠的政策扶持是推动乌镇经济水平顺利快速上升的有力保障,从乌镇政府、浙江省人民政府、住建部到国家发改委,都出台了有关乌镇旅游特色小镇构建的标准文件,为乌镇特色产业发展起到了保驾护航的作用。在产业辐射作用上,由于乌镇位于江、浙、沪"金三角"地带,经济合作渠道和机会较广,因此信息交流通畅,平均教育水平相对较高,文化消费市场潜力大。2020年,乌镇全年工业生产总额达到71.67亿元,第一产业增长值2.91亿元,第二产业增幅为27.88亿元,第三产业增长值达到40.88亿元。在生态资源上,因为地处京杭大运河西侧,历史上商贾云集、文风兴旺,自1000多年以前的古代中国最早诗文总集《昭明文选》编选梁昭明太子到近代文学巨匠茅盾等,都使得乌镇充满了文化氛围。乌镇现在还把原来的晚清和民国时期竖向古城风貌格局保留了下来,俨然成了一个独具特色的东方古老文明的活化石。在资源条件上,乌镇重点投资互联网及高新科技资本密集型产业,经济要形成良性循环就必须有大额的投资稳定引进,因此在乌镇,中青旅控股股份有限公司和桐乡市乌镇古镇旅游投资有限公司注资,为景区项目投入了约500亿元。此外,乌镇还通过一年一度组织的直通乌镇互联网大赛等项目活动搭创造募资渠道。乌镇政府在桐乡市"人才新政27条"和17项人才举措的基础上,又补充出台了"人才强镇十五条",内容包括高层次人才培养引育、人才网络平台共建、金融政策支持、人才住宅保护等相关工作方面,并给予了最高1亿元的补助。在服务网络平台领域工作方面,乌镇有浙江省首批院士之家,并住建院士智能谷、直通乌镇总部大厦、省级互联网创新服务综合体,产业平台有电科物联网平台、腾讯文创众创空间、百度大脑AI创新中心等为核心的创新集群平台,为引才留才夯实基石。由此可以发现,乌镇优化了人才相关配套服务设施容量,打造了许多科创园区,因此吸引了一大批人才加入。由于乌镇距离各大高校路程较短,各大高校成为乌镇人才的储备基地,加上各项政策扶持,为乌镇引入人才,升级技术和产品研发,为促进乌镇社会综合水平提升提供了可靠的驱动和保障。

2)特色小镇案例 2——横店

横店地处浙江金华东阳市南面,是一个无奇特山水、无资本资源的一片土地。如今,横店已经发展成为国家可持续发展实验区、影视产业实验区等,已连续获得我国健康镇、省级文明镇、首届我国文化特色乡镇等 20 多项殊荣称谓,2010 年被划为首个中国浙江省小城市建设教育试验镇,有我国瓷都、我国好莱坞之美。域内有我国 5A 级景点横店电影城,建有 14 个主要景点和电影摄制培训基地。2018 年 5 月,横店入围最美特色农村小乡镇五十强。2018 年 10 月,横店入围 2018 年度全省整体综合能力千强镇前 100 名。2018 年再次被评为我国健康县城(乡镇)。2019 年,被授予 2019 年全省综述经济能力千强镇。横店的发展过程是一个从无到有、从有到优的过程,发生了从之前的纯工业产业到如今涵盖的高新产业、影视产业、服务业、旅游业的转变。横店通过影视名城、休闲小镇的双目标,实现第二、第三产业相辅相成,强化自身软实力,从而推动产业进一步优化发展。

横店的特色主要是它以影视产业相关配套服务为基础成长起来且具备行业培训和娱乐游览功能的小镇。横店模式的特色小镇体现了产业优、配套全和体质新的优势。横店在当地建设专业规模化影视拍摄基地,吸引著名影视企业入驻,用这种模式拉长产业链,加上政府配套服务能力强,为企业提供良好的政策,使得影视特色模式形成良好发展态势。自 1995—1997 年提供了为纪念和庆贺香港回归而拍的《鸦片战争》中的 19 世纪南粤香港都市街景起,横店影视城就有了以影视为特色而发展小镇的萌芽。在电影拍摄过程中,横店为剧组供给了充足的群众演员,以本地居民居多,且在宿食、服道、交通运输等方面都供应便捷高效的服务,带动了当地民众的就业。随着横店的品牌效应在行业内日渐形成,越来越多的影视企业也选择在横店建设基地,因每个剧的需求不同,根据不同定位的各拍摄基地也顺势而建。这些都让横店成为当今的"中国好莱坞"。

横店以影视为特色产业的模式还带动了旅游服务产业。早在 20 世纪 90 年代,横店也走过打造度假村、文化村等形式的发展路径,但由于本身生态资源有限,加上外部交通条件不足,早期的文化旅游产业起步颇为艰难。但因拍摄《鸦片战争》需要还原历史当时风貌,在横店打造的广州街成为撬动横店影视基地建设的着力点,随着大大小小的影视基地的建成,这些建筑也带来了影视旅游的发展机遇。这些基地除了提供给剧组供拍摄外,另外重要部分的收益还从旅游中获得。此外,横店还连续开展了中国农民旅游节、横店影视节、横店国际马拉松大赛等,不仅吸引了人流,同时还将横店推向了国际舞台。

横店在特色产业上发展虽然成功,但是横店的发展却没有止步于"影视业+"的发展模式。横店还推进了产业转型升级,在磁性材料、高科医药、电子电器工业产业发展等方面,不断提高科技创新程度,构建了高新技术产业集群。

横店的"影视业+"的模式让横店这个本一无所有的小镇成为如今综合实力不断增强、特色产业蓬勃发展、设施功能继续完善的中国特色小镇优秀模板。

6.5.2 美丽乡村与特色小镇的异同

美丽乡村和特色小镇,在中国乡村振兴的新时期大背景下,在各个发展地区和阶段中体现了不同特点,虽然它们都具有相似的发展背景与本质,也具有在建设方向上、在业态发展上的巨大差异,但它们的主要目标都是缩短城乡差距、均衡发展资源,将生产、生活、生态有机融合,打造出更适合人居、更适合产业的发展路径。所以,若将二者的异同厘清,则对于探讨因地制宜高质量农村发展,进而有效促进城乡统筹发展、推动地方农业产业水平提升、促进美丽乡村建设等全方位发展,具有重要现实意义。

1. 美丽乡村与特色小镇的差异

1)概念差异

美丽乡村是一项以民生工程为出发点的设计,目的是在建设美丽中国的大战略环境下,以乡村的文化与生态空间为平台,持续推进城乡一体化建设,让农民群众广泛参与,加强乡村的经济、政治、文化和生态建设。

特色小镇的概念则更侧重于以发挥独特产业为出发点,从而构建优秀产业集中区,利用具有人文内涵、经济和旅游功能的工业,促进片区开发。而特色小镇自身又要从城市中脱离出来,不能等同于工业园区和行政村划单元,是非镇非区的新经济发展平台。

2)产业定位

美丽乡村以打造成熟现代农业为主,以实现第一、第二、第三产业的融合发展作为经济建设支撑。其定位是现代化特色农业、乡村旅游业、生态工程业等。

特色小镇则以打造特色小镇为主,主要依附于高科技、高附加值、生态环保的特而强的新经济模式。其定位为发展旅游、时尚、金融、高端制造业、信息经济等新产业和茶叶、手工艺品、丝绸等传统文化产业。

3)建设主体

美丽乡村的主体是政府、企业及农民。在三者中,政府发挥引导作用,村民为建设主体,企业积极参与配合,在村干部等努力协调下从而建立起长效管理机制。

特色小镇是政府、资本、市场都充分参与的发展生态系统,主要还是由政府引导为先,企业建设主体并参与运营,让市场发挥其重要功能。

4) 发展目标

美好乡村的建设宗旨,是建成生产发展、生活富足、乡风文明、治理工作和谐、村貌清洁的经济发展乡村,以改善民生为目的。

特色乡镇的发展方向则是,要用新创新理念、新管理机制、新型发展载体,来进行发展产业集聚及产业升级,是以特色产业发展为主。

5) 发展要求

美丽乡村要求达到农村生产、生活、文化环境和谐一致的建设目标,要巩固村庄建成,要扶持现代化农业、改善乡村公共服务资源,从而促进城乡一体化建设。

特色小镇的标准要求规划总建筑面积在 3 平方千米范围内,建设面积必须在 1 平方千米以内,并且还规定了在 3 年间要实现的固定资产投入必须在 50 亿元以内。

2. 美丽乡村与特色小镇的共同点

美丽乡村和特色小镇的构建根本上是一致的,而且均为中国新城市在现代化建设时段中历史的规律使然,都是为了缩短乡镇之间发展距离,以便改善乡镇的生存水平。同时,所谓美丽乡村和特色小镇都是对传统产业的发展、提升、创新模式,都是为了建立可持续的生态环境和实现提高乡镇居住、旅游、生活发展水平的共同愿景。因此,它们两者都具有相同历史发展背景,同时还有着提高农民生活水平的美好愿望。

6.5.3　总结

不论是美丽乡村还是特色小镇,都是中国农村的发展过程,在各时代条件环境中形成的构建理念。当代农村建设的新契机,使得农村建设发展方向和目标得以明确。二者从生态文明和可持续发展的理念指导下,根据乡村自身资源建设机制和完善更新基础设施,为乡建工作的长久发展规划好了路径。美丽乡村与特色小镇虽有一定区别,但更要意识到二者的协同特性,在一起构建的过程中,要秉承技术创新、绿化、放开、共享、引领、统筹等基本原则,将农村区域资源优势最大化,将第一、第二、第三产业深入融合,把握住丰富农村发展人文底蕴,推动促进乡村振兴。

6.6 国外美丽乡村和特色小镇案例比较分析

6.6.1 国外美丽乡村与特色小镇案例

1. 国外美丽乡村案例

1) 案例1——日本越后妻有

20世纪70年代末,由于日本经济一路低迷,为拯救经济面临崩溃的情形,日本启动了造村运动,该运动的目的是要发展农村经济、缩小城乡差距。但是由于当时石油危机对全球的影响,日本政府已经没有余力投入资源实现当时的造村运动,因此这场运动变成了一项内生性与自发性的、自下而上的民间自主性乡村改良与建设运动,而政府的作用也只能是在政策上和技术上提供帮助。后期又发展了一村一品活动,重点是挖掘农村区域特点,经济建设因地制宜,以政策支持农村发展、建立金融体系等。实践证明,造村运动的一村一品模式在缩小城乡差距方面取得了重大进步,因此而被多国效仿。

越后妻有坐落在日本东北部的新潟县南部,也是日本史前绳纹文化的发祥地,以及日本原生文明的源起地。越后妻有是一个盆地,信浓川河东西横贯中部,东西侧为丘陵地形,南边是高大绵延的山脉,海拔最高达到2145.3米,冬季多大雪。虽然气候条件恶劣,但越后妻有从1500年前就开始种植水稻并一直延续至今,成为日本主要的稻米产区。传统产业与独特的地域,造就了越后妻有独特的文化。

1994年,越后妻有当地政府、社会组织、私人团体等以地方资源再发现、花道和舞台构筑为主题,经过10年的建设,将越后妻有6个市、町、村相互联系,发扬优势,巧妙转换劣势,合作共显当地特色与吸引力。在21世纪,当地又以"大地艺术祭"来提升地域价值。2000年以后,"大地艺术祭"开始了以当地文明为中心而邀约艺术家来进行创作的过程,参与活动的艺术家们都会和当地居民先深入沟通,了解当地文化,开始对这块土地进行建设开发,最大限度地开发利用资源、用艺术表现唤醒当地活力。"大地艺术祭"以盖房屋、废校和建设新建筑物为主题,将当地文化、历史记忆涵盖其中,让观光者感到耳目一新。

"大地艺术祭"之所以能够带动当地发展,还有赖于其可持续的组织和运行机制。开始两届的活动资金是由政府承担,后期则是由民间文化振兴艺术团和社会艺术基金、企业等承担，且在多年摸索过程中，"大地艺术祭"的运转模式也趋于成熟，主要运营由执行委员会和事务局承担。在队伍基础上，主要以北川富朗为专业团队的基础，并邀请全球知名策展人协助规划，而各项运作与资金支持均由行政委员会统筹，政府、民间机构也给予政策与资金上的支持。

在北川富朗的艺术规划与影响力之下，首届的"大地艺术祭"已经邀请到全球32个国家的画家来越后妻有进行绘画创作。创作强调和大自然的交流和互动，并将当代艺术融于大自然，很多画家到现场后都把这片土地变成了当代艺术创新理念与新思路的试验场。现在"大地艺术祭"的品牌效应，使越后妻有当地独特的产业形成系统生产链，越后妻有产品在自己的营销网络中也逐步形成了自己的品牌优势。

十几年的积累将越后妻有这块土地变为可持续发展的新文化、新生态、新经济、新信心、新希望，使得越来越多人将越后妻有这片土地视为自己的新故乡、新乡土，使得越后妻有成为一个非都市之本、去主流中心艺术的美丽乡村模板。

2) 案例2——荷兰羊角村

荷兰一直是历史上的农业强国，不仅表现在其农产品出口上，而且表现在荷兰的农村旅游上。20世纪以来，荷兰政府在农村地区发展上规划了两个主要发展方案：一是农村土地整理；二是农村土地开拓。土地整理，是指通过利用交换的农户之间耕地面积、减少碎片化农田、建设道路、优化利用土壤与水资源，以提供更良好的农村产出条件，提高农村产出效益，是一项结构性的农村经济优化举措。而土地开发则除注重农业产出功用，还强调了自然环境保护、风景发展、户外玩乐等功用，是一项综合性的农村经济发展手法。

荷兰的《土地整理法》(第三版)，明确指出了要保留出5%的土地作为除了农业生产以外其他开发途径，如改善城市景观、乡村整治、自然环境保护、休闲体育等项目。这条法令使得荷兰羊角村获得了很好的开发政治和法律前提。

随着荷兰农地整理的不断完善，荷兰农村由原来的农村景观规划也逐渐转为开展集约化农业经营，把农村游憩、自然资源保护、传统文化保存等制度科学化、平衡化。在2005年，荷兰政府明确公布了20个特定风景区域，而这些地区将完好地保留荷兰各个乡村地区的风景特色。

荷兰的羊角村就是一个很典型的例子。羊角镇在荷兰西北方Overijssel省，在De Wieden自然保护范围内。冰川时代的De Wieden由于恰好处在两片冰渍区域中间，地势与周围地区相比较低矮，因此羊角镇又有"绿色威尼斯"之称(亦为"荷兰威尼斯")。这个地方也成为中国游客所青睐的国际旅游打卡旅游地之一。

1969年，羊角村启动了相关筹建事项。1974年，当地又成立了土地法委员会，并根据当地特色政策编制了土地发展计划。羊角村土地发展规划考虑了农业生产、自然景观环境维护、游览观光娱乐等几个层面,由于策划方法和依据运用合理,使之成为荷兰农村地区规划的典型个案,并帮助其顺利转化为荷兰知名旅游胜地,在征得了61%的村民和农业用地所有人意见后,该计划在1979年投入实施。该计划涉及大约5000公顷的农田,其中约2600公顷集中作为农业生产用地,另外2400公顷则作为自然防护用地。自然保留用地中,900公顷为农户用地,250公顷则作为开放水面。一些特定河道可作为游览休闲,其余河道则对游客关闭,以维持本地的自然生态。计划中的首要安排就是为了解决提高农村地方基础设施建设,当地政府把道路路面拓宽,使农村交通条件得以优化;计划还提出建设抽水站,以减少农村区域的地下水位,改善农田产出效益;计划还改变了农业耕种布局,让农民更贴近自己的农田,以便于农民开展工作;若农民耕地在生态保护区,则当地政府还可利用补偿形式对农户在农业生产中受到限制的地方增发土地补偿费。旅游休闲区内的河流被严格控制在几个主要河道和邻近村庄的两个主要湖泊区域内,使这里的农业开发不受影响。有效地将土地开发利用与种植业、自然环境保护、观光娱乐等用地严格分开管理,实现了土地上的分区化和农业生产上的专业化。科学规划和其优越的先天生态资源,使这里每年有大量从各国不同地区到此的旅客,产生的收益也提高了当地农民收入和生活水平。

2. 国外特色小镇案例

1) 案例1——美国好时(Hershey)小镇

好时牌巧克力以及巧克力糖果如今已经成为家喻户晓的巧克力品牌,而好时品牌的发展离不开好时小镇100多年的发展与建设。好时小镇坐落于美国宾夕法尼亚州哈里斯堡市东市郊,为好时品牌的企业所在地。好时小镇定在这个位置,不仅因为这里是好时品牌创办人米尔顿·好时(Milton Hershey)的出生地,同时也是因为好时小镇的地理位置符合当时糖果产业的发展需要。因为当时糖果产业的利润率相对较低,所以将薄利多销作为糖果营销的主要手法,而好时小镇的地理区域既位于加利福尼亚州东西沿岸的重要交通枢纽,又是东海岸通往美国中西部各地的关键区域,所以这里一直以来便是商品批发商和零售业中心。并且城市周边也是牧场,可以为好时糖和巧克力制造供应优质奶源和完善的制造环境。

好时小镇自建立第一家好时巧克力厂以来,就逐渐形成了全美盛名的以巧克力生产为主体的小城镇。镇中心是3个现代化的巧克力厂房,随后又配备了百货公司、学院、教堂、俱乐部、酒店、餐厅等在社会上应有的相关服务设备。除此之外,还建设了演示作坊、巧克力博物馆、儿童游乐场等观光娱乐设施,从而形成了以特色产业为中心、配套设施及服务的现代好时小镇。

好时小镇的成功离不开本地人才的返乡创业。米尔顿·好时当时为了在好时小镇创立巧克力工厂,将原有的糖果品牌出售,返乡发展,这印证了中国古代"衣锦还乡"这句古话。在产业和企业壮大后,好时以企业集团模式带动了小镇经济与发展,且提供了良好的社区服务。

好时小镇的成功是因为其交通资源与牧场资源转换为以巧克力作为主要发展产业,形成产业资源,与有家乡情怀的企业家耦合的结果,因此好时特色小镇的发展具有非普遍适用性与非复制性。

2)案例2——瑞士达沃斯小镇

达沃斯小镇位于瑞士东南方的格里松斯地区,是阿尔卑斯山山脉系中最大的小城,海拔约有1529米。达沃斯小镇的历史沿革,大致由3个阶段构成:第一阶段是在19世纪初期,因为空气清新而闻名于世。当时,由于肺结核不能彻底治愈,一个日耳曼医师找到了达沃斯。因这里地势较高,且四周有山地围绕,空气清新,对肺结核康复有极大帮助,于是小镇就成为各种肺结核患者的理想疗养地。因此,小镇里的医疗机构随处可见,而如今的不少酒店大都也是由当时的医疗中心改造而成的,也正因为有此段历程,每年仍有不少的国际医疗会议在当地举行。而第二阶段也是在20世纪初期,由于天气关系,这里成了体育与休闲的运动胜地,达沃斯也为此建立了不少的体育设施,也因此经历了由贫穷落后到小农经济再到现代市场经济的转变过程。也因为小镇丰富的自然资源,达沃斯论坛创办人克劳斯·施瓦布才决定要在小镇举办这种大型的国际会议,这也逐渐成为达沃斯小镇的特色文化。第三阶段发展在20世纪后期,由于达沃斯论坛的开创,达沃斯承办了许多会议,许多大型国际会务也常态化在此地举行,闻名的会务有世界经济论坛(WEF)。

达沃斯小镇的成就取决于"一动一静":"一动"是指达沃斯小镇在建设进程中,有着世界第一条雪橇道、第一个高尔夫球场等运动因素,现已经成为达沃斯的文化物质遗产;"一静"则是指达沃斯论坛、世界经济论坛等文化资源嵌入小镇。小镇的这两种活动又带动了当地旅游发展,因此达沃斯小镇也一直是特色小镇学习的模板。

达沃斯的成功源于其自然地理优势,由于独特的气候条件和便捷的交通设施,达沃斯一开始便成为医疗疗养与休闲旅游胜地,并且构建了完善独特的产业链,为历史沉淀与人流聚集提供了条件。又由于产业链的形成,达沃斯培训出了大量相关专业人才,并在小镇发展提升水平的条件下吸纳了各种喜欢旅行、健身的消费群体汇聚到此,从而进一步发展出了会展服务、观光接待等配套行业,让全社会的文化氛围进一步汇聚到了这里,也就把小城镇发展推向了另一平台,让小城镇的包容性进一步扩大,从而真正实现了文化产业的交融共生,而这一点也就切实反映了对特色文化产业的吸引力和聚合力。达沃斯特色小镇的文化在与各类会议的融合中又吸取借鉴了很多先进观点和思想,因此又推进了小镇的可持续发展路径规划。总之,从达沃斯特色小镇的发展路径来看,特色小镇发展离不开持续的动力,通过生态资源的硬性条件与文化的软性条件支撑发展小镇建设,从而形成了全球性辐射影响,也为小镇建设创造了持续发展的不竭动力。

6.6.2 国外美丽乡村与特色小镇的异同

鉴于以上4个案例的分析,可以看出国外的美丽乡村与特色小镇建设中的一些异同。

从国外美丽乡村建设中可以看出,首先,利用小镇自身拥有的环境改变乡村基础设施与优化乡村环境是打造美丽乡村的关键环节,在改善环境过程中除了要坚持可持续的规划,更要在环境上做好优化;其次,美丽乡村建设离不开经济基础,如上文中提到日本的越后妻有与荷兰的羊角村都得到了地方、社会资本或个人的支持,这为后续发展做好了铺垫;再次,国外美丽乡村建设都离不开政策的引导和政府的支持,不论是自下而上还是自上而下,都以各地自身情况作为发展依据;最后,人才储备和人才引进,培养专业人才,加强农民素质培养都成为美丽乡村发展的重要一环。

国外特色小镇的建设则依赖于主要经济支柱产业所形成的规模和辐射带动影响。美国好时小镇以自身交通枢纽的便利与牧场资源和企业家对家乡的情怀,建设了以巧克力工厂为核心的产业链,推动了小镇各项设施的建设;达沃斯小镇也是因为其地理因素带动了一个又一个的产业,且这些产业环环相扣,对小镇发展和影响力形成指数型增长。这些经验都论证了产业在当地实现对原有产业的再升级、再塑造的可能性,同时这些经验还不断地在各国的发展中作为参考与借鉴。

国外美丽乡村与特色小镇的发展都离不开因地制宜、利用生态、群贤毕集等因素。国外美丽乡村与特色小镇也都是从传统产业中再升级创造的历史进程中获取成功,然后在现代社会的大背景下与可持续发展相结合,创造出一幅农民有收入、生态变资产、影响力巨大的美好图景的。

6.6.3 总结

由上可知,国外美丽乡村与特色小镇因历史原因等,在发展进程中都遇到了与我国相似的城乡二元发展问题。根据国外乡村建设的案例经验可以看出,改善农村基础设施与保护生态环境是乡村发展的基本要素。在乡村建设进程中,要将当地自身条件与可实行规划相融合,政府不仅要做好政府配套服务,还要为各自村庄发展做好定位与引导,制定好明确的发展目标,将社会资本与社会各阶级力量团结在一起,发挥出乡村建设最大潜力。同时,还要做到"授之以鱼,不如授之以渔",抓住乡村发展之根本,培养农民的专业性,以增强乡村自身的造血能力。

第7章 全球志愿旅游典型案例研究概况

志愿旅游作为一种新型旅游活动,已经在全球范围内快速发展,截至2016年的调查数据显示,全球每年参与志愿旅游的人数达1600万,志愿旅游已成为许多国家的重要旅游活动类型。世界各国和地区的志愿旅游组织、机构都在努力挖掘并打造具有本地特色、融合公共服务需要、具有深度内涵的志愿旅游线路。随着我国旅游业的持续健康发展,行业之间的不断融合发展,志愿旅游这样新型的旅游形式也得到了政府及人民群众的高度重视,参与志愿旅游的人数也越来越多,不同类型的志愿旅游也快速地涌入旅游市场。本章将以全球志愿旅游典型案例为依据,对全球不同地域、不同类型、不同特点的志愿旅游进行介绍,每一个案例都是该大洲、该国家的典型案例,均围绕志愿旅游概况、特点、发展等元素展开,以为中国志愿旅游的发展及规划提出相关参考性建议。

7.1 亚洲志愿旅游典型案例

亚洲幅员辽阔,人口众多,不同的地区有各不相同的历史、文化、宗教信仰,科教文卫、经济发展水平也不尽相同。西亚各国在社会环境上相对动荡混乱,旅游业发展程度远不及南亚、东南亚国家,故本节内容主要对南亚、东南亚典型志愿旅游案例做叙述分析,包括南亚国家尼泊尔与东南亚国家泰国,案例类型主要为义工教学、生态环保,主要探讨旅游志愿活动在当地的开展状况与对当地社区的影响。

7.1.1 尼泊尔志愿旅游发展现状

1.尼泊尔旅游资源概况

1)自然旅游资源概况

尼泊尔是南亚内陆山地国家,位于喜马拉雅山南麓,与中国接壤。其地势北高南低,丘陵山地占据大部分国土面积,海拔1000米以上的土地占总面积的近一半。南部是冲积平原,分布着草原与森林。全年气候分为干季(冬季)与雨季(夏季),由于地势海拔落差大,造就了自然物种多样性。尼泊尔地形上北部是高山群聚的喜马拉雅山山地、中部是相对低矮的山丘,南部是德赖低地。从雄伟的喜马拉雅山山脉到加德满都蜿蜒的街道,再到奇旺国家公园崎岖不平的野性风光,尼泊尔积聚了丰富的自然旅游资源。尼泊尔全境共有200余座高山,其中海拔超过8000米的高峰就多达8座。世界十大高山中有4座位于尼泊尔,加上与"世界屋脊"喜马拉雅山的交汇,尼泊尔又被称为"神秘山国"。尼泊尔中部小镇——有"东方小瑞士"之称的博卡拉是知名的旅游目的地,在这里既可以在徒步中观赏巍巍雪山,也可以在丛林中穿越探寻生物的多样,还可以在费瓦湖畔享受静谧安逸的时光,抑或是体验从山顶滑翔的刺激。

2)人文旅游资源概况

尼泊尔北邻中国,东、西、南三面与印度接壤,坐落于南亚、东亚两大文明之间,是一个多民族、多语言、多宗教的多元融合发展的国家。尼泊尔共有10个不同的民族,每个民族都拥有自己的语言,方言更是多达百种,各民族不同的文化习俗极大地丰富了尼泊尔多彩文化的内涵。尼泊尔人对于宗教持开放、多元、虔诚的态度,主要信奉印度教及佛教。数不清的庙宇、皇宫、民俗建筑、宗教活动等丰富多样的人文旅游资源造就了尼泊尔这个国家神秘、圣洁的旅游文化形象。在加德满都,一切在阳光之下看上去匆忙喧嚣又悠闲和谐,密集的寺庙正如密集的人群,在时光中达成宗教信仰的内外统一。杜巴广场、猴庙以及形形色色的小商小贩、建筑古迹、精美的雕塑,不仅彰显着尼泊尔浓墨重彩的宗教文化,还使尼泊尔散发出由不同民族融合交汇出的如饮食生活一般怡然的人文气息。

2. 尼泊尔志愿旅游发展概况

尼泊尔是发展中国家,长期以来依赖于国外政府救援帮助,以及大量非官方性质及志愿者自发性的援助、帮助。国外救助的社会背景,加上国内丰富旅游资源对于旅游爱好者的吸引,促进了尼泊尔志愿旅游的发展,使得尼泊尔成为全球受欢迎的志愿旅游目的地之一。

大量的志愿旅游需求催生出各式各样的志愿旅游机构,如尼泊尔志愿者协会,该协会为尼泊尔政府授权的社会福利理事会下属机构,是向外界提供实习、义工旅游、文化教育等机会的非营利组织。其招募的志愿者来自世界各地,其中占比最多的是中国在读大学生群体。

尼泊尔志愿旅游发展较为成熟,志愿者项目较为全面,包含学校支教、僧侣院支教、孤儿院支教等支教类项目,农业与环保、健康医疗、妇女维权等社会活动类项目,以及国际新闻实习、医疗实习、科学研究等实习类志愿活动。

3. 尼泊尔志愿旅游案例

尼泊尔拥有大量的志愿旅游项目,每个志愿者都能在尼泊尔找到符合其需求的志愿旅游项目,主要包括支教项目、孤儿院关护项目、农业环保项目、健康医疗项目、妇女维权项目、社区义工项目、自然保护项目等。其中,发展较成熟且较受志愿者青睐的为志愿者支教项目与孤儿院义工项目。

1) 加德满都支教项目案例

尼泊尔落后的社会经济导致了国家教育资源的严重匮乏,学校运营经费大部分都来自社会的捐款,学校基础设施不完善,教师资源极度缺乏。非营利性及营利性的学校均遵循尼泊尔政府制定的标准课程,设有英语、数学、科学、计算机、人口与环境、艺术、历史音乐、美术等科目。作为尼泊尔的支教志愿者,可以选择在公立学校、非营利的贫困学校、私立学校开展教学活动,项目志愿者主要是开展英文教学。在尼泊尔,掌握英语这项能力非常重要,因为这可以让人们在不断发展的旅游业中获得更好的就业机会。志愿者的主要工作是支援当地老师帮助学生提高英语水平,并让学生通过口语练习获得自信。志愿者同时有机会参加音乐、科学、体育、艺术或生活技能等科目的教学活动。除了传统的教学科目,志愿者还可以根据自己的所学专业、生活技巧设立创新性的教学活动,通过与学生培养融洽的师生关系,帮助学生培养学习兴趣,积极面对生活。

2) 志愿旅游孤儿院关护案例

在尼泊尔,贫穷是最大的社会问题,尼泊尔人均GDP不到800美元。尼泊尔的贫穷导致这个国家每年都会新增上百上千贫苦无助的孩子。为求生计,一部分贫苦的孩子选择前往加德满都、勒利德布尔、博卡拉等地去打工,另一部分孩子则被孤儿院或福利机构收养。参与此项目的志愿者将在尼泊尔首都加德满都的孤儿院以及特殊照顾中心工作,给当地孩子带来较好的关怀护理和教育。志愿者可以和孩子们一起彩绘、一起游戏、一起制作手工艺品,教给他们良好的生活习惯,也可以教孩子学习英语或其他学科。本项目主要目的是帮助孤儿院的孩子获得较好的关怀护理和教育,帮助他们掌握一些生活技能,使他们将来能够独当一面,自食其力。志愿者还将与当地义工组织共同宣传反对使用童工,帮助义工组织将童工解放出来,以获得教育及关护的机会。

7.1.2 泰国志愿旅游发展现状

1. 泰国旅游资源概况

1) 自然旅游资源概况

泰国,又称"泰王国",地处东南亚中南半岛中南部,东面为老挝、柬埔寨,西邻缅甸与印度洋安达曼海，南接马来西亚、暹罗湾。泰国全境属热带气候，年平均温度25℃左右，每年的11月至次年2月为凉季，是泰国的旅游旺季。北部主要以小清新的田园风光为主，在一批新兴的旅游城市中，清迈、清莱两大城市较有代表性。南部为热带海岛的集中地，苏梅岛、普吉岛更是大部分中国游客东南亚旅行的必选之地，在这里可以体验迷人的海岛风光、充满异域风情的夜生活，还可以全方位满足游客对浮潜、深潜、水上拖伞、冲浪等水上运动的需求。除此之外，还有斯里纳斯国家海洋公园，周边水质清澈，拥有13千米长的海岸与未遭破坏红树林景观，加之丰富的海洋生态环境，能让人充分感受热带雨林海岛的奇特魅力。

2）人文旅游资源概况

泰国在1949年5月之前名为暹罗，是一个具有700余年佛教历史的文明古国，素有"黄袍佛国"之美誉。超过九成泰国人信奉南传佛教，佛教是泰国礼仪道德的准则，是维系社会和谐与激发艺术文化创造的原动力。在泰国，大部分佛教家庭中必有一名男丁会入住寺庙修行、研习佛理。众多的寺庙为僧侣们提供了宁静的清修环境，然而泰国寺庙的功能不仅限于此，通常还能作为社区中心、新闻消息集散地、医疗用品分发站、学校甚至是劳务雇佣场所。泰国寺庙的多元化也反映出泰国人对信仰自由的重视，折射到社会文化中便是东方与西方、传统与现代的汇聚，来自四面八方的人们所带来的不同文化习俗使得泰国在众多东南亚国家中显得格外耀眼。

2. 泰国志愿旅游发展概况

泰国是东盟国家中的第二大经济体，制造业和服务业占据其国民生产总值的3/4，主要承接来自中国、日本、美国等国家的轻工业与汽车生产制造。约80%的泰国人都从事农业生产，是世界主要粮食出口国，被誉为"东南亚粮仓"。旅游业是泰国服务业中的支柱产业，随着旅游业的发展，泰国政府对旅游行业的管理水平也在不断加强，保证了旅游行业的服务质量，与旅游相关的组织机构与基础设施也在不断地开发完善。

面向中国游客的泰国志愿旅游通常包含中文义工支教、大象营地、生态保护等。在泰国进行的志愿旅游相比于落后地区，具有基础设施相对完善、生活条件便利的优势，同时其丰富的旅游资源、和谐开放的社会环境也吸引着全世界旅游志愿者的目光。

3. 泰国志愿旅游案例

随着近年来"中文热"在全球各地的兴起，加之"一带一路"倡议的带动，中国与"一带一路"沿线国家在社会经济、旅游文化等领域上的交往日益密切。了解中国文化、学说汉语、来中国留学、与中国加深贸易合作成为许多人的一种新选择。中文课在一些国家或地区已被列为选修或必修课程,然而中文授课老师的稀缺使得这些需求不容易被满足。在泰国清迈的中文教学志愿旅游项目,一定程度上满足了当地小学、社区的基础中文教学要求,同时也可以带给旅游志愿者们丰富的文化体验活动。

在清迈城区安顿下来后,旅游志愿者们先被带至清迈当地的小学,通常中文教学与互动课程被安排在早上,中文教学项目要比英语教学轻松,其间还可以与学生互动游戏,传播中国文化。到了下午则安排旅游志愿者们参加文化体验活动,使参与者深度体验到清迈这座城市作为"泰北玫瑰"的独特魅力。在工作之余,志愿者们还能体验泰拳入门课程,参与制作陶泥玩偶雕塑,学习烹饪地道的泰国料理。最受人期待的项目则是拜访一间没有铁链束缚的大象保育营地。在这里,志愿者们可以和大象亲密接触,为大象提供日常食物的加工,体验骑大象的紧张快乐,与大象在水池里嬉戏打闹。

泰国清迈中文教学志愿旅游项目在基础设施与人员服务方面有较高的保障,对旅游志愿者们的专业性要求并不严苛,同时由于相近的文化与相对安全的环境,中国旅游志愿者们可将此类项目作为第一次出国志愿旅游的优先选项之一。

7.1.3 亚洲志愿旅游案例分析

近年来,志愿旅游在亚洲区域内逐步发展、兴盛,一方面是亚洲经济发展带来的旅游业种类的丰富与质量的提升,另一方面贫富差距、旅游社区影响也被纳入行业的具体实践当中。越来越多的年轻人愿意参与这种更加"时髦"与有影响力的旅游活动,尤其对较发达地区的旅游者来说,旅游不仅仅是一次休憩游玩,他们更愿意展现出一种社会责任感,在旅游活动中实现自我价值,不仅使自己的旅游需求得到满足,而且能置身当地的公益文化事业,极大地充实旅游这一文化活动的内涵。志愿旅游正在把单纯的旅游转化为一种对目的地深入了解、强化交互感、获取成就感的新途径。亚洲志愿旅游充分依托当地旅游资源,在各国政府机构的大力帮扶促进下,已经逐渐形成了成熟的运行体制。对于首次尝试志愿旅游的人们来说,通常不需要特别的技能资质或前期培训,准入门槛低,但体验感十足。

在落后或欠发达地区的旅游社区开展志愿旅游,能够为目的地直接带来一定的经济效益,甚至是解决贫困问题。减贫类、义工类的帮扶特点突出的志愿旅游形式,往往对当地社区具有很强的针对性。比如,志愿旅游在落后教育的充实拓展、医疗援助、技术指导方面都能起到直接的帮助。而这些帮扶内容是在志愿旅游前期就已经组织准备完成了的,在志愿旅游发生时,旅游者所带来的资金、物资等资源就通过消费、捐赠等方式转移到当地经济发展中去。在这个过程中,作为被帮扶的对象——落后地区旅游目的地通常不需要多么完善的基础设施或资金投资来支撑其旅游活动的开展,因此经济漏损几乎可以忽略不计,成本较低,不用担心其投入产出比。

2021年,经过持续的奋斗,我国如期完成了新时代脱贫攻坚任务,现行标准下农村人口全面脱贫,贫困县全部摘帽。绝对意义上的贫困在中国已经消失,但相对欠发达的地区依然大量存在。不论是招商引资还是整体的综合开发,传统的旅游项目不一定适合欠发达的地区,且在当前经济下行的情况下,对于投资者来说,落后地区也不足以吸引其来到该地投资旅游配套设施。在这样的内外部环境下,志愿旅游项目对落后地区就有着更为明显的现实意义。落后地区开展志愿旅游可以依托当地的特色自然资源或民俗文化,作为志愿者的旅游动机来源。但大部分地区上述相关旅游资源占有量很少,以及相对落后的物质生活环境也是吸引外来游客的一道屏障,这个时候就需要当地政府与旅游组织机构合作,通过提供荣誉证书、奖项激励等方式,提升旅游者来到落后地区进行志愿旅游的意愿。

志愿旅游在相对落后地区的发生,需要有强执行力的组织机构维系其可持续性发展。当地政府机构需要更多地发挥职能作用,协调各方资源,同时维护好志愿旅游所产生的经济效益。可以通过融入志愿旅游节事活动,将帮扶性质的志愿旅游与市场经济相融合,使得单一的帮扶性志愿旅游成为多元活动的同时,为当地的经济发展注入生机与活力,形成一种具有提高社会公益地位及社会认同的志愿活动。

7.2 欧洲志愿旅游典型案例

志愿旅游已在欧美兴起40多年的时间,志愿旅游最早是欧洲20世纪70年代的非大众旅游产物。在普遍认知下,欧洲发达的社会经济、相对先进的现代科学文明使得它在成为志愿旅游的客源地方面有着天然的客观基础。事实上,欧洲本土的志愿旅游项目与其他大洲的志愿旅游除了有其相似之处,还有着更鲜明的地域特点。

7.2.1 冰岛志愿旅游发展现状

1. 冰岛旅游资源概况

1) 自然旅游资源概况

冰岛共和国,简称"冰岛",是位于大西洋与北冰洋交汇处的一个岛国,为欧洲第二大岛。冰岛北部紧邻北极圈,国土面积1.3万平方千米,其国土面积的1/8被冰川所覆盖。整个冰岛呈碗状高地形态,低地面积很少,平原面积仅占岛内全部面积的7%。其西部与西南部主要由冰水冲积平原与海成平原组成,海岸线多且不规则,分布着众多峡湾、潟湖。冰岛共有100多座火山,被称作"冰火之国""极圈火山"。此外,全岛约有250处温泉,冠绝世界。由于冰岛特殊的地质构成,岛上多瀑布、喷泉、湖泊以及湍流。虽临近北极圈,但受北大西洋暖流的影响,其气候类型为温带海洋性气候,与同纬度其他地方相比气候更加温和。而在秋冬季节,全天日照时间极短,在天气晴好的大多数时间里可见极光景象。冰岛各地区景观风格迥异,宛如身处地外星球,各种迓观奇景汇聚于此,不仅是摄影师与探险家心中的仙境,同时也吸引着世界各地的游客不远万里赶赴于此,只为欣赏这大自然的鬼斧神工。

2) 人文旅游资源

冰岛是北欧五国之一,受自然条件的约束,是欧洲人口密度最低的国家,人口约为30万人,其中有20多万居住在首都雷克雅未克及其周边。冰岛最早的居民由维京人、凯尔特人、斯堪的纳维亚人组成,后有源源不断的欧洲大陆移民至此。18世纪中叶,受启蒙思想的影响,冰岛产生了一批科学先驱,并在工业的推动下促进社会经济发展,首都雷克雅未克建市。在冰岛,绝大多数人口信奉基督教路德宗。由于很少受欧洲大陆影响,其官方语言冰岛语被认为是欧洲乃至世界保守的语言之一。冰岛首都雷克雅未克,环境优美,少有工厂,有"无烟城市"的美称,并且连续多年被评为全球幸福指数较高的城市。有趣的是,在冰岛语里"雷克雅未克"意味"冒烟的海岸",这里的"烟"指的并不是烟,而是冰岛先民们将从温泉里弥漫出的水雾当作"烟",由此可见,温泉在冰岛几乎可算得上是"随处可见"。

2. 冰岛志愿旅游发展概况

冰岛依托其独有的自然地理资源大力发展旅游业,目前旅游业是冰岛第一大产业,占国内生产总值将近30%。作为发达的北欧国家,冰岛经济条件优越、科技教育发达、文化体育事业兴盛,与欠发达地区的困境不同,冰岛所面临的是更为严峻的气候变化威胁与来自环境保护的压力。

因此,冰岛的志愿旅游项目不像欠发达地区的一样支教、帮扶活动占比多,更多的是由有关环境保护的公益组织发起的,邀请志愿者学习践行如何应对气候变化、处理废物、能源可再生等可持续按发展议题,在感受这个景观如世界尽头般岛国的同时,深入了解当地为环境保护、气候变化所做出的努力,也为冰岛的可持续发展贡献出自己的一份力量。

3. 冰岛志愿旅游案例

以下是冰岛环保志愿旅游活动流程。

首都雷克雅未克是志愿者到达冰岛的第一站。第一天,接机之后,旅游志愿者们将被统一安排至志愿者宿舍,当晚当地环保公益组织将为旅游志愿者们准备欢迎会和环保项目说明会,让所有人在未来8—9天的环保志愿旅游活动之前熟知工作内容,为迎接接下来的工作做好充分的准备。

次日上午,将进行有关环保项目的专题研讨会,如废物管理或利用、气候变化、海岸清理、可持续发展等问题。由专门的老师指导志愿者进行环保调研、小组调研报告。志愿者将被分为多个行动小组,于当日下午进行雷克雅未克的Environmental Tour活动,旨在使志愿者们更加深入地了解这座城市与其相关的环境保护案例。当晚将组织观看环保主题纪录片,并就一天之内的所见所闻进行团队分享,之后形成团队调研报告,为之后的实践工作做准备。

第三天上午,在公益组织的带领下,志愿者们将来到雷克雅未克的海岸线,参与协助冰岛当地居民进行海岸线沿线污染物的清理整治工作,如收集可循环废物、清理垃圾。在经历了一上午的辛苦工作后,志愿者们可以在下午游览冰岛著名的地标之一的"黄金圈"三大景点,包括由联合国教科文组织认定的世界遗产——辛格维利尔国家公园、已存在上万年的盖歇尔间歇泉以及断层峡谷瀑布(黄金瀑布)。

第四天,志愿者们将前往斯奈山半岛进行为期一天的户外探索。这里的教会山又称"草帽山",是冰岛非常受欢迎的摄影天堂,其地质地貌丰富多变,景色迤逦壮阔,人们置身其中宛如来到了地外星球。斯奈山因其综合多样的景观元素,有"冰岛缩影"的美誉,曾在2017年被CNN旅行频道评为全球必去17个旅游目的地之一。

第五天上午的活动为第二次研讨会,在机构老师的带领下,志愿者们将对前几日的活动进行梳理复盘,对调研报告进行整理汇总,并做简短的小组调研报告。下午时间为自由活动时间,志愿者们可趁此机会深入走访当地,了解地方风土人情。

第六天上午,志愿者们将前往冰岛地热能源发电厂,由工厂专业人士带领志愿者们参观厂区,讲解地热发电的原理工厂的运行机制以及当地政府与环保组织如何开发利用更多的天然地热能源。此外,还将就地讨论如何在可持续发展的理念前提下推广地热能源。

第七天上午,再度来到海岸线周边,收集可回收垃圾或废物。下午,将收集的废物带至冰岛回收处理中心,了解学习政府机构处理垃圾废品的流程,领会环境保护与可持续发展的有机结合。

第八天上午,将举行第三次研讨会议,总结项目调研内容,完成分享报告,最终向志愿者们颁发证书。在离开冰岛的最后一个下午,志愿者们将被邀请参观雷克雅未克标志性的博物馆——珍珠楼。在这里,志愿者们不仅可以了解一座冰川的千万年历史与未来,还能够体验穿越人造冰洞的乐趣。

7.2.2　罗马尼亚志愿旅游发展现状

1. 罗马尼亚旅游资源概况

1) 罗马尼亚自然旅游资源

罗马尼亚位于欧洲东南、巴尔干半岛的东北部,北部与乌克兰、摩尔多瓦交界,西部与塞尔维亚、匈牙利接壤,东临黑海,南部与保加利亚以多瑙河为界。罗马尼亚境内平原、丘陵、山地各占国土面积的1/3,山川风景壮美秀丽,地形奇特多样,物种丰富。黑海、多瑙河、喀尔巴阡山并称"罗马尼亚三大国宝"。

位于罗马尼亚东部的多瑙河三角洲是罗马尼亚著名旅游景点,为欧洲面积最大、保存最完好的三角洲。这里河道繁密纵横,沃野泽地连成一片,村庄、农田、渔场互相联结,多瑙河源源不断地从上游冲刷下富含营养的泥沙,使得三角洲生物种群丰富,景观别致。中部的喀尔巴阡山被称作"罗马尼亚脊梁",有着丰富多变的风化地貌,植被茂密,各种动物穿梭其间,构成极具特色的东欧山地森林景观。

2) 罗马尼亚人文旅游资源

罗马尼亚人的祖先是世代居住于此地的达契亚人,后被罗马帝国征服,逐渐与罗马人混居融合形成了罗马尼亚民族。罗马尼亚人能歌善舞、热情随和,其晚餐丰盛讲究、礼节隆重,宴会通常会持续2—3个小时。由于重视盐和面包在生活中不可替代的作用,在招待客人时,常常由主人家的姑娘端着盛有面包与盐的盘子,客人需要拿一块面包蘸盐食之。

首都布加勒斯特,意为"欢乐之城",号称"东方小巴黎"。老城区遍布文艺复兴时期新古典主义风格的建筑,彰显着这个国家曾经的兴盛繁荣。这些建筑多为东正教堂和修道院,也有一部分被用作政府办公楼、学校或住宅。"黑教堂"为特兰西瓦尼亚最大的天主教堂,为典型的晚期哥特式建筑。17 世纪末遭遇大火焚毁,石墙被大火熏黑,重建后依然保持黑色,"黑教堂"由此得名。室内有一架 19 世纪的管风琴,至今仍可演奏。

2. 罗马尼亚志愿旅游发展概况

作为欧洲国家,罗马尼亚志愿旅游发展较早,除常规的志愿教学外,志愿考古是其一大特色项目。罗马尼亚有着丰富的历史文化背景,当地留存了许多珍贵的历史文物与遗迹,但考古人力资源的稀缺使得其考古保护开发工作遇到一定的困难。而发起考古志愿者项目将有利于文化遗产的保护工作,促进考古工作的进程。在这过程中,志愿者能够亲临现场,学习实用的考古技能,与专业人士交流并一起探索历史,在文化交流与游览活动中收获珍贵的国际友谊。

3. 罗马尼亚志愿旅游案例

志愿者们将会被安排到当地的一个寄宿家庭,这是使志愿者们沉浸在当地文化中的很好方式。罗马尼亚家庭会非常热情地招待志愿者并分享其文化习俗,也非常乐于了解来自天南地北的志愿者们的家乡文化。

在安顿妥当后,旅游志愿者们将会被安排到不同的考古遗址工作,如阿尔巴尤利亚,这是一个兼具古罗马与现代特征的城市,这有许多名胜古迹,被许多罗马尼亚人当作"精神首都"。阿尔巴尤利亚是古阿普鲁姆的遗址,在公元 2 世纪由罗马人建立,并于 1241 年被鞑靼人摧毁。自中世纪以来,这个城市多遭变故,在当地的社会和政治生活中扮演着重要的角色。从旅游的角度来看,这个城市也是一个非常重要的目的地。

参加罗马尼亚考古志愿者项目,有很多需要直接参与的工作,工作类型在很大程度上取决于在哪里工作,以下是需要志愿者们重点着手的几个方面。

第一,在罗马尼亚的某个挖掘和修复遗址进行现场实地工作,帮助发掘并记录文物。在一些地区,志愿者们的职责主要是挖掘、清理和重建陶器、工具或其他物品。在其他地方,志愿者们会去发掘古老的坟墓以及其他文物。

第二,在当地博物馆工作,帮助完成从展示到陶器重建的一系列职责。博物馆的工作大多在冬季进行(12 月到来年 2 月),由于天气原因,志愿者们无法到现场进行更多的挖掘工作。比如,在阿尔巴尤利亚历史博物馆里从事陶器修复及文物研究工作,志愿者们会在历史博物馆内对文物信息进行核对,还会翻译文件和整理旅游信息。

第三,如果志愿者们是在冬季参加考古项目,那么现场工作就会少一些,这意味着大部分时间将用在室内研究,志愿者们可以尽情地沉浸在对考古学的学术追求中。

工作日通常是周一到周五,志愿者们早上就得去进行挖掘和一些实际的现场工作,尤其在夏天,天气会变得非常热,所以一般工作都安排在早上开始。从早上7点开始,到下午4点结束。中午12点到下午1点30分之间有一个半小时的午休时间。由于工作地点可能会离住处有一段距离,所以要带好午餐。

志愿者们将和当地顶尖的考古专家密切合作,在考古专家带领下,学习调查和挖掘方面的技巧。志愿者们将会接触不同领域的考古学工作,在罗马尼亚不同的遗址负责挖掘和文物修复的工作。定期为志愿者们举办的工作坊,可以让志愿者们学习到很多知识。

在罗马尼亚参加志愿服务,将有机会感受到一种独特的东欧生活方式。这里有各种各样的活动,所以在空闲的时候,有很多事情可以做。这里的街道两旁排列着令人惊叹的古老建筑,是建筑爱好者的理想去处。到了周末,可以前往特兰西瓦尼亚(Transylvania),参观传说中德古拉伯爵的住所——拜恩古堡。在那里,志愿者们可以参观ASTRA博物馆,深入了解罗马尼亚民间传说的神奇世界。

7.2.3 欧洲志愿旅游案例分析

欧洲的志愿旅游呈现出明显的新奇性、专业性特点,从罗马尼亚的考古志愿旅游到冰岛的环境保护之旅,都对旅游者提出了相对较高的要求。尽管欧洲一些国家同样有义工教学这样的志愿旅游模式,但当我们把目光聚焦于那些独具特点的志愿旅游项目时,我们会发现欧洲的志愿旅游有较为明显的"高端"特点。主要集中于对语言的要求、组织协调能力的要求,甚至是学习新知识、新技能的要求。志愿者们在志愿活动中,往往可以成为学习者、被教育者而不仅仅是教育他人,在"帮助"的过程中去学习技能,提升思想境界,这也有利于志愿者开发自己的潜力、开阔视野。而实现这一切的基础在于有组织、有制度化的公益项目支持,流程细致,分工明确。在志愿旅游活动中,当地可以在一些开发保护项目上解决人手不足的问题,同时志愿者们在其项目进行中所收获的独特体验也是一笔宝贵的人生财富。

在经济高速发展的现代化中国,随着人们物质世界的极大丰富,人们越来越重视精神文明建设。而志愿旅游就提供了一种促进社会和谐发展、缓解社会矛盾的社会活动。志愿旅游能够在一段时间内通过旅游者自发的公益活动,对自身价值、兴趣甚至是事业进行重新审视,在没有利益纠纷的一个环境里充分发挥其才能。自然文化遗产保护类志愿活动,通常需要形成一套完整的制度化程序,对组织方的资质也有较高要求。在这一过程中,职能部门应当完善相关法律制度,加强基础设施建设,保护好旅游资源的完整性和可持续性。另外,还需要充分发挥旅游组织方(通常是活动主办方、非营利公益组织)的主体作用,明确其在志愿旅游活动中的直接执行地位。

7.3 美洲志愿旅游典型案例

美洲大陆民族众多,文化交融,地理位置与自然资源禀赋具有多样性,因此志愿旅游活动的内容与发展形式也不尽相同。以美国为首的北美发达国家内的志愿旅游更多地呈现出志愿活动层次高、流程制度明确化的特点;而在中、南美洲的一些国家,志愿旅游的形式与内容与亚非国家更为相似。

7.3.1 哥斯达黎加志愿旅游发展现状

1. 哥斯达黎加旅游资源概况

1)自然旅游资源概况

哥斯达黎加位于中美洲,北部与尼加拉瓜接壤,东南部毗邻巴拿马。气候属热带与亚热带气候,一年分为两季,4月至12月为雨季,12月至次年4月为旱季。这个被誉为"中美洲瑞士"的国度,有着极其丰富的生物资源。调查数据统计显示,截至2019年,哥斯达黎加拥有超过13000种植物和近900种不同类型的鸟类以及多样化的热带雨林,是异国情调的动植物的天堂,也是世界上生物物种较为丰富的国家。哥斯达黎加地形多样,既有近海平原,也有崎岖的高山,更有茂密的雨林,迥异的地形地势造就了多样的优美风光,是冒险者和自然爱好者的探险胜地。著名的托尔图格罗国家公园、甘多卡-曼萨尼略国家野生动物保护区等热带雨林景区就位于此地,体现了哥斯达黎加自然风景的原始之美。悠闲自在的氛围恰巧印证了哥斯达黎加的旅游宣传标语——纯粹的生活。

2)人文旅游资源概况

哥斯达黎加在西班牙语中意为"富庶的海洋"。自20世纪40年代以来,哥斯达黎加一直没有军队或军事驻扎,并取得了中立国地位。由于免受动荡干扰,哥斯达黎加人的生活平静而美好,这个国家也曾多次被评为全世界最幸福的国家以及最环保的国家。因此,当游客来到这里,置身于这种文化之中,就能感受到这种积极乐观的氛围。

位于圣何塞的大都会大教堂结合了新古典主义、巴洛克风格和希腊东正教设计风格,其迷人的西班牙风格建筑、华丽的圣经场景和美丽的彩色玻璃窗引人入胜。赫雷迪亚有充满建筑艺术的米哈斯圣母教堂和埃尔福丁堡垒,能够表现哥斯达黎加的历史。卡塔戈富有独特的历史文化,因为它曾是哥斯达黎加第一个首都,这里还有古老的遗址和宏伟的历史宗教建筑,其中著名的莫过于哥斯达黎加的守护神黑麦当娜(拉内格里塔)的圣殿——罗马帝国大教堂。巴尔瓦是哥斯达黎加非常古老的一座城,充满着古朴而独特的气息,这里有历史悠久的新古典主义风格的巴尔瓦教堂。

2. 哥斯达黎加志愿旅游发展概况

哥斯达黎加26%的国土面积为国家公园或自然保护区,全国森林覆盖面积为52%。但是近年来人口增长带来的环境压力,使哥斯达黎加的生态受到威胁,虽然旅游业作为该国重要的经济来源带来了越来越多的财政收入,但同时也使自然环境遭到的破坏增多,环境保护问题逐渐显露。该国志愿旅游项目之一——在巴拉翁达国家公园工作,志愿者们不仅可以通过徒步、夜行、洞穴探索等方式收集动物数据并记录,还将进行蝴蝶种类研究、五彩金刚鹦鹉保护、哺乳动物研究等。在政府、公益组织与志愿者的努力下,保护生物多样性带来了生态红利,使政府和个人有更多资金投入保护,生物多样性进一步丰富又促进了生态旅游,形成一条良性循环的发展之路。

3. 哥斯达黎加志愿旅游案例

该项目位于哥斯达黎加西北部的野生动物保护区巴拉·本田国家公园(Barra Honda National Park)。该公园位于尼科亚半岛,距离尼科亚镇约25分钟车程。志愿者们将被安排住在森林中心的志愿者宿舍,在保护区内生活和工作。这是一个远离日常生活的喧嚣和亲近自然的好地方。

志愿者们主要参与以下四类工作。

第一,生物多样性研究。

志愿者们会将很多时间用于生物多样性研究和数据收集,并与环保专家一起调查野生动物,记录它们的行为和分布细节。有了这些信息,公园就能更好地制定有效的保护策略。

了解不同物种的海拔高度和分布,对于人们发现和判断气候变化十分重要,志愿者们将通过蝴蝶等物种调查,清楚地分析和了解地球变暖现象。志愿者们也将在穿越茂密的森林、夜间散步或深入公园洞穴的过程中收集生物多样性数据。志愿者们将要调查的一些物种包括蝙蝠、蝴蝶、猴子、猩红色的金刚鹦鹉等。

第二，环境教育。

志愿者们还会定期参与环保基地周边举办的环保教育工作，分享环保知识，这也有利于当地居民在项目结束后继续进行环保工作。志愿者们将帮助社区认识森林的价值，并为保护森林而努力。通过环保讲习班，教给人们环保生活的方法，如怎样开办一个有机农场、怎样进行物品二次回收等。

第三，植树造林工作。

人类的扩张和气候变化导致的森林火灾，使哥斯达黎加的大部分森林遭到破坏，并对很多物种产生了毁灭性的影响。由于栖息地遭到破坏，许多动物的数量急剧减少。志愿者的工作也包括帮助许多物种恢复栖息地，具体工作包括在树木苗圃照顾小树苗，直到它们足够强壮，可以移植到森林里。重新造林的工作也有助于增加该地区吸收二氧化碳的树木数量，这将有助于应对气候变化。

第四，基础维护工作。

巴拉本田保护区保护工作的持续开展，对志愿者们的支持有很强依赖性。环保志愿者们将协助公园管理人员进行基础维护工作，具体包括清理道路、维持防火通道、维护营地。虽然这些是很基础的工作，但它们在公园的整体功能中扮演着重要的角色。

本项目的亮点体现在以下几点。

一是独特的洞穴工作经历。在巴拉翁达国家公园中，有 42 个天然石灰岩洞穴，其中的 19 个已经被完全探索，最深的洞穴深度达 180 米，这使巴拉翁达国家公园在哥斯达黎加的众多公园中脱颖而出。志愿者们将会在公园专业人员的带领下进入洞穴进行洞穴保护工作。

二是独特的热带干旱林。巴拉翁达国家公园有大片的热带干旱林，其中很多植物很多都被砍伐濒临灭绝，志愿者们将从事保护和再种植这些本地植物。截至目前，这个项目的志愿者们已经帮助识别了超过 103 种不同的树种及 16 种灌木类植物，这对当地的植物多样性研究有重要的意义。

三是专业性和公益性结合。志愿者们将通过参与生物野外观测、野生动物救助和野放、环境数据搜集等工作，协助或参与到当地工作人员一直以来持续进行的热带雨林生态科学研究项目中。同时，志愿者们还会通过环境数据普查等工作，帮助驻守在当地的国际环保工作者完善全球生态共享数据库，推进联合国教科文组织的海洋保护相关普查行动。

7.3.2 阿根廷志愿旅游发展现状

1. 阿根廷旅游资源概况

1) 自然旅游资源概况

阿根廷位于南美洲南部,面积次于巴西,是拉美第二大国。它东临大西洋,西与智利以安第斯山为界,北部和东部与玻利维亚、巴拉圭、巴西、乌拉圭接壤。阿根廷西部是以连绵起伏、壮丽巍峨的安第斯山脉为主体的山地,中部和东部是广袤的潘帕斯草原,南美第一高山阿空加瓜山位于其境内。阿根廷旅游业发达,旅游业是其第三大创汇产业。阿根廷国家自然旅游资源丰富,全国有39个自然保护区,世界自然和文化遗产8处,其中伊瓜苏大瀑布、莫雷诺冰川、阿根廷火地岛国家公园是旅游者心驰神往的风景胜地。

2) 人文旅游资源概况

阿根廷是南美大国,地广人稀,首都布宜诺斯艾利斯人口占总人口的1/3,同时也是阿根廷的政治、经济、科技、文化和交通中心。在逐步欧洲化的过程中,大量西班牙、意大利移民迁入此地,使得布宜诺斯艾利斯从一个小城市发展成为现在的南美第二大都会,也是南美极具欧洲化的城市。受欧洲文化的影响,布宜诺斯艾利斯有大量歌舞剧院以及保存完好的古老欧式建筑、雕塑。市内绝大多数广场、街道、公园、博物馆、纪念碑和塑像,都用重大历史事件和著名历史人物命名。市中心的街道纵横交错,但绝非杂乱无章,高度现代化的交通与绿化以及随处可见的欧式风俗习惯使得布宜诺斯艾利斯获得"南美巴黎"的美誉。

2. 阿根廷志愿旅游发展概况

阿根廷开展了多个类型的志愿者项目,志愿者既可以在贫困儿童看护中心以促进儿童早期发育为目的参与关爱项目,也可以直接在当地医院参与医学实习工作,为当地提供医疗陪护相关的帮助,或者在儿童马术治疗康复中心工作。

3. 阿根廷志愿旅游案例

马术治疗已被证实对患者有积极的影响。这一种治疗形式,在提升骑马的人的灵活性、独立性和自尊心方面有作用。志愿者们可以帮助患者实现治疗目标并改善他们的整体健康水平,在这过程中志愿者们向患者提供各种支持,与他们互动,确保他们在马术课程过程中感到安全。

志愿者们将在距离科尔多瓦市约40分钟车程的马术治疗中心工作,该中心为有各种身体和精神状况的成人和儿童患者提供马术治疗服务。志愿者们可以参与的事项包括:在治疗期间引领马匹及其骑手;日常刷洗并照顾马匹;学习各种不同的马术治疗技术。

在治疗期间引领马匹及其骑手:在马术导师确定志愿者们已经准备好应对工作后三四天,才可以开始具体的实操工作。志愿者们的主要角色是协助患者,帮助患者穿上他们的骑行装备,包括头盔和马甲,并根据患者的身体状况,在治疗期间牵引马匹,并引导方向。对许多患者来说,志愿者们需要帮助他们在治疗过程中保持注意力集中,这样他们就不会焦虑或分心。可以通过交谈、唱歌、设置障碍课程等方式来实现这一目标。

日常刷洗并照顾马匹:马匹经过了一天的骑行,帮助患者提高各类技能后,也需要得到很好的照料。志愿者们要喂它们吃东西,给它们梳理毛发,刷洗梳理以及清扫马厩,要保持它们的皮毛和蹄子干净,并清洁白天马匹站立的外部区域。这会是一次与马匹亲密接触的美妙经历。在上课之前,志愿者们需要让马匹进行10分钟的热身,并确保它们已经准备好在竞技场中迎接骑手。

学习各种不同的马术治疗技术:这个项目也会让志愿者参加一些课程,这些理论课程会教给志愿者如何在治疗患者时应用该理论。马术治疗过程中,感觉统合技术会介入治疗,提供触觉、前庭觉、本体感觉等刺激改善患者的语言能力、提高注意力、增强对情绪和行为的控制力,志愿者们将能够全过程参与马术治疗。该马术治疗中心的负责人还会带领志愿者们了解一些与马匹一起工作的常识,同时还将确保治疗过程对患者来说是有趣的,这样他们就可以在获得乐趣的同时达到治疗目标。

7.3.3 美洲志愿旅游案例分析

热带雨林志愿保护项目,不仅有利于生物多样性的延续,在目前全球变暖、碳排放与经济发展这一大社会矛盾中也有着积极意义。志愿者们通过自己亲身参与到雨林的保护活动,实现热带雨林旅游与保护雨林环境的双重价值。在年复一年的保护活动中,热带雨林恢复其生态活力,而一个具备生态活力的雨林对当地的可持续发展又尤为重要,当地可科学利用雨林资源创造经济收入,更高质量的雨林环境与更完善的基础设施也能实现人与自然的和谐共生。

不同于单纯的环保项目和关爱项目,阿根廷马术治疗项目是一个将动物保护和人类关爱结合起来的项目。在项目参与过程中,志愿者们不仅能学到养马、牵马的知识,还将学习如何运用马术引导关爱残障儿童。阿根廷马术治疗项目中,除从全球各地前来支援的短期马术、心理学、理疗学专业人士外,当地也有持久驻地支援的专家为志愿者们提供指导和帮助。志愿者们支援该项目,可以减轻当地工作人员的日常压力,在真正帮助到当地孩子的同时,体会工作人员的真诚、专业和无私奉献的精神。

7.4 非洲志愿旅游典型案例

非洲位于东半球西部,欧洲以南,亚洲之西,东濒印度洋,西临大西洋,纵跨赤道南北,面积大约为 3020 万平方千米(土地面积),占全球总陆地面积的 20.4%,是世界上面积和人口仅次于亚洲的第二大洲,但同时也是当前世界上经济最不发达的大洲。根据资料显示,截至 2021 年,非洲境内有 60 余个国家和地区,是全球国家数量最多的大洲,而其中有 50% 左右的国家都已经被联合国列入了最不发达国家之列。非洲绝大多数国家独立建国的时间相对其他大洲的国家更晚,并且由于殖民统治的历史遗留问题和长年战争动乱以及其他的主客观原因,非洲的经济发展并没能取得如同非洲面积和人口一样的排名,相反,非洲的经济一直在世界各大洲中垫底。而与非洲落后的经济发展形成鲜明对比的是非洲悠久的历史和极为丰富的各种自然资源。非洲是世界古人类和古文明的发源地之一,公元前 4000 年便有最早的文字记载。非洲北部的尼罗河流域是世界古代文明的摇篮之一,尼罗河下游的埃及是世界四大文明古国之一。非洲大陆高原面积广阔,海拔在 500—1000 米的高原占非洲面积的 60% 以上,有"高原大陆"之称。海拔 2000 米以上的山地高原约占非洲面积的 5%。低于海拔 200 米的平原多分布在沿海地带,不足非洲面积的 10%。非洲第一高山——乞力马扎罗山,海拔 5895 米,顶峰终年积雪,素有"赤道边上的白雪公主"的雅称。东非大裂谷长达 6500 多千米,纵贯非洲东部,是世界最大的断层陷落带。风光绮丽的维多利亚湖是非洲最大的淡水湖,也是世界第二大淡水湖。北部的撒哈拉沙漠看似一片不毛之地,实际地下蕴藏着大量可供开采的石油。

7.4.1 摩洛哥志愿旅游发展现状

1. 摩洛哥旅游资源概况

1)自然旅游资源概况

摩洛哥王国,简称"摩洛哥",是非洲西北部的一个沿海,东部以及东南部与阿尔及利亚接壤,南部紧邻西撒哈拉,西部濒临大西洋,北部和西班牙、葡萄牙隔海相望。

摩洛哥拥有十分丰富的旅游资源,1700千米长的海岸线、海拔2000米的阿特拉斯山脉、广漠的撒哈拉沙漠构成了摩洛哥多彩的旅游资源。摩洛哥地形复杂,中部和北部为陡峭的阿特拉斯山脉,东部和南部是高原,仅西北沿海一带为狭长的平原。阿特拉斯山斜穿全境,有效阻挡了南部撒哈拉沙漠的炎热气温。摩洛哥常年气候宜人,花繁叶茂,赢得了"烈日下的清凉王国"的美誉。

2)人文旅游资源概况

摩洛哥是一个风景如画的国家,还享有"北非花园"的赞名,特别是它拥有9处世界文化遗产和5处非物质文化遗产,数量排在阿拉伯国家首位。

根据旅游资源的分布,摩洛哥可分为三大旅游区,即以丹吉尔、非斯为中心的北部旅游区,以首都巴特为中心的中部旅游区和以玛拉卡会、阿加迪尔为中心的南部旅游区。位于首都的乌达雅城堡、哈桑二世清真寺以及巴特王宫等都是著名的景点。古都非斯是摩洛哥第一个王朝的开国之都,以精湛的伊斯兰建筑艺术闻名于世。

此外,北非古城马拉喀什、"白色城堡"卡萨布兰卡、美丽的滨海城市阿加迪尔和北部港口丹吉尔等都是令游客向往的旅游胜地。还有摩洛哥全境遍布美丽的遗迹,这些胜景完美地反映出摩洛哥各个历史时期在艺术、文学、科学及建筑等方面取得的辉煌成就。

2. 摩洛哥志愿旅游概况

摩洛哥王国是一个君主立宪制的伊斯兰国家。国内主要人群为阿拉伯人,第二大人群是柏柏尔人,另外还有少量其他民族人群。在摩洛哥,阿拉伯语是国语,但是通用语言是法语,这是因为摩洛哥曾是法国的殖民地国家。同样,由于部分地区曾被西班牙殖民统治,所以西班牙语也是摩洛哥的地方使用语言,在摩洛哥境内还有其他一些地方语言。摩洛哥国家的经济排在非洲第五、北非第三,是非洲地区发展得不错的国家之一,国家农业有一定的基础,但粮食不能自给自足,渔业资源丰富,产量居非洲首位。

由于国家政策支持和拥有良好的宗教历史旅游资源,发达的旅游业也为摩洛哥创造了不错的经济收入。21世纪初以来,摩洛哥得到了欧盟各国、美国和海湾产油国家的大量的援助,尤其是法国和西班牙。总的来说,摩洛哥是一个民族结构简单,宗教信仰相对单一,工业欠发达,依靠资源出口和手工业产品出口的发展中国家。得益于国内稳定的政局和良好发展的旅游业,摩洛哥的志愿旅游发展得不错,以国内的旅游资源为依托,摩洛哥的志愿旅游项目对世界各地的志愿者有着不错的吸引力,而这些项目基本以教学培训的形式在开展。

3. 摩洛哥志愿旅游案例概况

1)案例介绍

在大多数的摩洛哥的志愿旅游项目中,志愿者们通常会根据自己的实际情况在摩洛哥待上 2 周到 3 个月的时间。志愿者们主要是作为外语教师,尤其是英语教师,去帮助当地条件贫困的孩子学习英文。教学开展一般安排在孩子们的课后时间,以课外补习的形式进行,这些教学对象都是家庭条件不好的学生,条件好的学生会在假期自行到外地去游学或者参加专业的补习课程。学生的年龄也是有大有小,所以需要志愿者在教学过程中去了解、熟悉每个学生的英语水平,为他们提供相应的教学内容。在工作日,志愿者们每天会工作 4 个小时左右,其余的时间和周末则可以自行安排。在闲暇时间里,志愿者可以自行游览观光,融入当地人的生活,了解当地人的文化礼仪,体验当地的风土人情,还可以在周末到所在城市之外的其他城市或者风景名胜区欣赏不同历史文化下的异域风光。例如,旧称"卡萨布兰卡",被誉为"摩洛哥之肺""大西洋新娘"的达尔贝达,位于摩洛哥西部的大西洋沿岸,是摩洛哥的历史名城,也是全国最大的港口城市、经济中心和交通枢纽,闻名世界的哈桑二世清真寺也坐落在这座城市。哈桑二世清真寺是世界第三大的清真寺,也是西北非最大的现代化清真寺,拥有高达 200 米的宣礼塔。又如,摩洛哥南部的政治中心,历史上重要的古都之一,被誉为"南方明珠"的马拉喀什,这里有"香塔"耸立的库图比亚清真寺,有摩洛哥最大的柏柏尔人市场(露天市场),也有整个非洲极为繁忙的贾马夫纳广场。

2)案例分析

摩洛哥的志愿旅游项目的目的是帮助当地条件不好的孩子们学习英语,为了让他们在这个英语作为世界广泛用语的世界里有能力去与外界进行更多的交流,也为了提升他们探索外面世界的兴趣和渴求,帮助他们为以后的成长打下基础,希望他们在志愿者们的帮助和自己的努力下未来能有更好的发展。而对于志愿者们而言,这样的项目也提供了跨文化交流、更加全面立体地认识世界、丰富见闻和结识不同地区朋友的机会。

7.4.2 肯尼亚志愿旅游发展现状

1. 肯尼亚旅游资源概况

1)自然旅游资源概况

肯尼亚位于东非,沿海为平原地带,其余大部分为海拔 1500 米的高原,赤道横穿而过,东非大裂谷纵贯南北,东临印度洋,中部的肯尼亚山为非洲第二高峰,肯尼亚的国名也由此得来。复杂的地形赋予肯尼亚多姿多彩的地貌景观和丰富多样的物种,从热带海洋、沙漠到终年积雪的高山,肯尼亚以截然不同的多种面貌呈现在旅行者面前。

虽然肯尼亚位于赤道,但是平均1500米的高海拔让这里气候宜人,也让肯尼亚成为避暑胜地。肯尼亚因为原始的非洲草原风光和丰富多样的野生动物,每年都吸引着数以万计的游客到这里进行观光旅游。肯尼亚是人类发源地之一,境内曾出土了约250万年前的人类头盖骨化石,被称为人类的摇篮。

2)人文旅游资源概况

调查数据统计显示,截至2022年,肯尼亚大约有4840万人,全国分为42个部族,没有哪个民族占多数,人口较多的包括基库尤人、卢海亚人、卡莱金人、罗人、坎巴人、索马里人、基西人、马赛人等。英语和斯瓦希里语是该国的两种官方语言,肯尼亚各土著部落使用土著语言。包括新教徒、天主教徒和其他基督徒在内的基督徒占肯尼亚人口的83%,同时还有穆斯林和非洲传统宗教的大量追随者。许多肯尼亚人将他们的本土宗教信仰融入基督教或伊斯兰教中。肯尼亚对祖灵的信仰很强烈,占卜者被认为是连接精神世界和现实世界的人,在肯尼亚社会受到高度重视。他们经常被认为可以辟邪或治疗疾病,社会对巫术和转世有强烈信仰。

肯尼亚有丰富的口头和书面文学作品遗产。口头文学传统以几种土著语言延续至今,大部分的书面文学是用英语和斯瓦希里语写的。《坦布卡的故事》是一部18世纪的史诗,是较早用斯瓦希里语写成的文学作品。

像文学一样,肯尼亚有丰富的传统艺术和工艺形式,以木雕和雕塑而闻名。精心制作的头饰和彩色的部落面具也被用于传统的舞蹈和音乐仪式。来自肯尼亚的珠饰也因美丽而闻名,肯尼亚工匠还会制作有非洲独特设计的金银首饰,一些部落的肯尼亚妇女以她们的编织和陶艺而闻名。

唱歌和跳舞是肯尼亚文化的一部分。人们通常穿戴精致的服装和面具在宗教仪式、婚礼和入会仪式上表演舞蹈。而鼓是肯尼亚重要的传统乐器,无论在肯尼亚哪种类型的民间音乐中,鼓都是重要的存在。

2. 肯尼亚志愿旅游概况

肯尼亚是撒哈拉以南非洲经济基础较好的国家之一。农业、服务业和工业是国民经济三大支柱,茶叶、咖啡和花卉是农业三大创汇项目。在国家独立后,肯尼亚的经济一度发展较快,是东非地区工业最发达的国家,门类比较齐全。85%的日用消费品产自国内,其中服装、纸张、食品、饮料、香烟等基本自给,有些还供出口。旅游业较发达,是肯尼亚的国民经济支柱产业,是主要创汇行业之一。

肯尼亚主要旅游点有内罗毕、察沃、安博塞利、纳库鲁、马赛马拉等地的国家公园、湖泊风景区及东非大裂谷、肯尼亚山和蒙巴萨海滨等。肯尼亚的动物资源丰富,国内有很多的国家公园和野生动物保护区,如著名的莱瓦保护区,保护区拥有世界上最大的格雷维斑马独立种群。通过对濒危动物保护和管理、建立和维护自然保护区,莱瓦保护区已经成为肯尼亚私有土地野生动物保护的模范。莱瓦保护区引领的低影响保护旅行模式是该地居民的直接经济收入来源。

在国际上,肯尼亚也获得了日本、德国等国家和联合国开发计划署、欧盟和非洲发展基金等组织的大量援助,这些援助主要用于农业、军事、交通运输、教育、卫生、通信及社会发展项目。但沉重的债务、陈旧的基础设施和治安不良等问题仍然制约着肯尼亚的经济发展。

正因为肯尼亚这样的国情,志愿旅游在肯尼亚的发展有着良好的基础,不论是肯尼亚丰富的自然景观资源和野生动物资源,还是经济发展不足带来的贫困人口数量庞大的问题和较为发达的旅游业,都为成立志愿旅游项目提供了基础和资源。所以,肯尼亚的志愿旅游发展时间是比较长的,项目主要以环境保护和关爱儿童、老年人和残障人士的形式开展,这些项目都有着不短的运营时间,积累了许多的经验,已经发展为成熟的志愿旅游项目。

3. 案例介绍与案例分析

1)案例介绍

肯尼亚拥有悠久的历史与独特的人文景观,是非洲草原哺乳动物的密集地和世界稀有鸟类的天堂,又因地处"非洲动物大迁徙"的必经地而被列为世界上非常受欢迎的野生动物巡游胜地之一。然而,随着人口增长和旅游业的发展,贫困、粮食短缺、过度游牧、湖泊水污染、植被砍伐、动物偷猎等现象日益严重,这导致自然资源退化、生物多样性遭到破坏、野生动物因被捕杀而锐减、外来植物入侵等问题。为了保护非洲濒危野生动物和生态系统,许多组织在肯尼亚成立了濒危野生动物保护及自然环境治理项目。位于纳库鲁县的索伊桑布保护区项目便是其中之一,该保护区地处古老而美丽的东非大裂谷的中心地带,列于肯尼亚野生动物服务中心的濒危生态系统名单中。在这个项目当中,志愿者们可以支援当地环保主义者在索伊桑布保护区开展野生动物的保护工作。保护工作主要如下。

(1)研究罗氏长颈鹿和其他濒临灭绝的物种:环保主义者和志愿者们的研究工作大大地帮助了这些物种在栖息地安全地繁衍生息。

(2)设置相机陷阱并研究动物行为:相机陷阱可以帮助人们研究动物们的自然栖息地、行为和行踪。

(3)开展社区外展活动:除了在保护区工作之外,志愿者们可以在每周四参加一次社区外展活动,如教孩子们保护环境的重要性,以及开展英语教学、足球教学等活动,并帮助其搭建厕所或烤炉。

(4)消除入侵物种:帮助消除入侵植物物种有助于保护本土植物,保障当地野生动物栖息地生态。

(5)维护水潭:帮助维护一些水坑和井眼,确保野生动物能获取到重要的水资源,这对于它们在干旱期的生存至关重要。

2)案例分析

肯尼亚是世界上非常适合户外游览野生动植物观赏的国家之一,志愿者们可以通过乘坐越野车进行普查,观察欣赏50种非洲大型哺乳动物、450种鸟类、100多种当地特有植物,如长颈鹿、非洲水牛、平原斑马、高角羚、鬣狗、河马和豹等。该项目的目的是保护该地区的生态环境,并确保珍贵野生物种能够继续生存。志愿者们将全程参与环保项目,通过在索伊桑布跟随保护区专业动植物专家和当地环保工作人员进行广泛的研究和实践工作,积累国际工作经验,以对非洲景观、动物和生态有更多的认识。项目还与当地社区共同合作,在当地学校开展各种教育宣传课程和讨论会,目的是与孩子们分享保护动物和环境重要性的知识,加强孩子们对保护动物和环境的认知与认同。

4. 非洲案例分析

非洲志愿旅游的类型与亚洲、美洲有相似之处,以帮扶贫困地区与保护自然生态的志愿旅游活动为主。其优势在此不再赘述,只单独分析其不足之处。

多数非洲义工、医疗援助、生态保护志愿旅游的目的地处于相对落后的欠发达地区,这些地方的基础设施配置较为简陋,生活条件也与客源地有较大落差,在某些区域甚至会有感染急性传染病的风险。在这些地方进行志愿旅游,强制要求接种疫苗。同时,由于文化的差异与部分地区局势动荡,志愿者们会面临更多计划外的风险。这就要求志愿者们要在前期做好充分的心理准备,同时组织方也需要为志愿者们提供物质保障与人身安全保护,确保将风险降到最低。

7.5 中国志愿旅游典型案例

7.5.1 中国志愿旅游发展现状

1. 中国旅游资源概况

1) 自然旅游资源概况

中国地势西高东低形成三个阶梯,山地、高原、盆地、峡谷、丘陵、平原、沙漠、湖泊、江河、湿地等各种各样的地形地貌分布其间。在中国,有巍峨的喜马拉雅山脉和天山山脉,有被称作"世界屋脊"的青藏高原和高原蓝宝石——青海湖。在西南,有沃野千里的成都平原,物产富饶,气候宜人,素有"天府之国"的美誉;也有石林溶洞密布的云贵高原,可以让人领略喀斯特地貌独特的魅力。东北大小兴安岭的原始山林和壮观雪景向人们展示着大自然原始的野性风光。在西北,新疆、甘肃和宁夏地区大大小小的戈壁沙漠,那种天地之间的苍凉空寂则令人顿觉自身的渺小。作为"鱼米之乡"的东南沿海地区,既有气势磅礴的钱塘江大潮,也有风光旖旎的鼓浪屿。总而言之,中国幅员辽阔,拥有极其丰富多样的自然旅游资源。

2) 人文旅游资源概况

位于亚洲大陆东部、太平洋西海岸,不同于一般的内陆国或者岛国,中国疆域广袤,地形复杂多样,并且历史悠久,国内民族数量多达56个,每个民族都有自己的民族语言。另外,中国宗教信仰也是多元化的,中国公民可以自由地选择和表达自己的宗教信仰,如佛教、道教等。再加上中国传统文化思想的未间断传承,在这些因素的共同作用下,中国成为如今多民族、多语言、多宗教信仰融合发展的文化大国。

在中国,有长城这样的两千年前农耕民族为抵御游牧民族所修建的雄伟奇迹,有布达拉宫历史建筑群这样的少数民族政权和宗教政权留下深刻烙印的历史遗迹,有敦煌莫高窟、洛阳龙门石窟这样的保存着不同历史时期雕刻造像的佛教艺术地,有安徽宏村、苏州园林这样的凝聚了中国传统民俗和艺术审美的古代建筑。无论是从历史、人文、宗教哪方面看,中国都拥有数量繁多的、内涵丰富的旅游资源。

2. 中国志愿旅游发展概况

志愿旅游在中国出现的时间晚于国外,发展的时间只有20多年,所以不如国外普及程度高,而且由于中国复杂的国情,国内的发达地区和欠发达地区之间在经济发展、生活水平和文化教育方面的差距非常大。比如,北、上、广、深这样的一线城市在上述方面的条件可以比肩欧美发达国家的水平,甚至优于国外,但是在贵州、云南、川西的山区和广大的北方乡村地区,大部分地区的经济发展滞后于中国东南部的发达地区,人们所拥有的生活资源和能获得的教育资源也远远落后于发达地区,所以中国的志愿旅游项目主要分布在这些欠发达地区,并以教育培训型、减贫发展型、生态保护型和文化保护型几个类型的项目为主。例如,在贵州、云南一些山村的教育培训项目,在青海可可西里的动物生态保护项目,在甘肃敦煌的环保和文化研学项目,在四川的大熊猫保育科普体验项目等典型项目。

但是,起步晚也意味着拥有后发优势,可以借鉴国外的志愿旅游发展历程,吸取成熟的经验。再者,中国丰富多彩的自然地理资源和历史人文资源,为中国的志愿旅游项目的多样性和良好的长久发展提供了丰厚的资源基础,随着社会的发展与进步,中国的志愿旅游必定会开发出更多地区、更多类型和更多有意义的内容的项目。

7.5.2 中国志愿旅游案例介绍及分析

1. 四川大熊猫科普志愿旅游案例

1)案例介绍

大熊猫在地球上已经生存了至少800万年,所以被人们誉为"活化石",并且大熊猫是中国特有的物种,主要栖息地在四川、陕西和甘肃的山区,所以被称作中国的"国宝"。正因为大熊猫的珍稀性,它被选作世界自然基金会的形象大使,同时也是世界生物多样性保护的旗舰物种。为了让更多的人了解到大熊猫的生存现状,让人们更多地关注大熊猫的保护和培育问题,许多公益组织和中国四川的雅安熊猫基地合作,推出了大熊猫的科普保育志愿旅游项目。中国保护大熊猫研究中心把基地设置在了雅安地区的碧峰峡风景区内,截至2012年,雅安生活着300多只野生大熊猫,70多只圈养大熊猫在碧峰峡基地快乐地生活,同时基地也是集大熊猫繁殖科研、宣传教育与生态旅游于一体的世界最大的半散放式大熊猫生态园。

参加大熊猫科普保育志愿旅游项目的志愿者们会被组织到四川的雅安熊猫基地体验4天左右的饲养员生活。在此期间,志愿者们白天的时间主要用于学习和工作,专业的老师们会对参加项目的志愿者们进行培训指导,帮助大家学习了解大熊猫们的基本知识,包括它们的生存现状、行为习惯,以及所需要注意的安全事项等,除了老师们的指导,志愿者们还可以通过观看纪录片来深入了解相关的基本知识。

同学习大熊猫的相关知识相比起来,作为饲养员去照顾喂养大熊猫则明显更考验志愿者们的体力和动手能力。在饲养员老师们的带领和教导下,志愿者们需要在大熊猫们外出玩耍放风的时候对"国宝们"的房舍进行大扫除,把它们吃剩的竹叶和排泄的粪便清扫干净,然后还需要砍伐新鲜的竹子,为它们准备好当日的零食。除了竹子之外,基地还会为大熊猫准备其他的食物,以保证它们获取足够的营养从而健康成长,所以志愿者们除了会帮大熊猫们打扫房舍、准备竹子外,还会跟随饲养员老师们亲手为大熊猫们制作它们的专属食品,然后体验亲自给大熊猫们喂食是怎样的感受。除了照顾大熊猫们的饮食起居以外,对大熊猫们的研究同样是重点,所以工作人员会对大熊猫宝宝进行密切监测,志愿者们也会跟随老师们学习熊猫行为的观察方法,并实地进行观察,通过观察大熊猫们的行为、饮食、活动等多项内容,实时了解它们的健康情况,为以后的繁殖等做好长期准备。而在对于大熊猫野外种群的调查方面,志愿者们将学习如何从它们的排泄物入手去进行调查分析,掌握大熊猫更多的信息。

志愿者们的工作通常会在下午 4 点结束,下午到晚上是属于志愿者们的自由时间,志愿者们可以在结束一天的工作后去享受自己的旅游时光。熊猫基地所在的雅安碧峰峡景区是中国国家 4A 级旅游景区,包括风景区和野生动物园。景区为两条呈"V"字形的峡谷,峡景、瀑布和峡内植被是碧峰峡景区的鲜明特色。峡内林木葱郁,苍翠欲滴,峰峦叠嶂,崖壑峥嵘。多类型的瀑布景观给碧峰峡增添了无限景色,令人神醉。

2)案例分析

大熊猫科普志愿旅游项目的主要目的是用一种更生动、更有意义的方式去科普大熊猫的相关知识,也是传播大熊猫目前的生存、保护、培育和研究情况的一种新颖的方式。拥有亲身体验的志愿者们把自己的经历像说故事一样分享给更多的人,这通常比单纯的科普介绍更能吸引人们的关注,能对大熊猫的保育推广起到很好的作用,也能吸引更多的人来关注生物多样性和生态环境的保护。另外,由于本项目是和大熊猫研究中心的养育基地合作的,与许多野外地区的生态环境和生物多样性保护项目比较,本项目进行的地点场所相对更安全、更有保障,在项目进行的过程中,还有经验丰富的老师按照成熟的流程对志愿者们进行指导。也正因为这种类型的项目对参加的志愿者们没有硬性的专业素养要求,所以所有关心生物保护、生态环境保护并且有意愿参加志愿者旅行的人都可以参加此类项目。

2. 甘肃敦煌丝绸之路案例

1)案例介绍

在中国的西北,有那么一处地方,那里是全球现存最大的壁画艺术宝库,那里有着世界级的物质文化遗产,那里几乎被沙漠包围,却是世界四大古文明的交会点,同时也是历史长河中悠久的丝路文明中的明珠。那里有着雄浑壮美的自然风貌,多姿多彩的人文景观以及千年风沙也掩埋不尽的历史底蕴。那个神奇的地方便是甘肃省四大绿洲之一的敦煌。

敦煌,中国历史文化名城之一,东亚文化之都,古称"沙洲",地处河西走廊的最西端,是古丝绸之路上的名城重镇。在中国的古代历史中,它是中原通往西域乃至欧洲的唯一通道,是世界四大文明古国的汇流地,也是西域民族集散的大舞台。这里有俗称"千佛洞"的世界佛教艺术宝库莫高窟,有"西出阳关无故人"的阳关和"春风不度"的玉门关,有声越千年之久的鸣沙山和被誉为"天下沙漠第一泉"的月牙泉,有被视作"魔鬼城"的雅丹地貌,有太多太多的自然奇观和人文景观。

敦煌地处甘肃、青海、新疆三省的交会地带,西面是沙漠,与塔克拉玛干沙漠相连,北面是戈壁,与天山余脉相接。作为沙漠中的绿洲,其生态环境是比较脆弱的,保护敦煌的生态环境、避免生态环境恶化、防止生态环境被破坏是保护敦煌地区丰富的自然奇观和历史人文景观的根本。所谓"皮之不存,毛将焉附?"如果敦煌的绿洲消失于漫天的黄沙之中,敦煌地区的文化传承便失去了赖以生存的根基,那时,跨越千年依旧生生不息的丝路文明、历朝历代文化遗迹和各种神奇瑰丽的自然景观终将如同楼兰古国一般尘封于沙漠之下,只留下无尽苍凉。所以,甘肃敦煌丝绸之路公益环保项目的一大重点便是让志愿者们亲手种下植被,参与敦煌的风沙防治工程,为生态环境保护尽一份自己的爱心与力量。

在一周的项目当中,除了保护生态环境以外,敦煌丝绸之路公益环保项目还为志愿者们安排了敦煌历史文化和艺术成果的学习。在项目中,志愿者们可以去被称作敦煌"魔鬼城"的雅丹地质公园感叹大自然的鬼斧神工;可以到河西走廊丝绸之路北道的玉门关和丝绸之路南道的阳关这些留名青史的兵家战略要地、具有重要历史意义的关隘去实地畅游,思古感怀;可以到敦煌博物馆去了解敦煌的历史兴衰与敦煌学的发展历程;可以到敦煌画院去聆听专家导师的研学讲座,从艺术、历史层面去认识莫高窟的艺术硕果;可以参观游览莫高窟、榆林窟,实地感受各式各样精美绝伦的壁画和创作于不同历史时期的雕刻造像的艺术之美,在讲解员的讲解下仔细体味各朝各代在佛像和壁画创作上的不同;可以在专业老师的指导下体验泥板画的制作,通过这一敦煌壁画艺术继承与发展的重要艺术形式去领略千年之前的古代壁画的独特魅力;还可以到久负盛名的鸣沙山和月牙泉去欣赏"沙泉共生"的沙漠奇观和大漠日落的苍凉广阔。

在公益体验、文化体验和游览景观之外,志愿者们还可以自由前往敦煌最大的丝路美食和丝路工艺品聚集地——敦煌夜市,去感受鲜明的地方特色和独特的西域美食文化。

2)案例分析

甘肃敦煌丝绸之路案例的特点在于它不是一个单一类型的志愿旅游项目。这个项目包含了公益类型的生态保护内容,也包含了文化保护型的文化普及推广内容,并且将两者很好地结合在了一起。由于敦煌地理条件的特殊性,生态环境的稳定是敦煌历史文化延续留存和继承发展的前提,没有了这个前提,一切皆休。但如果项目只重视生态环境的保护,忽略了对敦煌丰富的自然景观和历史人文景观的推广,那就是大大地浪费了优良资源,没有认识到文化保护的重要性。所以,甘肃敦煌丝绸之路项目是做得不错的志愿旅游项目,它察觉到了生态环境保护和历史文化保护两者间的不可分割,并且很好地利用了敦煌悠久的历史文化、精美的艺术成果和奇妙的自然风景对人们的吸引力,引导人们去关注生态保护的问题,又用生态保护的成果去守护自然和文化艺术的继承与发展,通过这样的志愿旅游项目让两者紧密结合,相互成就。甘肃敦煌丝绸之路公益环保项目避免了单一生态保护项目的枯燥乏味或是单一文化保护项目的单调严肃,做到了让志愿者们在享受历史人文盛宴与奇妙自然风景的同时奉献自己的人文情怀和力量。相信甘肃敦煌丝绸之路公益保护项目可以帮助这片金色大漠上的青翠绿洲越发郁郁葱葱、生机勃勃,可以帮助历经沧桑、几度盛衰,步履蹒跚地走过了千年漫长曲折历程的敦煌以及它悠久历史孕育的灿烂文化存续发展,使这座流光溢彩的古城更加美丽、更加辉煌。

3. "贵州厦格·百年侗寨读书计划"项目案例

1)案例介绍

贵州,中国较贫穷、发展较落后的省份之一。2021年,贵州省地区生产总值为19586.42亿元,人均生产总值为5.08万元,排在第28位,倒数第四。往回倒退十年,2011年贵州省地区生产总值为5600亿元,排在第26位,人均生产总值为1.61万元,排在最后一位。从这组数据来看,近十年以来,受益于高铁网络的建设和大数据产业的发展,贵州的经济取得了一定的进步,省地区生产总值上升到了中国第22位,努力朝着国家经济的中游地区前进,但是如果看人均生产总值的话,贵州依然是排名靠后的几个地区之一。这说明贵州的经济虽然在逐年的发展中提升着,但是发展仍旧不够,经济水平的提升有限,贵州地区的人们的生活水平依然不高,尤其是在那些偏远的贫困山区。

由于当地的经济体量小,发展受限多,产业单薄,所以能够为当地居民提供的就业岗位和发展机会就少,因此这些地区绝大多数的青壮年基本都会去经济更发达的地区去务工、去谋求发展,于是老年人和留守儿童便成为这些地区长居人口的主要构成群体。对于这些群体而言,保障正常基本的生活已然耗费了他们的大部分时间与精力,指望他们来搞好地区建设和经济发展显然是不现实的,在这样的情况下,这些地区的经济资源会优先用于保障当地居民的生活,所以本就不多的经济资源能投入当地发展使用的就更少了。这也造成了这些地区有大量的建设性和发展性需求而资源却十分匮乏,不足以支持地区发展的情况。比如,这些地区对教育资源的需求是非常大的,可是不论是基础设施的建设还是人才物资的储备,对于当地来说,都是难以解决的困难。

而与经济资源匮乏、经济发展困难不同的是,贵州同时又是一个拥有丰富自然风景资源和少数民族资源的省份,这里有大量保存完好的原始自然风貌,有各式各样的少数民族风情。这里是全中国唯一没有平原的省份,全省地貌由高原、山地、丘陵、盆地四类组成,其中92.5%的面积是山地和丘陵,素有"八山一水一分田"之说,所以贵州也是中国的山地旅游大省和世界知名的山地旅游目的地。贵州黔东南苗族侗族自治州,地处云贵高原东南边缘,居住着苗族、侗族、布依族、水族等20多个少数民族,民族风情非常浓郁。

贵州一直以来都是中国支教援助需求较大的地区,所以除了传统的支教模式外,也有许多公益类教育培训的志愿旅游项目选择了这里。以下分享的"贵州厦格·百年侗寨读书计划"项目就是其中的一个。

贵州黎平肇兴被联合国世界文化基金会评为"返璞归真,回归自然"全球十大旅游首选地。这里有依山而建的侗寨,有风光秀丽的梯田,有历史悠久的农耕文化,也有人类保存最古老的歌谣。根据项目的安排,在5天的志愿旅游中,首先,志愿者们会与当地的孩子开展音乐见面会,相互认识。然后,志愿者们会与孩子们一起进行读书会,将自己带来的图书与孩子们分享,旨在帮助他们养成良好的阅读习惯。之后,志愿者们需要带领厦格村的孩子们亲手搭建属于他们自己的"校园阅读角",志愿者们可以带着孩子们通过旧屋改造、刷墙、绘画和制作木工等方式,把教室里的阅读角打造成孩子们心中的模样,创建专属他们自己的阅读空间。

在帮助孩子们的闲暇之余,志愿者们可以与孩子们一起互动游戏,学习侗语侗歌,可以去参观中国最大的肇兴侗寨和堂安侗族生态博物馆,学习了解侗族的语言服饰、历史传统、文化民俗,可以聆听侗族大歌,感受人类保存最古老的歌谣的原始风味,可以在错落有致的民居、依山环抱的梯田、郁郁葱葱的树林、波澜不惊的水塘间去体会古朴自然的生活气息和宁静恬淡的美感,可以体验寨门迎宾、喝油茶、唱拦路歌等当地传统的少数民族习俗和侗家人的热情,可以品尝当地带有少数民族风味的美食并参与制作一些简易食物。

2) 案例分析

"贵州厦格·百年侗寨读书计划"项目关注到了贫困山区在现代经济社会发

展中的痛点,发现了传统与现代的摩擦——传统的山区村寨中大部分年轻人外出务工,少部分人以务农为生。村寨中更多的是老人和留守儿童,少数民族的老人很多不会说汉语,与外界的沟通有着许多不便,留守儿童缺乏教育和关怀。

因此,像"贵州厦格·百年侗寨读书计划"这类志愿旅游项目的意义就在于,当传统贫困山村的年轻人离开村寨外出发展的时候,组织志愿者们逆向而行,为留守在村寨里的老人和留守儿童带去关怀,为他们做点实事,打造一座属于孩子们的乡村图书馆,希望能够点燃孩子们对书籍和知识的热爱,培养他们的阅读习惯,让他们能成长得更好,也希望能通过志愿者们的行动,让更多人看到经济落后的传统山村在现代化发展中的困难,引导更多的人来推动贫困地区的发展。

4. 中国志愿旅游案例总结分析

在对以上 3 个案例进行分享学习之后,我们可以发现中国志愿旅游发展中存在的一些问题和启示。

第一,中国的志愿旅游有着良好的自然旅游资源和人文旅游资源作为支持。

第二,中国的志愿旅游项目主要分布在经济相对落后的地区,项目往往不是单一类型的项目,而是有着多样的类型和属性。

第三,中国的志愿旅游项目更多的是短周期的项目,项目有些过于商业化,公益属性略显不足。中国的志愿旅游应当降低商业化的程度,提升公益属性,开发更多的长周期性的项目,为志愿者项目的对象提供更好的帮助而不是浅尝辄止的象征性行动。

第四,中国的众多旅游志愿组织难以招募到高素质专业人才,成员大多是以临时召集的形式为组织提供服务,制度的松散导致决策的缺失。

7.6　总　结

综上,我们在分析世界各地的志愿旅游优劣势之后,对中国志愿旅游发展给出一些建议。

一是加大志愿旅游宣传力度,将旅游活动与志愿者服务二者的结合在公众心目中树立出一个较高的价值形象。通过互联网提供志愿旅游信息宣传,使得志愿者们可使用此方式与相关组织取得联系,便于投身于旅游志愿活动。在创新志愿旅游供给渠道的同时,广泛传播志愿旅游精神,增加旅游志愿活动的主体数量。

二是提高旅游志愿者的人身保障与社会荣誉感。政府可以通过设立相关的荣誉奖项,激励人们参与其中,同时各机构也需要建立一套专业的评审评价制度,对旅游志愿者给予充分的社会价值肯定。应当将旅游志愿者视作一种重要的人力资源,营造良好的文化氛围与外部环境,提高社会对旅游志愿者的认知度,肯定其在社会中创造的价值。激励应当坚持物质激励与精神激励相统一的原则,以精神激励为主要方面,包括颁发相关的志愿服务证书、奖章等,例如授予优秀旅游志愿者称号。另外,还可以将先进事迹通报到志愿者所在的社区或学校,并将此与其个人社会发展联系起来,在求职、申请推荐、推优入党等事宜中作为重要参考指标。

三是结合当地实际开发志愿旅游项目,注重旅游社区和谐与当地发展相结合的,走出一条可持续有利当地的志愿旅游服务路线。上述各大洲的志愿旅游案例充分表明了志愿旅游项目的多样性和可拓展性,各地应主动寻求志愿项目上的创新,不能将眼光局限于常规的义工陪护、支教、环境保护等项目。除了开拓新颖项目外,在现有项目上也可以进行深度开发,充实旅游项目的内涵。如罗马尼亚的考古义工,不单单是让旅游者走马观花地游览一遍名胜古迹,还可以让其参与其中,协助专业人员完成劳累繁杂的工作。

四是旅游组织与政府部门需要牵头促进、完善相关法律法规建设与志愿者培训机制,公开规范地设定旅游者招募与服务流程。2016年12月,国务院印发的《"十三五"旅游业发展规划》明确指出,要加强旅游志愿者队伍建设;推进旅游志愿服务制度体系建设,完善旅游志愿者管理激励制度;开展志愿服务公益行动,建立一批旅游志愿服务工作站;培育先进模范志愿者、志愿者组织,树立中国旅游志愿者良好形象;依法登记管理旅游志愿者组织。需要说明的是,首先,地方立法虽然发展很快,但也存在规范不一的问题,如在对志愿服务组织的界定、对志愿者的奖励措施和奖励标准、志愿服务中法律责任等方面,各地就有不同的规定,有的差异还很大。其次,全国性志愿服务立法的缺位,影响志愿服务法制体系整体建设,造成地方立法资源的浪费。再次,全国性志愿服务立法的缺位不利于全国性志愿服务项目的开展,也不利于志愿服务事业的统筹发展,因为地方性志愿服务立法的适用范围毕竟都只局限在一定的地域范围内,无法运用到全国。

五是明确志愿旅游中非营利组织或公益组织的主体作用。这些组织的工作人员可以利用自己专业的知识、丰富的社会实践经验对参加志愿活动的志愿者进行有效的管理,解决志愿者之间、志愿者同工作人员之间、志愿者与被服务对象之间的冲突。化解志愿者在工作过程中出现的工作职责不明确、工作效率低下等情况,帮助志愿者调节情绪、调整心态、释放压力和解决矛盾。同时,加强对志愿者心理承受能力的辅导,提供志愿服务的咨询工作,受理他们的投诉和意见。

六是在志愿者的选拔与培训工作上,组织机构要担负规范流程、制定标准的职责。应严格按要求选拔符合项目基本能力、素质良好的志愿者,明确其在志工作中的岗位与工作内容,选择适宜的志愿活动,避免志愿者因感到困难或不满临时选择退出志愿活动从而影响整个项目的运转的情况发生。

七是加强对旅游志愿者的满意度研究。这不仅能发现目前旅游志愿项目中存在的问题与不足,还有利于改善旅游志愿活动的组织与管理。

第8章　海南省志愿旅游发展现状和前景

海南自建设国际旅游岛以来,社会经济、旅游文化发生了翻天覆地的变化。国际旅游岛这个重大战略发展帮助海南旅游业驶入高速蓬勃发展的快车道,给予整个海南岛更多的发展机遇及挑战。与此同时,全省范围内的志愿者的数量剧增,志愿者服务相关服务体系的建设也逐步规范化,志愿者服务工作也常态化开展。随着海南旅游产业的不断发展壮大,加之海南省"全域旅游"战略的实施,大力推动"旅游+""+旅游"产业建设,使得志愿者服务与旅游产业相互融合,志愿旅游这种新型的旅游形式得到了岛内外广大群众高度关注,志愿旅游业已经成为海南一种新型的旅游新模式,并且将成为海南省多元化、国际化发展过程中的支柱力量。依托《海南自由贸易港建设总体方案》的战略发展,海南岛将大力构建现代产业体系,突出海南的优势和特色,大力发展旅游业、现代服务业和高新技术产业,这也为志愿旅游产业带来了更为广阔的发展空间,更为海南省乡村振兴全面发展提供了更多先决资源。

本章将分析海南志愿旅游发展现状及前景,讨论当前乡村振兴战略重大部署背景下志愿旅游发展方向及实践思路,先行探讨志愿旅游产业品牌化建设的内容,为海南省志愿旅游创新发展与乡村振兴深度融合发展提供思路,推动海南省实现乡村产业振兴、人才振兴、文化振兴、生态振兴、组织振兴。

8.1　海南省志愿旅游发展现状

8.1.1　海南省志愿服务发展现状

志愿服务是社会文明进步的重要标志,是加强精神文明建设、培育和践行社会主义核心价值观的重要内容。近年来,海南省全省全面构建志愿者服务常态化工作,不断渗透到社会生活的方方面面,并与国际志愿者工作接轨。海南省志愿者服务工作秉承政府指导、团省委组织、社会运作、项目化管理、立足海南、辐射全国的战略定位,即由政府统筹志愿者服务工作的总体规划和发展战略,在政策上予以大力扶持,为志愿者服务发展创造良好的环境和条件,同时由团省委组织、承办相关志愿者活动,为志愿者活动的开展提供宣传、推广等方面的支持,社会志愿者组织、协会、队伍承担招募、实施、保障等具体工作,成为海南省志愿者服务工作的排头兵。海南省志愿者服务工作立足海南省全域各产业的多元化发展,加速志愿者服务体系化建设与传统产业的有效结合。

目前,海南省已实现线上线下一体化的志愿者服务管理运营模式。早在2013年,海南政府就发布了"志愿海南"信息平台,该平台主要帮助志愿者完成注册、登记、入库等相关工作。截至2021年,"志愿海南"官方网站实名注册海南志愿者总数已经突破120万,其中19—35岁的青年志愿者近90万人,2020年全省参与志愿服务人次同比增长53%,服务时长累计达到2800多万小时,参与志愿服务300万人次,全省累计开展旅游志愿服务853场次。大型志愿者活动举办2000次,全省官方志愿者组织及非官方志愿者组织突破9000个,开展募捐活动9000多次。2013—2020年,海南省累计参与志愿服务439.11万人次,志愿服务覆盖旅游、环保、支教、交通、社区等16个领域。2019年3月,共青团海南省委搭建起了"一网一号一程序"的志愿服务管理体系,该管理体系由"志愿海南网""志愿海南微信公众号""志愿汇App"组成,实现了线上认领志愿者服务项目与线下组织实施的有机结合。该平台的实施,可以为海南省自贸港建设提供更加优质和精准的志愿服务。

海南省志愿者服务体系的快速发展,为海南省志愿旅游奠定了发展基础。目前,海南省处于旅游业大发展时期,全国大众旅游兴起,海南省旅游者加入志愿旅游的活动的人数越来越多,加快了志愿旅游的发展,并且随着海南乡村振兴战略、自由贸易岛的建设和推进,志愿旅游的全面发展将提升海南省的国内外的旅游产业形象。

8.1.2 海南省志愿旅游服务内容现状

1. 活动服务型

近几年,随着海南省国际旅游岛的成功打造,海南省在各个领域快速发展,每年都定期举办国际性质的大型会议、赛事、节事活动。目前,海南岛每年举办国际性及国家级会议400多场,如博鳌亚洲论坛、海南世界休闲旅游博览会、海南国际旅游美食博览会、世界旅游旅行大会、海南国际旅游贸易博览会等,重点打造了100多项具有国际、国内影响力和海南特色的品牌体育赛事活动,还有海南黎族苗族"三月三"传统节日、海南省艺术节、海南乡村文化旅游节、海南国际椰子节等活动。基于海南省官方活动的举办,海南省对于志愿者的需求量逐年上升,官方活动型的志愿旅游项目孕育而生,每年都会吸引大量的国内外志愿者加入其中。2021年底,第22届海南国际旅游岛欢乐节在海口举办。海南团省委抽调海南大学、琼台师范学院、海口经济学院、海南政法职业学院等多所高校的100名志愿者在欢乐节现场开展志愿服务保障工作。

官方活动服务型志愿者的工作内容主要是为海南省内举办的大型会议、赛事或节事等活动提供基础性服务或针对性的志愿服务工作,志愿者可在工作之余开展旅游活动,感受当地文化氛围。活动服务型志愿旅游是海南志愿旅游全面发展的基石,该类型的志愿旅游发展价值潜力巨大,对于海南省旅游业的宣传、社会经济发展具有促进作用。

活动服务型志愿旅游之所以能吸引大量志愿者加入,其中一个重要的因素就是大型会议、赛事和节事活动的承办主体为政府,海南省各级团组织是活动服务型志愿旅游项目的招募者和推动者,各项活动具有官方性质。这些官方的活动坚持以人为本的志愿者工作原则,针对不同志愿者服务工作科学设置岗位、设立志愿者轮岗制度,科学合理安排志愿者上岗时间,志愿者每班次上岗时间不超过4小时、每天服务不超过8小时。这些人性化的志愿者服务工作,成为志愿旅游的重要吸引因素,同时在住宿、餐饮、通信、保险、交通、补贴等方面给予了志愿者全方位保障,为志愿者更好地开展志愿服务工作营造了有利环境和良好条件。活动服务型志愿旅游项目有潜力发展成为海南省志愿旅游的第一品牌。

2. 乡村综合服务型

在海南自由贸易港建设的总体要求下,海南自贸港建设与国家乡村振兴战略无缝连接,旅游产业与乡村振兴发展相互融合、创新发展,全面启动全域旅游示范省创建及百个特色小镇、千个美丽乡村建设,形成"处处有旅游、行行兼旅游"的全域旅游融合发展新格局。近年来,海南各地快速响应政府决策部署,各级地区充分挖掘本地的丰富民俗文化资源、历史文化资源、自然景观资源,打造海南省不同风格的特色小镇、美丽乡村。特色小镇种类丰富,涵盖旅游小镇、热带特色农业小镇、旅游和农业小镇、黎苗文化小镇、特色农业小镇、农业和旅游小镇等16种类型。特色小镇及美丽乡村的建筑,吸引了大量社会资本投资建设民宿、客栈、精品特色酒店,旅游配套基础设施建设不断完善,这些都成为志愿旅游的重要吸引因素。志愿者主要围绕乡村基础建设、乡村教育、健康乡村、服务乡村建设、乡村社会管理等多个方面展开服务工作。至2022年,"中西部计划"已在海南实施19年,志愿者深入乡村基层开展志愿者服务,传递"奉献、友爱、互助、进步"的志愿者精神,项目累计招募派遣志愿者4200余人,覆盖海南19个市县的乡镇、学校等基层单位,志愿者前往海南省各市县基层开展乡村综合性服务工作,为海南全面实施乡村振兴战略注入了青春活力,为百个特色小镇、千个美丽乡村建设提供了保障。

3. 减贫关护型

减贫关护型的志愿旅游项目,是全球范围内开展较为广泛的项目,贫困国家和地区通过政府机构、社会团体进行志愿者招募。相比于全国其他省份,海南省官方组织的减贫关护项目比较局限,主要以留守儿童关护、助老帮扶、医疗保健和助农增收等为主。海南省主要依托于志愿服务组织开展减贫关护相关的志愿服务,志愿者组织包含社会团体、民办非企业及基金会(海南省留守儿童关爱志愿者协会、海南省义工互助协会、海南省爱心社工志愿者协会、海南省爱心社区义工服务中心、海南省志愿服务发展基金会等)。2015年,海南省在脱贫攻坚工作部署中指出,社会组织可联动企业开展减贫中的蓝马甲项目。项目联动志愿者组织开展多次组织爱心集市销售农副产品,组织返乡大学生加入志愿服务活动,帮助贫困户使用线上平台打通网上销售渠道,协同政府机构为农村建档立卡户滞销的农副产品广开销路。截至2020年,本项目已线上线下累计助销农副产品3600多万元,帮扶带动就近就业创业1300多户。同时,贫困留守儿童、困难老人、残疾人关护等问题都受到了海南省政府的高度关注,各级团组织积极推动开展关爱留守儿童、阳光助残、心理咨询、老人照料等关护型的志愿者活动。

4. 支教型

教育在实施乡村振兴战略中起着基础性、先导性的作用,教育也是乡村经济发展的第一生产力。推进乡村振兴战略,必先振兴乡村教育,乡村教育水平得到提升,必然能够依托教育反哺乡村,服务乡村经济社会可持续发展,实现教育振兴乡村。目前,全国乡村学校相对于城镇学校,仍然存在教师学科结构不合理、师资力量弱、硬件资源及软件辅助资源缺乏等诸多短板和弱项。支教型志愿旅游发展跃进是乡村教育振兴的载体和路径,能为乡村教育事业赋能,同时带动乡村旅游产业发展,促进乡村各产业协同化、多元化发展。

当前,支教型志愿旅游备受大学生志愿者的青睐。每到寒暑假,大量岛内外的志愿者投身海南支教志愿服务中。海南省高校积极组织学生开展各类志愿支教活动,由海南大学校团委重点培育的大学生志愿团队苍鹰支教队已经活跃于中小学支教13年。13年来,队员都会身着统一蓝色队服,坚持每周骑单车至中小学开展支教活动。

2008年,海南省"美在心灵"大学生支教志愿者协会在琼海市成立,分别在海口、三亚、文昌、琼海、儋州等市县设置分队。迄今为止,该协会拥有大学生志愿者

1800多人,分别来自全国10多个省份和160多所大学。该项目以"德、育、体、美"的育人要求为宗旨,前往海南省各市县乡村中学、小学开展爱心支教活动。在支教的传统之上,志愿者根据自己的所学专业、生活技巧协助帮扶学校开展兴趣选修课,通过与学生建立融洽的师生关系,帮助学生建立学习兴趣,开阔视野,积极面对生活,树立正确人生价值观。

5. 生态环境保护型

"十四五"期间,海南生态环境保护的战略,着力于"两个领先"目标,统筹海南省未来生态环境保护进程,系统谋划生态文明建设和生态环境保护的战略布局。海南省经济稳定发展的关键是牢牢守好发展和生态两条底线,牢牢树立"绿水青山就是金山银山"的理念,大力实施生态环境提升行动,促进经济社会发展全面绿色转型,推进海南自由贸易港建设。依托于海南生态环境保护的战略,结合海南岛的生态环境发展需求,生态环境保护型志愿旅游蓬勃发展,以保护促进旅发展,通过生态环境保护志愿旅游促进海南省旅游产业健康可持续发展。

海南蓝丝带海洋保护协会、三亚市环境保护协会(原名三亚市绿涯环境保护协会)等社会组织为生态环境保护做出了巨大贡献。近年,海南省陆续开展了海洋保护志愿服务活动,如"美丽海南,洁净海滩"卫生环保志愿服务活动等,人们纷纷加入活动,共建美丽绿色海南。相比于其他志愿者服务类型,生态环保型志愿者服务更能快速地与旅游进行结合,具有灵活、机动、常态化的特点,即使是纯游玩型的旅行者也能在旅游的过程中参与志愿者环保活动,开展流动性宣讲、垃圾分类、护滩行动、动植物保护等基础性环保活动。

8.1.3 志愿旅游政策现状

自海南建设国际旅游岛以来,海南省政府在近十年间出台了一系列利好海南省发展的政策,为各行各业的监管、保障、发展提供了有力的政策依据,推动了海南省科学、健康、可持续发展。

1. 志愿旅游规范性政策现状

近年来,海南省深入贯彻国际旅游岛重大战略,充分发挥海南的区位和资源优势,加快全域旅游开发建设进程,将海南省打造成为集吃、住、行、游、娱、购为一体的国际度假胜地。同时,海南省全方位开展区域性与国际性经贸文化交流活动、高层次的外交外事活动、国际性赛事活动以及大型旅游节事性活动,打造了如博鳌亚洲论坛、G20峰会、海南省国际马拉松赛、海南国际旅游岛欢乐节等众多国际性品牌活动。

旅游产业快速发展建设及会议、赛事、节事活动的定期举办,使海南省志愿旅游快速发展。海南省为了弘扬志愿者奉献、友爱、互助、进步的精神,规范志愿服务活动,维护志愿者的合法权益,促进志愿服务事业发展,结合本省的实际情况于2009年由海南省第四届人民代表大会常务委员会第九次会议审议通过了《海南省志愿服务条例》,为海南省志愿服务提供了相关的法律依据及政策保障。该政策明确了政府责任,倡导社会全体参与并开展志愿者服务,加快志愿者队伍建设,设立省、市、县志愿服务工作委员会,统筹规划、组织、协调志愿服务工作,规范了志愿服务机构、组织的法律地位,统筹推进志愿者机构的筹备建设,保障志愿者的合法权益,按照条例要求规范志愿者的服务行为,依托志愿者组织、协会、企业建立合法的资金渠道,依法开展募捐、捐赠活动,成立志愿者基金会。该政策出台后,海南省注册成立众多志愿者组织、团体,志愿者注册人数翻倍增长,服务领域趋于多元化,服务形式不断丰富,各种不同类型的志愿者服务项目呈井喷式出现,为志愿者服务发展常态化、规范化发展打下了基础,奠定了海南省志愿旅游产业的发展雏形。

2. 志愿旅游保障性政策现状

海南省颁布《海南省志愿服务条例》之后,不断纵深革新发展,先后制定了《海南省注册志愿者制度实施办法(试行)》《海南省大学生志愿服务中西部计划实施方案》《关于深入开展"关爱农民工志愿服务"活动的通知》《关于深入推进我省学生志愿服务活动的实施意见》《海口市星级志愿者评定与激励反馈暂行办法》《海口市志愿服务条例》《海口市志愿者礼遇办法(试行)》等志愿者保障政策,构建了一套具有海南特色的志愿者保障性政策体系。

目前,海南依托政府、社会组织、企业整合志愿服务相关资源,给予志愿者优质的衣、食、住、行保障,同时各级政府将志愿服务事业经费列入政府年度财政预算,为志愿者提供必要的安全、卫生、医疗等物质保障,为志愿服务事业发展提供资金支持和保障。建立志愿者服务机制,对突出先进事迹、重大贡献的志愿者组织及个人给予表彰。《海口市星级志愿者评定与激励反馈暂行办法》明确规定,志愿者可根据服务时长向志愿者组织申请星级评定,星级等级根据服务时间长短分为1—5星,星级评定一定程度上增加了志愿者的自豪感、获得感。值得关注的是,2003年《海南省大学生志愿服务中西部计划实施方案》的实施,与国家"西部计划"战略紧密结合,形成了"招募—培训—就业"的运行模式,在国家脱贫攻坚战略及目前海南乡村振兴战略发展过程中起到了至关重要的作用。志愿者品牌项目建设取得了突破性的成果,直接带动了海南省的志愿服务事业的建设,激发了大学生参与志愿者活动的热情,促进了志愿服务事业和乡村振兴的发展。

3. 志愿旅游促进性政策现状

依照"海南要坚持五湖四海广揽人才"重要指示,为了更好地吸引人才、留住人才、用好人才,扎实推进海南全岛自由贸易试验区和中国特色自由贸易港建设,在 2018 年,由中国人事科学研究院结合海南省实际情况,制定并实施了《百万人才进海南行动计划(2018—2025 年)》。自该方案实施以来,官方统计,截至 2020 年底,全省人才总量达 190.23 万人,海南省人才资源总量和引才数量全面提升,帮助海南省各行各业缓解了人才紧缺的问题,全面提升了海南省人才素质,为海南省蓬勃发展的旅游产业提供了保障,同时缓解了志愿旅游产业迫切需要人才的问题,积极带动了志愿旅游正向发展。

2018 年 5 月 1 日起,海南省正式实施 59 国人员入境旅游免签政策,俄罗斯、英国、法国、德国等 59 个国家人员持普通护照赴海南旅游,可从海南对外开放口岸免办签证入境,在海南省行政区域内停留 30 天。该政策的实施,进一步推动了海南国际化发展进程,大大提升了海南国际影响力,给海南入境旅游市场带来更为庞大的客流量,吸引了更多国外志愿者、旅游者来海南参加志愿旅游活动,对促进海南志愿旅游的发展具有深远的意义。

8.1.4　海南省志愿旅游目的现状

1. 海南省旅游资源现状

海南省是中国唯一的热带海岛省份,也是全国最大的经济特区,同时还是中国的自由贸易试验区。海南省地处中国最南端,是 21 世纪海上丝绸之路的战略支点。全省陆地总面积 3.54 万平方千米,海域面积约 200 万平方千米。调查统计,海南省 2021 年常住人口总数为 1020.46 万人,包括汉族、黎族、苗族等民族。海南具有得天独厚的旅游资源优势,是集滨海沙滩、热带雨林、珍稀动植物、火山与溶洞、地热温泉、宜人气候、洁净空气、民族风情、名胜古迹等旅游元素为一体的国际旅游岛。

海南属于热带季风气候,全年平均温度 22—27 ℃,气候温暖;阳光充足,年光照时长 1750—2650 小时;空气质量名列全国前茅,是中国非常适合居住的省区之一。据统计,海南省平均每 10000 人有百岁老人 0.53 人,故海南省又称"长寿岛"。海南省拥有长达 1944 千米的海岸线,沙滩面积占 50%—60%,海水清澈透明,海滩柔软白净,是海滨休闲度假的首选目的地,阳光、海水、沙滩、绿色、空气这五个元素成为海南旅游的标志特点。海南素有"东方夏威夷"的美称,吸引着中外旅游者的狂热追捧。

2. 海南省旅游发展现状

自 2016 年国家旅游局首次提出"全域旅游",海南省成为我国第一个创建全域旅游的省区。自此,海南省加速推进各产业的招商引资和项目建设,充分利用生态环境、经济特区、国际旅游岛三大优势,全力打造全域旅游示范省,结合各区域产业资源优势,大力推动"旅游+""+旅游"深度融合发展,促成产业之间协同发展,实现不同产业之间的利益共享。截至 2020 年底,海南按五星级标准建设开业的酒店达 123 家;打造旅游文化园区 7 个;目前,海南共有重点旅游度假区 38 个、国家级及省级旅游度假区 3 个、旅游小镇 6 家、A 级旅游景区 69 家、乡村民宿 66 家、椰级乡村旅游点 197 家。"全域旅游"发展战略成为海南省旅游产业发展的新方向。目前,海南省共 19 个市县,包括 4 个地级市(海口市、三亚市、三沙市、儋州市),5 个县级市(五指山市、文昌市、琼海市、万宁市、东方市),4 个县(澄迈县、屯昌县、安定县、临高县),6 个自治县(白沙黎族自治县、昌江黎族自治县、乐东黎族自治县、陵水黎族自治县、保亭黎族苗族自治县、琼中黎族苗族自治县)。海南省全域旅游创建目标明确要将全省 18 个市县都建成"国家全域旅游示范区"(三沙市除外)。同时,制定各市县全域旅游发展战略目标及路径,各市县旅游产业快速发展,基础设施建设逐步完善,旅游产品建设、公共服务配套、旅游环境、旅游氛围、人才建设等领域达到了精品旅游城市的标准,这些发展规划促使海南省各市县成为志愿旅游目的地的优质选择。

3. 海南省志愿旅游目的地概述及建议

根据现有海南志愿旅游资料以及海南旅游行业发展现状,结合海南省全域发展战略,发现当下志愿者活动在海南开展已初具规模,相关的志愿者服务体系也在逐步完善,但是在志愿旅游方面开展的主题与内容较少,与国内外其他区域相比,未能形成体系化、规模化、类型化的旅游方式。因此,根据海南当前的旅游资源与志愿者服务特点,笔者深入研究各目的地特性,依据当下海南省各市县旅游资源及旅游发展现状给出以下分析与建议。

1)海南北部志愿旅游现状及建议

(1)海口、文昌、澄迈三地旅游资源。

海南省北部组团主要包括海口、文昌、澄迈三市县。

①海口市旅游资源:海口市作为海南省省会城市,是海南省经济、政治、文化的中心,是一座历史悠久且繁荣的城市,拥有 4A 级景区 4 家、3A 级景区 5 家、2A

级景区1家。自然旅游景观主要有海南热带野生动植物园、雷琼海口火山群世界地质公园,休闲型景区主要有海口假日海滩旅游区、观澜湖旅游度假区、琼州文化风情街等,名胜古迹多,比较著名的有五公祠、海瑞墓等景点,各景色都极具特色。海口市未来将重点打造休闲度假旅游品牌、康体养生旅游品牌、商务会展旅游品牌、特色文化旅游品牌、都市娱乐旅游品牌。

②文昌市旅游资源:文昌市是海南海岸线最长的城市,海岸线长达289.82千米,文昌素有"椰子之乡""航天之乡"的美称,也是中国著名的侨乡。文昌市是海南省旅游重地之一,有"琼东第一峰""奇峰秀天下"之称的铜鼓岭,还有被誉为"中国大堡礁"的云龙湾海底自然公园(珊瑚礁)、壮丽的内海风光的石头公园,以及历史文物景区宋庆龄故居、文昌孔庙、张云逸纪念馆等众多优质旅游资源。

③澄迈县旅游资源:澄迈县毗邻省会海口市,是中外著名的"长寿之乡",也是海南典型的"候鸟型"城市,许多国内游客选择在澄迈度过冬天,这里非常适合发展休闲养老型的旅游产业。该地比较著名的旅游景点有福山咖啡文化风情镇中心区、永庆文化旅游景区、金山寺、富力红树湾湿地公园等。

(2)海南北部志愿旅游发展建议。

目前,海口市应结合自身区位优势、交通优势、综合服务优势,将海口市打造成为海南省志愿者的集散地及志愿旅游活动的发布中心,充分利用海口市的旅游资源开展会展服务型志愿旅游、赛会型志愿旅游、景区服务型志愿旅游、敬老关护型志愿旅游等多种形式与不同内容的志愿者服务。未来,海口市志愿旅游发展应以海、澄、文区域一体化发展的全域旅游空间布局为契机,即以海口为中心,辐射带动文昌、澄迈旅游产业发展,整合区域优势资源,强化旅游产业优势互补,打造集航天观光、滨海度假、乡村休闲、养生度假为一体的海南北部生态文化旅游胜地,在满足志愿旅游需求的基础上开展乡村建设型、文化娱乐型、科普宣讲型等不同组合的综合志愿者服务,以志愿者服务拉动旅游产业发展,带动三地特色小镇建设,满足旅游、经济、文化发展需要,打造综合性的志愿旅游线路及品牌。

2)海南省南部志愿旅游现状及建议

(1)三亚、乐东、陵水、保亭四地旅游资源。

海南省南部度假旅游组团主要包括三亚、乐东、陵水、保亭四市县。《海南省旅游发展总体规划(2017—2030)》方案明确指出优先发展大三亚旅游经济圈,"大三亚"包括三亚、乐东、陵水、保亭。大三亚旅游经济圈将以三亚为中心,规划统筹区域旅游土地、岸线、景区资源,带动乐东、陵水、保亭旅游发展,突出滨海度假、黎苗风情度假、雨林风情度假等特色,共同打造海南度假旅游和旅游新业态发展的龙头片区。以"陆海统筹、山海互动、蓝绿并进"为发展目标,构建主题多元的旅游度假区发展格局。

①三亚市旅游资源：三亚是全球极具竞争力的旅游城市，在旅游基础设施建设及配套设施等方面具有雄厚的实力，同时在旅游服务、品牌打造、宣传推广等方面拥有很深的底蕴，是吸引全球瞩目的魅力岛屿。三亚是全省拥有5A级景区最多的城市，截至2021年，有5A级景区3家，包括三亚南山文化旅游区、三亚大小洞天旅游区、三亚蜈支洲岛旅游区；有4A、3A、2A级景区13家，包含热带森林景观、热带海滨景观、洞穴景观、人文景观等数不胜数的特色景观，其中"海棠湾国家海岸"开发态势强劲，使国家海岸形象在国际上的影响力进一步提升。另外，槟榔村5A级乡村旅游区正在逐步建成，乡村旅游开发取得积极的成果，建成数个特色旅游小镇，如亚龙湾玫瑰风情、天涯小鱼温泉小镇等。三亚旅游产业的蓬勃发展对于海南省整体旅游产业有不可小觑的带动作用。

②乐东黎族自治县旅游资源：乐东黎族自治县位于海南省西南部，至今仍保留着很多质朴淳厚的民风民俗，在这里可以感受到浓郁的民族风情、乡村风情，体验黎族苗族"三月三"、黎族苗族歌舞等多种民族特色活动。境内既有全国最美十大森林之一及世界著名的热带雨林尖峰岭国家森林公园，还有独特的伟人形象自然景观毛公山等景观。乐东县是相对比较落后的少数民族县，适合开展偏向于生态环保、助贫、乡村建设发展型的旅游志愿者项目。

③陵水黎族自治县旅游资源：陵水黎族自治县位于海南省东南部，是黎族、苗族、汉族等民族聚集的地区。在陵水县，同样可以感受到浓郁的民族氛围，有大量外地人前往陵水县参与盛大的陵水元宵灯会等民俗节庆活动，在"三月三"聆听黎族苗族人民火热的爱情故事，和鼓声笛声共同起舞欢歌中共庆佳节。同时，陵水县自然旅游资源丰富，包含滨海、沙滩、温泉等不同风格的旅游景点类型，拥有海南分界洲岛旅游区、南湾猴岛生态旅游区、椰田古寨景区、南平温泉等知名景点，是海南省重点打造的滨海休闲度假胜地。

④保亭黎族苗族自治县旅游资源：保亭黎族苗族自治县，位于海南省中部五指山南麓，是首批入选全国全域旅游示范区的海南城市。黎族、苗族为保亭县的世居民族，其中黎族人口占全县总人口的62.4%。保亭历史底蕴深厚，黎族人民的传统文化、民间工艺、民间乐器都需要传承下去。其中，黎族传统纺染织绣技艺被列入联合国教科文组织《保护非物质文化遗产公约》急需保护的非物质文化遗产名录。保亭县主要的旅游资源为黎苗民俗文化、热带雨林、温泉等，其中5A级景区三处，即海南槟榔谷黎苗文化旅游区、海南呀诺达雨林文化旅游区、七仙岭温泉国家森林公园，其他主要景点有神玉岛文化旅游度假区、茶溪谷景区等。未来的保亭县是一个集雨林温泉养生、风情小镇体验、户外运动探险、热带山乡度假、特色节庆活动于一体的国际热带雨林休闲度假胜地。

(2)海南省南部志愿旅游发展建议。

海南省南部志愿旅游的发展应以三亚市为中心,充分发挥三亚市旅游基础设施及配套基础资源的优势,整合乐东、陵水、保亭三市县的优势、特色资源,推动大三亚区域旅游一体化发展,打造集海滨、温泉、雨林、民俗文化于一体的综合国际知名的休闲度假旅游目的地,大力发展以休闲度假旅游、特色乡村旅游为主线的志愿旅游,侧重于发展生态保护、民俗体验、乡村建设型等符合当地发展特色的志愿旅游类型。海南南部志愿者发展应积极通过三亚市将游客流、志愿者引流至其他市县,实现"一市引爆三县"的流量引流,在积极发展三亚市本土志愿旅游项目的同时,实现对三县市的品牌输出、人流输出、服务输出、运营输出。海南省南部志愿旅游应深度挖掘志愿旅游品牌内涵,加强中外志愿旅游交流,吸引更多国外游客、志愿者前往海南南部参与志愿旅游活动,在推动志愿旅游发展的同时,充分运用海南省文化资源优势传递中国文化魅力。

3)海南省中部志愿旅游现状及建议

(1)五指山、定安、屯昌、琼中、白沙五地旅游资源。

海南省中部雨林旅游组团主要包括五指山、定安、屯昌、琼中、白沙五市县。

①五指山市旅游资源:五指山市地处海南省中部,气候属于热带雨林气候,全年雨量充沛,五指山市的名字来源于海南省境内最高的山脉五指山。五指山市因全城群山环绕、森林环绕,故有"翡翠天城""翡翠城"的美誉。五指山是该市较为盛名的景点,主峰位于五指山市境内,该景点素有"海南屋脊"的称号。连绵起伏的山岭,广阔无边的热带雨林,千姿百态的动物、植物分布在山岭之中,是海南省颇具特色的山岭与热带雨林结合的景点,其他重点打造的景点还包括红峡谷文化旅游区、黎峒文化园等。

②定安县旅游资源:定安县位于海南省中部偏东北,气候属热带季风海洋性气候。大量的人文旅游项目及自然景观组成了安定旅游资源,富有古老神话传说的文笔峰支撑起安定的旅游名片,红色旅游资源包含母瑞山、中共定安县第一支部旧址等,也是定安旅游的特色。因琼剧诞生于此,定安又被誉为"琼剧之乡","无定安不成剧团"的佳话在海南民间广为流传。

③屯昌县旅游资源:屯昌县位于海南省中部偏北,是全省唯一的丘陵地带,因位于海南省山地湿润区,故成为海南省境内的避暑首选目的地。屯昌县以民间传统武术为特色,大力发展民俗旅游产业,着重打造了乌坡南药养生风情小镇、枫木冬季瓜菜小镇、南坤(中坤)油茶小镇等特色旅游风情小镇及特色产业小镇,新建了青奥温泉度假区、太极海南医疗养生产业基地、羊角岭水晶矿地质公园等项目。旅游景点主要有加乐潭、洪斗坡白鹭乐园、木色湖旅游度假风景区、新兴石峡海瑞祖居等。

④琼中黎族苗族自治县旅游资源：琼中黎族苗族自治县地处海南省中部，是海南生态核心区，同时也是海南中部民族文化旅游的重要支点，具有"三江之源""森林王国""绿橙之乡""黎苗家园"的美称。景区旅游和乡村旅游是琼中黎族苗族自治县的发展重心，重点打造琼中红岭水库环湖风景旅游区、百花岭风景名胜区，开发新建了特色旅游风情小镇，如长征乡村旅游小镇；开发新建了特色产业小镇，如湾岭农贸物流小镇（物流小镇）、黎母文化特色产业小镇（黎苗文化小镇）等。

⑤白沙黎族自治县旅游资源：白沙黎族自治县位于海南省中西部，原始森林景观与珍稀动植物资源独具特色。有广阔的热带原始森林和种类繁多的热带动植物群，主要旅游景观有红坎瀑布、邦溪坡鹿自然保护区、南九石壁（南开石壁）、陨石坑、坝王岭森林自然保护区、阜喜温泉、白沙冷泉、新村新石器遗址等。

（2）海南省中部志愿旅游发展建议。

海南省中部是具有热带森林特色、黎族民族风情的旅游资源的区域，在旅游发展规划上，应加大对大自然的保护力度，推进海南省中部五市县的协同发展，打造国家热带森林公园旅游区，依托民族文化资源、民俗体验资源，加快特色小镇、产业小镇建设。可以通过热带森林、黎族文化、特色小镇资源，形成海南省中部特色旅游产业，吸引更多的有意向参与志愿旅游的个人、团体开展热带森林保护、乡村建设、民俗体验、动植物保护等偏向于生态保护、民族风情的志愿旅游项目，打造海南省热带森林、民俗体验志愿旅游目的地品牌。

4）海南省东部志愿旅游现状及建议

（1）琼海、万宁两地旅游资源。

海南省东部康养旅游组团主要包括琼海、万宁两市。

①琼海市旅游资源：琼海市位于海南省东部沿海，文化气息浓厚，历史悠久，是著名的"文化之乡""华侨之乡""文明之乡"，被誉为"海南省东海岸的明珠"，是充满传奇色彩的红色娘子军的故乡，红色文化是琼海红色革命发展创造的优秀文化，是琼海旅游文化的一面红色旗帜，现有众多红色旅游景点及爱国主义教育基地，对海南省的政治教育和红色文化传播有着深远意义。博鳌亚洲论坛永久会址所在地建成以来，已经举办过众多大型国际性会议，使得琼海成为中外交流的纽带和世界了解中国的窗口。自从推出全域旅游战略后，琼海市突出康养之旅、乡村之旅、亲子之旅、民俗之旅、田园之旅、美食之旅、小镇之旅、美宿之旅这八大主题旅游高品质线路，从多个维度、类型满足不同游客需求。

②万宁市旅游资源：万宁市位于海南省东南部沿海，年平均气温 24.8 ℃，拥有海滨、岛屿、河流、瀑布、珍稀植物、热带雨林等特色旅游资源，素有"长寿之乡""咖啡之乡""中国槟榔之乡""中国书法之乡""温泉之乡""南药之乡""世界冲浪胜地""植物王国""高尔夫天堂"等美誉。全境有 10 个美丽的海湾，包括石梅湾、南

燕湾、日月湾、春园湾等,有中国低海拔森林保护最好的热带原始生态林海南兴隆侨乡国家森林公园,同时还有东山岭、大洲岛、兴隆温泉旅游区等让游客流连忘返的景点。

(2)海南省东部志愿旅游发展建议。

万宁市及琼海市均为首批入选省级全域旅游示范区的城市,两地相互联动,大力推进乡村旅游建设,形成了以红色体验游、农业观光游、乡村休闲游等精品乡村旅游品牌。志愿旅游发展应与乡村元素对接,开展乡村休闲、生态保护、农耕体验等助力乡村发展的活动项目,借助该区域内举办的国际性质的大型会议、赛事、节事活动,增加会展型、商务型的志愿者服务项目。还可以利用海滨、温泉等自然资源,开展体验感、参与感更强的休闲娱乐型志愿旅游项目,使海南省北部成为全国知名的乡村生态志愿旅游目的地。

5)海南省西部志愿旅游现状及建议

(1)儋州、东方、临高、昌江四地旅游资源。

西部旅游组团主要包括儋州、东方、临高、昌江四市县。

目前,海南省的旅游产业发展并不均衡,形成了"东强西弱"的局面,海南省旅游资源丰富,但欠缺开发和推广。海南省西部旅游发展潜力巨大,在海南省推行全域旅游战略后,西部各市县旅游产业发展蓄势待发。

①儋州市旅游资源:儋州市位于海南省西北部,拥有得天独厚的区位优势,是海南省西部的交通枢纽,中国较大的经济开发区——洋浦经济开发区坐落于此。这里也是海南省东坡文化的传承与传播地。儋州市先后荣获"中国民间艺术之乡""全国诗词之乡""中国楹联之乡"称号,素有"诗乡歌海"美誉。境内主要旅游景点有松涛水库水利风景区、石花水洞地质公园、蓝洋温泉公园、东坡书院等。

②东方市旅游资源:东方市位于海南省西南部,处于亚太经济圈的中心,东方市民族文化氛围浓郁,是黎族的发祥地,节事活动丰富,特别是"三节一赛""中国海南岛欢乐节"等活动对东方市的旅游宣传与发展产生了深远的影响。东方市地大物博,值得一提的是东方花梨木的名气誉享国内外。主要旅游资源包括付龙园遗址、感恩县治遗址、猕猴岭保护区、古镇州城遗址、俄贤岭、白马井古渔港风情小镇、木棠互联网创艺小镇等景点。

③临高县旅游资源:临高县位于海南省西北部,是集红色经典与现代滨海旅游为一体的旅游度假胜地,拥有优越的沙滩、海水、气候等资源。著名的旅游资源有俗称"南海秋涛"的临高角、毗耶灵石的高山岭、"百仞滩声"的百仞滩、"三潭九曲"的古银瀑布等自然景观,还有非物质文化遗产"哩哩美"渔歌对唱以及民间特色八音舞等具有特色的人文景观。

④昌江黎族自治县旅游资源:昌江黎族自治县位于海南省西北部,因昌化江

(也称"昌江")流经境内而得名。木棉花景是昌江县著名的自然景观,每年2月份省内外的游客都慕名而来。山与海的交汇形成了秀丽的自然景观,昌江景观是围绕山海互动旅游目的地进行打造的,著名景点有霸王岭自然保护区、滨海沙漠、皇帝洞、昌化岭、棋子湾、七星燕窝岭、西海岸海尾湿地公园、斧头山自然保护区等。

(2)海南省西部志愿旅游发展建议。

目前,海南省西部旅游产业发展相比与东部较为落后,四市县应强化跨地域的旅游合作,深度对接北部"海、澄、文"、南部"大三亚",结合区域类的优质山海资源、民俗文化资源、古镇古村资源、生态旅游资源,重点开发民俗文化体验、古镇修缮、生态环保等志愿旅游活动。因西部的经济相对落后,教育资源、技术资源、技术服务相对落后,故可开展一些助贫帮扶、义工支教、乡村建设、科技文化类的志愿旅游项目,帮助当地居民提升文化素养、专业技能、生活水平等。在志愿者旅行的过程中,吃、住、行、游、购、娱行为会直接增加当地居民收入,更为重要的是带动该区域乡村旅游建设及发展。

4. 海南省志愿旅游存在的问题

1)志愿旅游政策规范与保障的缺失

自2009年海南颁布《海南省志愿服务条例》后,海南省各地均颁布了诸多志愿者服务相关的法律法规及保障性政策,但并未颁布针对志愿旅游的法律法规及政策条文,志愿旅游活动在开展过程中仍有许多问题。目前,志愿旅游组织形式与主体形式各异,志愿旅游活动从开始到结束,整个流程管理并不规范,甚至脱离相关政策的监管,主要原因是志愿旅游作为一种新型旅游活动与志愿者活动的结合,认知程度低、推广宣传弱,《海南省志愿服务条例》对于志愿旅游的规范性、监督性条例尚未明确。另外,志愿者服务与旅游活动的发展偏向性界限不明确,志愿旅游缺乏明确的监管主体,志愿者的权利和义务难以真正得到法律的保障,市场存在一定的乱象。特别是有些旅行社打着"志愿旅游"的旗号开展多种营利性质的志愿旅游项目,甚至出现高档次的收费、低档次的体验这种情况,也有以所谓的"官方证书"吸引志愿者参加活动,实则"挂羊头卖狗肉"开展纯游乐型旅游项目的,安排的所谓的志愿者服务仅仅停留在做餐厅前台、服务生等工作上,导致志愿者的人身安全、财产安全等权益受到侵害。

2)志愿旅游专业性的缺乏

目前,海南志愿旅游发展处于志愿者服务与旅游产业快速融合发展阶段,志愿旅游发展需求趋向于专业化、系统化、多样化。海南志愿旅游缺乏专业性体现在多个方面。

一是专业人才的缺失。产业的兴旺发展离不开专业人才作为保障。目前,海南省志愿旅游专业性人才缺乏的问题极其突出,主要为人才结构不合理及人才分布不均匀。人才结构不合理表现为志愿旅游主办机构的管理者及员工主要以旅游专业为主,但开展志愿服务或义工服务涉及多种专业领域,志愿旅游的策划、营销、组织、管理、保障等多个环节缺少专业人才的参与,导致旅游活动很难与志愿者服务相契合,造成了"头重脚轻"的局面。未来,志愿旅游需要复合型、创造型、专业型人才。另外,人才不均匀表现在大部分的专业型人才及复合型人才主要集中在海南省经济、旅游发展较为发达的市县或旅游景点,海南省东部地区人才储备远远高于海南省西部地区,导致东部志愿旅游项目的质量、种类、体验远远高于西部。

二是缺乏专业规划。志愿旅游除了规划吃、住、行、游、购、娱等旅游基本要素,还应该考虑志愿服务活动及义工活动的合理性、深度性、公益性。海南省大多数的志愿旅游项目尚未融入有深度的志愿者服务,停留于基础性志愿者服务,以开展旅游活动为主要环节,使得志愿者没有太多参与感、获得感,与普通旅游并无太大差异。

3)志愿旅游品牌化建设的缺失

志愿旅游是一种新型的旅游方式,其发展模式与传统旅游大同小异。旅游品牌化建设对于一个旅游景点、旅游区域、旅游县市的发展壮大有着至关重要的作用。对于旅游参与者来说,最具吸引力的就是旅游景点品牌、旅游区域品牌及城市品牌形象,对于志愿者旅行参与者而言同样如此。目前,海南省的品牌化建设处于滞后阶段,从网络宣传平台、线下宣传渠道很难发现志愿旅游品牌产品、品牌线路、品牌项目,现阶段志愿旅游项目大部分是从现有的旅游产品中衍生而来的,缺乏整体性的规划设计。各旅游景点区域之间旅游资源联动及志愿者服务的串联性及关联性还需要大幅度提升。

另外,海南省目前开展的志愿旅游的附加值普遍偏低,活动主题不够鲜明,志愿者服务单一,整个志愿者旅行活动质量低,很难形成具有特色的志愿旅游品牌,无法满足志愿者个性化、多元化、深层次的需求。

8.2 海南旅游志愿旅游要素概况

8.2.1 国际化志愿旅游资源

海南地处中国最南端,从国际旅游岛的定位再到国际自由贸易港的定位,一直在与国际化接轨方面持续建设。目前,海南在国际化的旅游资源方面具有一定优势与规模,其中海口江东新区与博鳌亚洲论坛永久会址在志愿旅游板块的资源较为丰富,可以以对外交流类的志愿旅游项目作为该资源点的主打项目。

1. 海口江东新区

海口江东新区位于海口东海岸区域,东起东寨港,西至南渡江,北临东海岸线,南至绕城高速二期和212省道。总规划用地面积约298平方千米,分为东部生态功能区和西部产城融合区。其中,东部生态功能区约106平方千米,包含33平方千米的国际重要湿地东寨港国家级自然保护区;西部产城融合区约192平方千米,包含临空经济区、滨海生态总部聚集中心(总部经济集聚区CBD)、滨江国际活力中心、国际文化交往组团、国际综合服务组团、国际离岸创新创业组团、国际高教科研组团,形成"一港双心四组团、十溪汇流百村恬、千顷湿地万亩园"的组团式生态文明城乡空间结构。

人口与规模:至2021年,有人口约21.6万人,建设用地总面积91平方千米。

生态资源:海口江东新区海岸线全长31千米,湿地资源丰富,有湿地面积约90平方千米;河网密集,有9条河道、4条水渠、4座水库;植物种类繁多,林地面积约96平方千米,生态公益林面积20平方千米。

海口江东新区的总体定位:全面深化改革开放试验区的创新区、国家生态文明试验区的展示区、国际旅游消费中心的体验区、国家重大战略服务保障区的示范区。

海口江东新区依托相关国际化资源,作为海南对外展示的窗口,有开展以自贸港为主题的国际化志愿旅游项目的优良条件。

2. 博鳌亚洲论坛永久会址

博鳌亚洲论坛永久会址景区建立在东屿岛上,是东屿岛旅游度假区的核心区,2008年获评国家4A级旅游景区。每年博鳌论坛期间,都有大量的志愿者参与该论坛的志愿者活动。该地基础设施与场馆建设较为完备,是海南当下较为优质的国际志愿旅游资源。相关旅游资源点介绍如下。

首先是培兰大桥与万泉河。培兰大桥全长351米,于2002年专为建设论坛而修建,因东屿岛未开发前,交通只能靠小船摆渡,十分不便。桥的下面,就是海南岛的第三大河——万泉河。李双江曾经歌唱过"我爱五指山,我爱万泉河",唱的就是这里的故事。万泉河中部便是琼州革命的发源地——"红色娘子军"的故乡。万泉河与九曲江、龙滚河三江于博鳌汇聚,于玉带滩的尾部流入南海,流域面积达3693平方千米。

在对外设施上,博鳌亚洲论坛会址具有优良的基础,有国际会议中心、论坛大酒店、东屿岛大酒店、论坛高尔夫球会、亚洲论坛新闻中心、论坛公园等配套设施。从空中俯瞰,整个东屿岛就像一只缓缓游向南海的巨鳌,鳌头独立,三江入海,风景十分独特,是神奇博鳌的核心所在。

博鳌亚洲论坛拥有全亚洲设施先进的新闻中心,对于国际化的志愿旅游项目来说是重要的资源点,该地总建筑面积 5358 平方米,能够接待近 2500 名记者,总投资达 1.1 亿元,分为媒体工作区、媒体制作区、新闻发布区、新闻采访区及直播间等。相关对外活动开办时都在该地办公。

由清华大学捐建的"一带一路"广场是国际志愿旅游项目的优质资源点。"一带"是指丝绸之路经济带;"一路"是指 21 世纪海上丝绸之路。其中,丝绸之路经济带,是中国与西亚各国之间形成的一个在经济合作区域(大致在古丝绸之路范围内,包括西北陕西、甘肃、青海、宁夏、新疆五省区;西南重庆、四川、云南、广西四地)。海上丝绸之路,主要以中国南海为中心,分为南海航线和东海航线,中国境内海上丝绸之路主要由广州、泉州、宁波三个主港和其他支线港组成,通过东南沿海连通世界。该资源点可以展示我国"海纳百川,有容乃大"的大国气魄。

博鳌亚洲论坛永久会址主会场是该地的核心资源点,我们国家的三代领导人核心都极为关心和重视博鳌亚洲论坛,从江泽民主席到胡锦涛主席再到习近平主席,都曾在论坛开幕式向世界发表主旨演讲。其中,习近平主席来过 4 次,胡锦涛主席来过 3 次,李克强总理也来过 4 次,都是在前方的主席台上,向世界发表主旨演讲。该地见证了中国在世界的影响力不断增大。

博鳌亚洲论坛国际会议中心南门厅是迎宾厅,每年年会开幕式前,作为东道主的我国领导人,一般站在这里,迎接参会的其他国家领导人,并且在这个背景墙下合影。南门厅左右侧,是两个贵宾休息室,一个为外方准备,另一个为中方准备,是会议时的休息室。

8.2.2 海洋主题志愿旅游资源

海南拥有丰富的海洋资源,在海洋旅游充分发展的当下,海南各地在开展海洋资源保护工作方面也具有一定的经验。

海南各类海岛资源丰富,其中在万宁的大洲岛的海洋保护志愿工作具有代表性。大洲岛即燕窝岛,位于万宁东南部的海面上,是海南沿海最大的岛屿,距万宁县城 15 千米,与乌场港隔海相望,在乌场港可乘船上岛。大洲岛又称"独洲岭",也叫"独珠岭",有二岛三峰,面积 4.36 平方千米,主峰高 289.3 米。唐宋以来,大洲岛一直成为航海的标志,为我国唯一的金丝燕产地。"东方珍品"大洲燕窝就产于此。山上有山薯（淮山）、金不换、龙血树和野胡椒等植物资源。动物有毛鸡、蛇、四脚蛇和各种各样的鸟类，资源十分丰富。燕窝岛还是一个赏海观景旅游胜地。此岛分为北小岭、南大岭，中间有一个长500米的沙滩相连。该岛石奇海美，不仅可以观山赏石，眺海览秀，还可以潜水旅游。该岛周围海域海水清澈，一般水下可看5—10米深。海底生物多姿多彩，很适宜水下捕采和摄影。潜入海底，色彩斑斓，美不胜收。岛上燕窝洞府，扑朔迷离，古木葱郁，怪石嶙峋；尤其是那两峰对峙、两港相望的"峙峰倒影山浮水"幻景，还有微风鼓浪、水石击搏所出现的"碧水泻玉，银练抛空"景观，使人大饱眼福。在这里，游人既可以登高观日出日落，又可以尽情领略热带海上旅游的乐趣。1990年，这里被批准为国家级海洋生态气候自然保护区。

相关志愿服务机构也在积极开展海洋志愿工作。2021年，由世界联合基金会发起的"中国海洋保护行动"正式在民政部慈善中国备案并通过审核，标志着围绕中国海洋保护开展的各项行动即将正式拉开序幕。作为海南本土拥有公开募集资格的基金会（慈善组织），将先立足海南，动员社会力量共同参与海洋保护行动。

海南还开展以下志愿服务工作，包括：日常海洋净滩与垃圾处理、增殖放流、生物多样性保育等活动；搭建海洋保护相关网站及信息技术开发与管理；建立海洋知识体系内容的生产和培训课程开发；海洋动物救助、治疗、看护与放生；建立保护区、救助站（救助中心）、志愿者营地，并筹集相关物资；面向社会招募志愿者，开展支持公众参与海洋保护的行动，资助开展海洋保护的机构、公益项目和个人，表彰优秀的个人和组织；组织开展以海洋保护为主题的线上与线下活动和会议，以及科学研究与资源监测；视频影像拍摄与制作及其他。

同时，将线下志愿活动进行细分，包括五大方向。方向一：策划公众参与的线上活动以及线下公益旅行与生态保护活动。方向二：参与海岛放生（增殖放流）、陆地与水下垃圾清理的行动。方向三：海岛护岛员与志愿者日常工作的视频拍摄与影像记录。方向四：开展海岛守护者计划的前期实地调研与整体设计。方向五：大洲岛岛主志愿活动项目。根据志愿服务时长，将志愿者分为驻岛与不驻岛两种。其中，驻岛志愿者每次驻岛时间不少于2周，不驻岛志愿者分为临时志愿者、短期志愿者两类。临时志愿者只需根据活动参与一些执行工作，短期志愿者作为世界联合基金会的工作人员，配合长期工作人员开展日常运营和管理工作，短期志愿者服务时长不少于4周。

大洲岛岛主志愿活动项目的志愿者属于专业志愿者的一种，负责对大洲岛的整体保护、可持续发展、品牌传播以及内部治理进行管理和统筹。作为岛主，可以调动世界联合基金会的资源，开展任何有利于大洲岛可持续发展的对外合作、项目实施等。岛主在深度了解大洲岛的资源后可自由安排行程与工作内容。大洲岛岛主参与时间不少于 3 个月。

8.2.3 热带雨林志愿旅游资源

海南热带雨林资源较为丰富,如海口火山口公园、东寨港红树林、海南热带雨林国家公园等。

1. 海口火山口公园

海口火山口公园于 1996 年由原琼山市人民政府批准、海南椰湾旅业有限公司(后更名为海南椰湾集团有限公司)建设经营,后又经琼山市政府批准按生态经济示范区的规划建设。

海口火山口公园是全国科普教育基地、全国青少年科技教育基地、国家防震减灾科普教育基地、国土资源科普基地、香港生态旅游专业培训基地等。

其主园区是雷琼世界地质公园海口园区的主体园区,是按海南石山火山群国家地质公园总体规划建设成的面向社会大众的窗口性旅游区。

海南椰湾集团有限公司投资建设主园区。其南部,即马鞍岭火山口景区与入口处综合服务区,已建成景区有景点 30 多处,建设科普馆 2 座,已建符合联合国世界地质公园专业标准的解说系统。游客量逐年提升,年游客量最高 120 万人次,以散客为主。

1)区位优势

公园位于海南省海口市秀英区石山、永兴两镇境内,距海口美兰国际机场 30 千米,与海口市区中心相距不到 15 千米。

2)区内资源

8000 年前的火山爆发,形成了 186 平方千米的世界级火山旅游资源,是国际旅游岛在琼北地区的重要资源。

(1)地质遗迹资源:园区内有 30 多座火山,30 多条熔岩隧道,特点是火山类型齐全、多样,景观极其丰富,被联合国教科文组织评定为"杰出而又有普遍意义的价值,应得到全人类的关注与保护"。

(2)生态自然景观:园区内各类植物多达上千种,花梨、沉香等珍稀植物被国家列为保护品种,有上万亩热带原生和次生雨林、数万亩野荔枝林、数万棵古榕树和野生重阳树,地下蕴藏丰富的火山矿温泉资源,地表有火山泉形成的山塘、湖泊等。

(3)民居民俗和人文景观:园区内的火山脚下,有 20 多个保持完整风貌的古村落,由玄武岩构成的石屋、石墙、石门、石塔、石庙、石路和各种生活用具等物质文化遗产;还有公期、婚嫁、八音、木偶戏、山歌、民谣、族谱等非物质文化遗产。

这些具有典型的火山文化特色,具有宝贵的历史文化价值,被专家赞誉为"华夏火山文化之经典",是建设国际旅游岛的特色元素,也是热带雨林志愿旅游项目的优质资源点。海口火山口公园通过高水平的规划保护与利用,打造世界级火山文化旅游精品,将成为海南国际旅游消费中心的亮点。海口火山口公园还被定为全国科普教育基地。目前,海口火山口公园全力创建国家 5A 级旅游景区,致力于打造世界级火山生态文化旅游胜地,成为海南国际旅游岛消费中心的精品。

2. 东寨港红树林

海南东寨港红树林自然保护区位于海口市美兰区东北部的东寨港,绵延 50 千米,是中国建立的第一个红树林保护区。东寨港红树林自然保护区于 1980 年经广东省人民政府批准建立,1986 年经国务院审定晋升为国家级自然保护区,1992 年被列入《关于特别是作为水禽栖息地的国际重要湿地公约》组织中的国际重要湿地名录,是中国 7 个被列入国际重要湿地名录的保护区之一。

东寨港有"一港四河、四河满绿"之说。其东有演州河,南有三江河(又称"罗雅河"),西有演丰东河、西河,4 条河流汇入东寨港后流入大海。这些河流每年有 7 亿立方米的水量注入东寨港。暴雨季节,河水携带大量泥沙,在港内沉积,形成广阔的滩涂沼泽。红树种子凭借胎生的独特繁殖方式,随波逐流地在水上漂泊,一遇到海滩就扎根生长发育,蔚然成林。

截至 2019 年,保护区面积为 3000 多公顷,保护范围 8000 多公顷,分布有红树植物 19 科 36 种,占全国红树植物种类的 97.2%,其中红榄李、水椰、海南海桑、拟海桑和木果楝已载入《中国植物红皮书》。保护区内已记录鸟类 208 种、软皮动物 115 种、鱼类 160 种、虾类 70 多种,是迄今为止我国红树林中连片面积最大、树种最多、林分保育最好、生物多样性最丰富的自然保护区。

该地可以开展热带雨林保护、生物多样性保护等义工旅游项目,是自然环保志愿旅游项目中的重要资源点。

3. 海南热带雨林国家公园

海南热带雨林国家公园位于海南岛中部山区,东起海南吊罗山国家森林公园,西至尖峰岭国家级自然保护区,南自保亭县毛感乡,北至黎母山省级自然保护区,总面积 4268.54 平方千米,约占海南岛陆域面积的 1/8,范围涉及五指山、琼中、白沙、昌江、东方、保亭、陵水、乐东、万宁 9 个市县。其中,霸王岭国家森林公园地处国家公园核心地带,拥有海南特有的民族风情,可以作为该区域志愿旅游的重要资源点。

霸王岭山高林密，常有黑熊出没，以前猎人经常能听到黑熊的叫声，黑熊叫声和狗一样，故黑熊也称为"狗熊"，在黎语中"狗"的发音为"坝"，故当地黎人称此岭为"坝王岭"，意思是"狗熊汪汪叫的山岭"。1997年，经上级部门批准，"坝王岭"改称"霸王岭"，似有在森工转产中成就霸业之意。

霸王岭园区是海南热带雨林国家公园七大分局之一，截至2020年，其面积为132万亩，森林覆盖率达98.59%（不包括大广坝水库）。区内有国内保存完好的热带雨林，分布有野生维管束植物2216种。有国家一级保护植物海南苏铁、葫芦苏铁、龙尾苏铁、坡垒等，国家二级保护植物油丹、青梅、海南梧桐等。区内有国家一级保护动物海南长臂猿、坡鹿、海南孔雀雉、圆鼻巨蜥、海南山鹧鸪等；国家二级保护动物有白鹇、海南水鹿、海南巨松鼠等。全球珍稀、极度濒危和中国特有的灵长类物种——海南长臂猿，就生活在霸王岭，是海南岛的"雨林精灵"，目前有33只。

该地交通便利，距昌江县城石碌镇26千米，距海口市214千米，距三亚市238千米。区内最高峰——猕猴岭，海拔1654.8米，是海南第三高峰。霸王岭长臂猿旅游小镇是一个集森林保护、科普教育、科研考察、雨林观光、森林康养、户外拓展、民族风情体验于一体的生态文化型旅游小镇，是海南国际旅游岛建设十七大旅游景区之一。景区内有保存完好的原始热带雨林，景区温和，动植物种类繁多，自然生态系统具有原真性和完整性，景区景观奇特，是海南热带雨林七大分布区之一。霸王岭国家森林公园已加入了海南省旅游景区协会，并被列为第二批全国森林康养示范基地单位、首批国家热带雨林氧吧小镇试点单位、国家级3A级旅游景区等。

8.2.4 民族文化志愿旅游资源

海南既有符合传统文化的志愿旅游资源点，如以东坡书院为代表的资源点，也有以槟榔谷为代表的少数民族特色志愿旅游资源点，也有如呀诺达文化旅游区这样的优质"生态+民族"资源点。这些资源点可以与研学旅行有效结合，让民族文化助力志愿旅游发展。

1. 东坡书院

东坡书院位于儋州市中和镇中心大道30号，始建于北宋绍圣五年(1098年)，园区占地58余亩，院内面积25000平方米，它是北宋大文豪苏东坡居儋时讲学会友的场所。东坡书院于1996年被授予"国家级重点文物保护单位"称号，2011年被评为国家3A级旅游景区,为海南重要的人文旅游胜迹之一。

东坡书院原名"载酒堂",位于儋州市中和镇东郊。一日,东坡与昌化军使(昌化军即现在的儋州)张中同访黎子云,与当地人士相聚一起。众人提议,为方便东坡讲学会友,开化地方,在黎子云处建一讲堂。东坡欣然赞许,并为其起名曰"载酒堂"。苏东坡居儋整三年,其间,一代文宗躬耕自处,苦心劝农,移风易俗,敷扬文教,著书立说,为世人所敬仰。当时,在苏东坡精神感召下,儋州乃至整个海南读书学文化的风气逐渐养成。接受过他教化的琼州士人姜唐佐在他北归后的第二年即成为海南第一位举人,而在他北归后的第九年,昌化军人士符确考中进士,从此海南"大破天荒",结束了没有进士的历史,符确成为海南第一位进士。所以海南一直把苏东坡作为海南文化开发启蒙的重要功臣,而他对儋州文化的启迪之功,更为世代所传颂。"琼之有士始乎儋,琼之士亦莫盛乎儋",这正是苏东坡对儋州文化开发的不朽之功。

2. 槟榔谷黎苗文化旅游区

海南槟榔谷黎苗文化旅游区创建于1998年,地处北纬18°,位于保亭县与三亚市交界的甘什岭自然保护区境内。景区坐落在万余棵亭亭玉立、婀娜多姿的槟榔林海,令游客可置身于古木参天、藤蔓交织的热带雨林中,规划面积5000余亩,距亚龙湾海岸26千米,距三亚市中心28千米。

槟榔谷因其两边森林重峦叠嶂,中间是一条延绵数公里的槟榔谷地而得名。景区由非遗村、甘什黎村、谷银苗家、田野黎家、《槟榔·古韵》大型实景演出、兰花小木屋、黎苗风味美食街七大文化体验区构成,风景秀丽。景区内还展示了10项国家级非物质文化遗产,其中黎族传统纺染织绣技艺被联合国教科文组织列入非物质文化遗产急需保护名录。槟榔谷还是海南黎族苗族传统三月三及七夕嬉水节的主要活动举办地之一,文化魅力十足,是海南民族文化的活化石。

2015年,槟榔谷获得国家5A级旅游景区称号,作为中国首家民族文化型5A级景区,槟榔谷还是国家非物质文化遗产生产性保护基地、十大最佳电影拍摄取景基地,分别获得国务院、文化部、农业部颁发的全国民族团结进步模范集体、国家文化出口重点项目、全国休闲农业与乡村旅游五星级企业等多项国家荣誉。

海南槟榔谷黎苗文化旅游区秉承"挖掘、保护、传承、弘扬海南黎苗文化,使其生生不息"的使命,向世界再现了海南千年的昨日文明,是海南当地文化的传承者和创新实践者。

3. 呀诺达雨林文化旅游区

呀诺达雨林文化旅游区位于保亭县西南部,临近三亚市,景区面积45平方千米。景区距离东线高速公路 15 千米,距离三亚市约 35 千米,气候属热带季风气候,年平均温度 21.6—24.5 ℃,年降雨量 1500—1900 毫米。景区具有优渥的自然资源禀赋与独特的民族文化项目。

呀诺达雨林文化旅游区以天然自然景观为基础,强化和保护景区优美的自然环境,融合原始雨林生态文化、黎苗文化、南药文化等理念,打造集雨林图腾、传统文化、自然风光、民俗风情、休闲度假、观光娱乐、雨林精灵于一体的大型生态文化主题国际休闲度假旅游社区,是海南生态民族旅游的优质资源,是具有国际影响力的热带雨林生态旅游品牌。

呀诺达雨林文化旅游区于 2015 年被中国科学技术协会确认为全国科普教育基地,并且对于黎苗文化传承也做出贡献,多次组织举办以黎苗非物质文化遗产为主题的文化展演,2018 年被评选为海南省级研学基地。

呀诺达雨林文化旅游区自然资源丰富,特别是雨林资源、历史文化资源异常丰富,适合开展针对广大青年群体的自然环保方面的志愿旅游,同时也具备开展以民俗研究为主题的少数民族文化风情的志愿旅游的条件。

8.2.5 红色旅游与乡村振兴志愿旅游资源

海南红色旅游资源丰富,既有海南解放公园与红色娘子军纪念园这样广为人知的红色旅游资源,也有如仁台村这样新兴的美丽乡村资源点,可作为志愿旅游资源点进行开发。

1. 海南解放公园

海南解放公园(临高角解放公园)位于临高县北部海岸,距离临高县城 11 千米,是临高县为纪念解放海南渡海登陆战而在登陆点建立的,公园已被确认为省级爱国主义教育基地。公园具有深厚的历史文化底蕴和重大的革命历史纪念意义,是海南红色旅游的重要景点和对青少年进行爱国主义教育的重要基地,2021 年,被中央宣传部命名为全国爱国主义教育示范基地。

主要设施:临高角解放公园占地面积 86 亩,主要分为 4 个区域,即热血丰碑、解放海南临高角登陆纪念馆、百年灯塔、四十军烈士纪念碑。公园以热血丰碑雕像为轴心,与百年灯塔和四十军烈士纪念碑相对应,以蓝天碧海为背景,雕像、灯塔、纪念碑以及蓝天碧海都汇聚在纪念馆里,突出了对解放海南的革命先烈的纪念之意和缅怀之情。热血丰碑、四十军烈士纪念碑、百年灯塔三点一线,百年灯塔见证了中国百年的屈辱,热血丰碑、四十军烈士纪念碑体现了中国人民不屈不挠的奋斗和抗争精神,历史的对话震撼人心,激励人们奋发前进。

2. 临高角解放海南纪念塑像——热血丰碑

1950年4月17日,中国人民解放军第四野战军四十军为解放海南在临高角登陆。为纪念这一伟大的历史事件,1995年,经海南省政府同意,共青团海南省委发动海南人民共同捐款,投入520万元修建了一座解放海南纪念塑像——热血丰碑。这是两名战士胜利呐喊的人身组石像。塑像总高度18.9米,总重量1600吨,塑像基座正面雕刻着江泽民主席于1996年亲笔书写的"军民共筑热血丰碑,解放海南业绩永存"16个大字,背面刻着渡海作战解放海南历史碑记。塑像以碧海蓝天为背景,造型宏大、气势雄伟,结合广大的纪念广场,使整个塑像显得大气磅礴。临高角解放海南纪念塑像是海南省最大的革命历史纪念塑像。

3. 解放海南临高角登陆纪念馆

解放海南临高角登陆纪念馆于2006年5月投资兴建,2006年12月建成使用,是临高角解放公园主体建筑,建设面积1100平方米,是在拆除原纪念馆基础上重新扩建的。纪念馆共计21个场景,5个多媒体场景,分为历史背景、琼崖纵队、大练兵、文物展支前、木船打军舰等。馆里展出了72张解放海南临高角登陆战的历史图片,有解放军当年的军衣、军帽、军鞋、电台、木船模型、敌机模型等展品330件,其中文物展品123件。纪念馆的最大特色是采用声、光、电、影像等现代多媒体技术及实景缩微多种高科技手段,全景式地立体再现了人民解放军在广大人民群众支持下,强渡琼州海峡,创造了木帆船打败国民党军舰的战争奇迹。走进纪念馆,即可看到刻在石碑上的序文,序文简要地介绍了纪念馆的建设及其所承载的历史意义。解放海南临高角登陆纪念馆是当前海南省唯一一处以多媒体技术为特色的革命传统教育基地,将青少年革命传统教育同现代展览方式相结合,使之变得生动和易于接受,开创了海南革命传统教育的新形式。

4. 百年灯塔

临高角百年灯塔位于琼州海峡西面进口处,是海南最古老的灯塔,清光绪十九年(1893年)由法国人建造,塔身为钢质圆筒体结构,塔高20.6米,宽1.88米,塔顶设有灯器,射程18海里(1海里约为1852米)。百余年来,临高角百年灯塔一直是船舶进出琼州海峡的重要助航标志,曾为海南解放立下赫赫战功。1997年,临高角百年灯塔被国际航标协会列入世界100座历史文物灯塔名册,是著名的国际航标。2002年,被国家邮政总局列入当年发行的历史文物灯塔纪念邮票,向全世界发行。临高角百年灯塔见证了中国的百年屈辱,具有深厚的历史文化底蕴和爱国主义教育内涵。

5. 四十军解放海南战役牺牲烈士纪念碑

2008年3月,海南投资36万元建造四十军解放海南战役牺牲烈士纪念碑,5月建成揭牌。纪念碑由沈阳鲁迅美术学院设计,设计理念由木船、旗帜、海浪和台阶等元素构成。纪念碑碑身呈船形,正面是昂首的船头,两侧面为飘动的旗帜,总体构思为渡海官兵在战旗的指引下,乘风破浪、勇往直前。

纪念碑的碑座和旗面3层迭进,意为勇士们3次强行登陆;烈士的英名镌刻在旗帜上,意为鲜血染红了旗帜;整个碑体由7块碑石构成,意为四十军创造的"七个第一";纪念碑朝向大陆,意为烈士遥望家乡,船载魂兮归来。

四十军纪念碑和热血丰碑遥相呼应,既是对热血丰碑的诠释,更是对解放海南战役的诠释,使整个公园更具有震撼力。

6. 红色娘子军纪念园

红色娘子军纪念园是全国爱国主义教育基地、海南省爱国主义教育基地、全国红色旅游经典景区,位于琼海市嘉积镇万石坡。

纪念园由和平广场、纪念广场、红色娘子军纪念馆、椰林寨、旅游服务区5个部分组成,占地面积200亩。和平广场位于纪念园的正中前沿,可容纳数千人,正中舞台背景是女子军竹笠、军号、和平鸽、砸断的锁链的巨型雕塑。纪念广场位于纪念园的西北侧,广场上有红色娘子军战士雕像、展现红色娘子军战斗历程的浮雕墙、栽培纪念树的园地与观看红色娘子军战士曲艺表演的场地。椰林寨位于纪念园的西南侧,外观似"南府",内设书刊与工艺纪念品展销室等。旅游服务区位于纪念园的西侧,设有红色娘子军射击娱乐场、海岛服装、土特产销售商场和宾客餐饮场所。

红色娘子军纪念馆共3层,位于纪念园的中心位置,占地面积770平方米,建筑面积1520平方米。纪念馆前庭矗立着一尊巨型的红色娘子军战士雕像,雕像庄重威武,英姿飒爽。纪念馆正面呈八一五星造型,显示娘子军连属于人民军队建制,象征红色娘子军用革命武装捍卫红色苏维埃政权。纪念馆的一楼设红色娘子军陈列厅,二楼设放映厅、实景多媒体厅。

2001年,红色娘子军纪念园被中宣部确定为全国爱国主义教育示范基地。2005年,被国家发展和改革委员会、中共中央宣传部、国家旅游局确定为全国红色旅游经典景区。

7. 海口仁台村

2019年,中共中央、国务院印发《新时代爱国主义教育实施纲要》后,全国各地对爱国主义的教育工作更加深入,按照中央全面深化拓展新时代文明实践中心建设的部署,大力发扬我们党宣传群众、教育群众、引领群众、服务群众的优良传统,着力用习近平新时代中国特色社会主义思想教育人,用社会主义核心价值观培育人。《海南省国民经济和社会发展第十四个五年规划和二〇三五年远景目标纲要》积极响应中央政策,提出在建设海南自贸港的同时,要不断加强爱国主义教育来涵养自由贸易港的精神。同时,"十四五"也是实现共同富裕的关键时期,海南省全面实施乡村振兴战略与乡村建设行动,对于海口市龙华区辖区下的仁台村,既是机遇同时也是挑战。因为仁台村曾是琼崖红军根据地,是海南红色教育的重要地点,但其所在地羊山地区因为地理位置的限制,不适宜耕种。因此,仁台村需要挖掘深入其红色基因,以红色教育为依托,以志愿旅游为途径,以产业融合发展为助力,落实红色教育工作,实现乡村振兴。

以仁台村为代表的乡村振兴资源点,可以深度挖掘当地的革命历史、红色文化资源,立足现有的基础建设和周边产业,整合省、市、区、镇、村五级联动的综合资源,以红色文化为依托,以志愿旅游为发展途径,实现红色教育可持续发展。

8.3　海南自贸港加速志愿旅游发展前景

2020年,中共中央、国务院印发了《海南自由贸易港建设总体方案》(以下简称《总体方案》),明确从总体要求、制度设计、分步骤分阶段安排、组织实施者四个方面做出工作部署。《总体方案》指出,紧紧围绕国家赋予海南建设全面深化改革开放试验区、国际旅游消费中心的战略定位,充分发挥海南自然资源丰富、地理区位独特以及背靠超大规模国内市场和腹地经济等优势,抢抓全球新一轮科技革命和产业变革重要机遇,聚焦发展旅游业、现代服务业和高新技术产业。该方案的颁布标志着海南自由贸易港建设重大战略进入全面实施阶段。

8.3.1　海南自贸港加速志愿旅游发展动力

《总体方案》明确海南要紧紧围绕建设全面深化改革开放试验区、国家生态文明试验区、国际旅游消费中心和国家重大战略服务保障区的战略定位,大力发展旅游业、现代服务业和高新技术产业,不断夯实实体经济基础,增强产业竞争力。海南自由贸易港建设推动了海南省旅游产业向多元化、开放化、国际化发展,同时为志愿旅游这种新兴产业创造了发展的新动力,志愿旅游迎来了千载难逢的发展机遇。海南自贸港对海南志愿旅游发展的助推主要表现在以下几个方面。

1. 零关税政策

在 2025 年,海南岛封关运作之前,率先对部分进口商品实施"零关税",免征进口关税、进口环节增值税和消费税。其中包括对海南岛内用于交通运输、旅游业的船舶、航空器等交通工具,实行"零关税"的正面清单管理。

零关税政策将为海南志愿旅游业发展提供助力,促进旅游设施、设备产品质量的提高,同时降低企业、景点、园区的采购成本,推动旅游企业、景区稳步健康发展。

2. 免税购物政策放宽

大幅放宽离岛免税购物政策,免税购物的额度从每人每年 3 万元提升到每人每年 10 万元,并且在现行 38 类商品的基础上进一步扩大免税商品种类,同时优化管理,提高旅客购物的便利度。

离岛免税政策的放宽促进了海南现代服务业发展,吸引了更多中外游客,带动了旅游业的发展,推动了交通、餐饮、住宿等上下游行业的发展;也有利于吸引消费回流,推动消费升级,通过缩小国际品牌的境内外价差,把购买力留在国内。免税政策放宽,从"购"的角度将海南旅游特色化,通过"免税购"的元素推动更多志愿者参与海南的志愿旅游。

3. 金融助力产业

支持金融机构立足海南旅游业、现代服务业、高新技术产业等重点产业发展需要,创新金融产品,提升服务质量。

金融机构可为旅游产业提供以融资为核心的金融支持,缓解各类旅游企业的资金压力,进一步提升旅游业发展质量。通过金融与旅游的深度助力,开发具有创新性的金融产品,为志愿旅游发展产业化创造更多的条件和机会。

4. 便利的免签入境措施

将外国人免签入境渠道由旅行社邀请接待扩展为外国人自行申报或通过单位邀请接待免签入境。放宽外国人申请免签入境事由限制,允许外国人以商贸、访问、探亲、就医、会展、体育竞技等事由申请免签入境海南。实施外国旅游团乘坐邮轮入境 15 天免签政策。

便利的免签入境政策意味着外国人到海南旅游更为简单便捷,使海南旅游产业更具含金量,可以加快海南旅游国际化水平进程,提升国际旅游地位,吸引更多外国人前往海南省旅游,加速海南志愿旅游国际化进程。

5. 开放的航空运输政策

海南自由贸易港建设推动了在双边航空运输协定中实现对双方承运人开放往返海南的第三、第四航权，并根据我国整体航空运输政策，扩大包括第五、第六航权在内的海南自由贸易港建设所必需的航权安排。支持在海南试点开放第七航权。

开放的航空旅游政策对海南的多个方面具有积极影响，有利于增加海南出入境市场航空运力投放，促进海南岛航空运输网络进一步完善和拓展，帮助海南增加旅客来源，拓展海南航空市场，加快海南岛航空枢纽建设，提升海南省志愿旅游市场的活力。

6. 优化税收

对在海南自由贸易港设立的旅游业、现代服务业、高新技术产业企业2025年前新增境外直接投资取得的收入免征企业所得税。

针对旅游业、现代服务业、高新技术企业的税收优惠政策，有助于吸引外资企业、高新型企业、高质量企业落户海南，形成产业聚能，优化升级自贸港产业结构，推动经济高质量发展，带动志愿旅游快速国际化发展。

7. 构建产业体系

海南省自贸港建设将大力发展旅游业、现代服务业和高新技术产业。

自贸港建设推动旅游与文化体育、健康医疗、养老养生等深度融合，打造"旅游＋文化＋健康＋养生"的创新发展模式，志愿旅游发展通过联动文化、健康、养生丰富项目类型，可挖掘具有特色的文化体验型、健康保护型、养生休闲型的志愿者品牌项目，打开与国际志愿旅游深度交流的窗口。

8. 人才保障措施

针对高端产业人才，实行更加开放的人才和停居留政策，打造人才集聚高地，推进建立人才服务中心，提供工作就业、教育生活服务，保障其合法权益。

通过实行开放的人才和停居留政策，吸引聚集国内外高素质人才留岛共建自贸港，同时给予相应的就业、教育、生活、服务保障，实现政策引才、保障留才，通过人才助力志愿旅游专业化、精细化发展。

8.3.2 海南自贸港提升志愿旅游发展潜力

海南省自贸港旅游发展建设坚持生态优先、绿色发展，围绕国际旅游消费中心建设,推动旅游与文化体育、健康医疗、养老养生等深度融合,提升博鳌乐城国际医疗旅游先行区发展水平,支持建设文化旅游产业园,发展特色旅游产业集群,培育旅游新业态、新模式,创建全域旅游示范省。加快三亚向国际邮轮母港发展,支持建设邮轮旅游试验区,吸引国际邮轮注册。设立游艇产业改革发展创新试验区。支持创建国家级旅游度假区和5A级景区。

目前,海南省志愿旅游发展相对缓慢,没有系统的发展建设规划及品牌建设,尚未形成市场规模,处于市场发展的初期,具有很大的发展潜力。紧扣海南自贸港旅游建设发展定位,其志愿旅游发展潜力表现在以下几个方面。

1. 志愿旅游与产业融合的潜力

志愿旅游发展与产业融合的潜力主要体现在"旅游＋文体"与"旅游＋康养"两个方面。旅游作为海南省经济发展的支柱性产业,按照《总体发展》旅游产业的发展战略,旅游、文体、康养的融合发展是重点发展目标,"旅游＋文体"的发展将推动文化与旅游基础设施及配套设施的建设,保障"旅游＋文体"快速发展需要。同时,将大力发展文化、体育旅游项目,打造品牌节庆活动及赛事活动,扩大文创用品的研发生产,提升"旅游＋文体"品牌的产业化、国际化水平。

当前,志愿旅游发展的潜力巨大,应跟随时代发展的浪潮,快速与文旅产业融合,积极开展节事活动型、文化体验型的志愿旅游项目,与具有特色的节事活动或文化体验活动所联动,结合当地特色,打造"志愿者＋文旅"的特色品牌。如联动北部综合体育旅游区、南部热带滨海休闲度假体育旅游区、东部会展健康体育旅游区等特色体育旅游区,打造"志愿旅游＋体育"品牌;联动海南国际旅游岛欢乐节、乡村旅游文化节、黎族苗族三月三等特色节事活动,打造"志愿旅游＋文化"品牌。海南省气候宜人,温暖舒适,空气质量优异,拥有非常丰富的康养资源,"旅游＋康养"在海南是具有竞争力的品牌旅游产品。《总体方案》提出发挥博鳌乐城国际医疗旅游先行区的示范作用,建设医疗健康旅游产业园,推动海南省"旅游＋康养"产业化发展,志愿旅游应顺应康养旅游发展大好时机,融入志愿者服务模式,加快"志愿旅游＋康养"产品的打造,与国际医疗旅游机构深度合作,打造"志愿旅游＋康养"中心,打通"国际旅游＋康养"合作交流平台。

2. 发展特色旅游产业集群,培育旅游新业态、新模式

发展特色旅游产业聚集是海南自贸港建设的重点工作,乡村旅游、黎文化旅游、生态旅游、会展旅游等旅游项目可结合区域性的要求,达成特色产业旅游聚集,对地区经济有显著的带动作用。当前,海南志愿旅游发展正处于政策机遇与市场需求并存的节点上,既有国家乡村振兴战略的规划,又有海南自贸港建设的

政策支持,同时还有全域旅游建设目标的驱动,乡村旅游成为海南新生特色产业。

志愿旅游与乡村旅游的结合发展实则是在共同助力乡村振兴,游客在享受亲近自然和休闲度假的过程中反哺乡村旅游,为乡村提供技术、人才、资金等方面的助力,使得志愿旅游能够快速发展,成为发展乡村旅游产业集群有效抓手。依托博鳌亚洲论坛及 G20 峰会等大型国际会展活动,引入志愿旅游特色产品,为国际性会展提供服务保障的同时,能提升旅游者的国际旅游深层次的参与感,打造国际性品牌会展型志愿旅游。在生态旅游方面,发挥志愿旅游从利己主义向利他主义观点的转变,能推动从生态助力旅游向旅游助力生态的转变。志愿者服务与少数民族文化体验的融合,能让志愿者在感受民俗风情的同时,为落后地区提供人力、物力、财力以及知识等方面的支持。培育志愿旅游这种旅游新业态,能促进旅游特色产业聚集发展,助力乡村振兴伟大目标的实现,为海南自贸港建设添砖加瓦。

8.3.3　海南自贸港建设背景下志愿旅游发展前景

《总体方案》的颁布,为海南旅游业发展带来了巨大推动作用。特别是人员自由进出、税费减免、货物自由通关、免税商品自由购买、旅游项目自由落户、国际旅游规划自由对接的格局即将形成,对于海南志愿旅游的品牌化、国际化、多元化发展有巨大促进作用。旅游产业是海南的核心产业,在很大程度上决定着海南自贸港建设的质量。志愿旅游作为旅游产业中一种新型的模式,即将成为海南旅游产业发展的新引擎、生力军。志愿旅游的健康持续发展能对海南旅游产业起到拉动作用,助力海南自贸港的建设发展。志愿旅游产业化发展应在《总体方案》的指引下,发挥旅游行业在海南自贸港建设中的示范、引领作用,借鉴国内外优秀的志愿旅游发展运营模式,结合海南自身情况,整合特色旅游资源、志愿者服务资源,构建具有更丰富层次、联动国内外更多领域的产业体系,打造"志愿旅游+"国际化旅游名片。

8.3.4　海南志愿旅游创新发展策略

1. 政策先行

建立健全的适用于志愿旅游发展的政策体系,应发挥海南省旅游和文化广电体育厅在旅游政策方面的引导作用与共青团海南省委在青年志愿者群体中的政策引导作用。

第一,从省级层面完善制度建设,积极倡导党和政府机关营造义工旅游良好氛围,进行积极的政策导向或者制度约束。从党和政府机关做起,结合各部门所涉及的行业,号召联系单位开展本单位甚至属地的义工旅游科普、义工旅游活动等,将志愿旅游作为宣传及落实自贸港工作的途径之一。

第二,由政府部门牵头,加强引导及奖补,由海南省旅游和文化广电体育厅积极引导相关景点景区担当作为,为志愿旅游参与者提供合理的岗位,作为日常运营工作的补充,参考四川熊猫志愿者招募的方式来为日常运营工作与宣传工作进行志愿工作落实。通过税收减免与政策奖励等政策红利,引导相关志愿旅游资源点吸纳志愿旅游者。

第三,加强宣传推广,实行产业联动。由共青团海南省委发挥宣传影响力,针对志愿旅游,开展旅游、交通运输、金融、商务服务、技术服务、医疗健康、教育、文化娱乐等海南自贸港发展的重点领域的政策宣讲活动,引导全国志愿者关注海南自贸港的发展,聚焦海南自贸港的重点产业,为后续的志愿旅游工作开展、落实,以及确定志愿旅游落实途径提供方向。

第四,规范性法规的制定。目前,海南省在志愿者服务发展方面已经形成了相对完善的法律制度体系,志愿旅游的发展需要相关政策法规的保障,政府职能部门应针对志愿旅游制定相关政策和法规,尤其是对于人身安全、消费权益等核心利益,更应该加紧制定并监督落实,确保志愿旅游参与者合法权益得到保障。

第五,建立健全公正公平的竞争环境,积极培育以生态为核心的旅游业组织体系,建立高度统一和标准的旅游业主要行业竞争机制,实现不同类型的旅游企业公平公正竞争,消除对旅游企业所有制条件的限制,继续建立健全市场淘汰机制,促使旅游业结构演化升级,以市场机制引导旅游市场正常运行。在建立健全公共服务体系的同时,加强孵化器培育,不断改善高技术企业创新发展环境,以新兴市场和技术为依托进行多样化探索,营造更加宽松的市场发展环境。

第六,建立健全多层次、多渠道的旅游人才培养机制,针对旅游业集聚发展,出台具有吸引力的人才政策,积极引入并培养高层次旅游管理和技术人才。

第七,针对旅游业各主要行业,出台差异化的产业发展政策,避免行业陷入同质化竞争。

2. 志愿者服务平台搭建

随着信息技术、互联网的兴起,旅游产业和其他行业一样,逐渐"触网",旅游行业逐步发生转型。互联网深刻影响着旅游产业发展的方方面面。目前,海南志愿旅游的发展应采用"互联网+志愿旅游"的模式,聚焦于建设志愿旅游活动平台与世界青年交流窗口的定位,以共青团海南省委作为发起单位,成立筑梦大道·青少年志愿旅游联盟,通过 App、线上公众号、小程序、网站等载体,触达用户,搭建海南志愿旅游服务平台。通过该平台整合海南志愿旅游的优质资源,由筑梦大道·青少年志愿旅游联盟整合旅游、志愿者服务资源,打造品牌化、特色化、专业化的志愿旅游产品,同时吸纳海南优质的旅游服务运营商、民宿酒店供给方、国内外志愿旅游产品入驻平台。通过平台,实现志愿者产品发布、预订、下单、交易等功能,打造一个集吃、住、行、游、购、娱及志愿者服务于一体的综合服务型平台。该平台还需深入考虑产业大数据分析的要求,通过平台对全省志愿旅游产品信息、志愿旅游消费信息、旅客机构信息等进行统计并进行阶段性分析,生成相关旅游管理、旅游发展、经济发展等有价值的主题数据,进一步对旅游数据进行跨部门、跨区域大数据综合集成分析,为解决关键发展建设提供决策依据。

平台的发展需要发挥高校、企业、社会组织的专家智力支撑和专业咨询服务的优势,深入志愿旅游活动的理论研究和实践活动,引领海南志愿旅游产业发展,引领全国乃至国际青年来海南感受自贸港、建设自贸港,以优质的服务引导广大来琼青年感受海南、走进海南、爱上海南。

3. 志愿旅游与乡村振兴工作深度融合

制定或者优化引导志愿旅游基层工作政策,让志愿旅游者参与到基层组织建设和社会治理工作中来。志愿旅游者在基层治理优势明显,在社会工作板块具有较强的责任心,同时志愿旅游者普遍学历水平较高,并且在所归属地具有相关行业志愿工作经验,比如参加过"三下乡"社会实践活动的大学生群体,在乡村振兴工作具有一定经验,能更好地进入工作状态。但是,当下海南志愿旅游产业发展属于初级阶段,志愿旅游活动较为单一、工作环境相对较差、工作待遇低,以及对相关基层单位认识不够的问题客观存在。应出台有针对性的引导或补贴政策保障他们的权益,让更多的需要进行乡村振兴工作的单位接纳志愿旅游者参与到具体工作中。发挥志愿旅游者在具体领域的工作优势。例如,志愿旅游者参加社区(村)文化产业建设,给予专项工作经费支持;让志愿旅游者主动投入乡村振兴工作,同时加强督导机制,确保政策在基层落地;同时,指导基层管理和服务机构掌握各级服务机构建设标准和建设规范,让志愿旅游者发挥异地专业先进经验,作为乡村振兴的有效补足力量。

志愿旅游品牌建设应与海南省"美丽小镇""特色小镇"的打造深度融合,形成具有海南特色的乡村体验型志愿者品牌,结合"美丽小镇""特色小镇"发展战略,打造"志愿旅游小镇"试点,推动"志愿旅游+乡村"的创新发展模式,实现以人流为主体,带动乡村资金流、技术流、信息流、人才流、特色商品流等,助力海南乡村振兴发展。

4. 建设海南自贸港志愿旅游品牌，加强海南目的地影响力

海南作为全国最大的经济特区，旅游产业发展已经进入瓶颈期，需要多元化发展特色旅游产业。可以与相关经济较为发达的区域进行志愿旅游活动的交流，如开展与粤港澳大湾区的志愿旅游活动的交流、与长三角经济区域的志愿旅游活动的交流，以引入相关区域的先进经验。

海南可借着自贸港建设的东风，以乡村振兴工作的落实作为海南志愿旅游发展的重点，为志愿旅游活动的政策引导提供支撑，为相关志愿旅游资源点、乡村振兴项目落地提供保障。以已经落地的乡村振兴项目为出发点，继续挖掘相关优质资源，以志愿旅游带动区域发展。整合海南全域旅游资源后，根据实际情况综合研判，在保持海南旅游业发展的情况下，持续深挖特色旅游元素，对海南全域旅游资源进行优化配置，实现志愿旅游特色化发展，可在必要情况下利用金融，进一步促进志愿旅游产业品牌化发展，打造自然环保志愿旅游项目、红色教育志愿旅游项目、研学实践志愿旅游项目、海洋环保志愿旅游项目、民族文化志愿旅游项目、自贸港建设特色志愿旅游项目、乡村振兴志愿旅游项目等特色项目。围绕着全面建设自贸港这一主题，开发侧重不同的志愿旅游项目，为后续海南志愿旅游产业发展提供依据以及基础。多渠道、多方位与多措施为海南持续引流，加强宣传工作，如通过流量赋能志愿旅游，新媒体平台助力志愿旅游产业新发展，同时注重"红绿融合"，促进志愿旅游高质量发展。以"筑梦自贸港"为IP，打造海南特有的志愿旅游特色产业。

目前，海南传统旅游产业在国内外已具有良好的品牌效应，具备大量存量用户基础，可以以当前海南热度最高的旅游目的地为志愿旅游发展的中心，快速打造志愿旅游目的地品牌，引流传统游客关注志愿旅游，促进游客对志愿旅游观念的更新，形成新的产业亮点，满足游客的个性化需求。源源不断的成功案例出来后所形成的效应，将会吸引更多的潜在用户关注海南志愿旅游产品。志愿旅游的快速健康发展离不开市场化运作，市场化运作应立足于海南传统旅游产业，加速志愿旅游营销推广体系建设，通过与信息产业、高新技术产业、现代资本的对接，吸取和引进国内外先进的营销推广策略和成果，结合海南实际情况，打造志愿旅游推广营销体系。

自贸港建设代表着中国国家发展新里程的重要标志，应以自贸港各产业发展为根基、乡村振兴工作为抓手，结合各类特色志愿旅游项目运营，将海南作为海口旅游产业的一个品牌、一张名片进行打造，走出一条独属于海南的产业融合的发展道路。

第 9 章　志愿旅游绩效评估和激励

9.1　志愿旅游的绩效评估及参与激励机制

9.1.1　志愿旅游的绩效评估

志愿旅游活动结束,需要进行一定的评估和分享,只有进行了评估和分享,志愿旅游之行才更具价值。为此,采取较为合适的评估工具和开展经验分享等是志愿旅游组织者在运营方面值得重点关注的内容。

1. 志愿旅游绩效评估的概念

人们从事任何一项活动,做任何一件事,都会对活动过程和结果进行测评,组织管理学上把测评的过程称为绩效评估。绩效评估指的是对照工作目标或绩效标准,采用一定的考评方法,评定组织成员的工作任务完成情况、工作职责履行程度和发展情况,并将上述评定结果反馈给成员的过程。

绩效评估是评价达到预定目标的过程,是依据绩效指标,对志愿旅游活动策划和管理过程中的投入(人力、物力和时间的成本)、产出(产品/服务输出的效率和效用)、中期成果(提供给参与者的效果)和最终成果(参与者满意程度,与所期望目的相比项目活动的后果)所反映出的绩效进行评定和划分等级的工作。

我们可以从内部和外部两个方面来理解志愿旅游活动的绩效评估。从内部评估来看,主要是志愿旅游活动组织内部的工作绩效,尤其是针对个人的绩效评估,以此来评估和衡量工作人员的表现。而外部评估则主要指开展志愿旅游活动所取得的业绩、效果和效率,外部评估主要衡量活动的实际效果。

2. 志愿旅游活动绩效评估的原则

1)公开化原则

志愿旅游活动的绩效评估标准、评估程序和评估责任都应当有明确的规定并向全体参与者公开,并且在评估中应当严格遵守这些规定。只有这样,才能使志愿旅游活动参与者和组织者对绩效考评产生信任感,并支持整个考评过程。

2)客观原则

绩效评估应当根据明确规定的评估标准,针对客观考评资料进行评价,尽量避免掺入主观性和感情色彩。

3)及时反馈原则

评估的结果一定要及时反馈给被考评者个人或团队,否则起不到评估的教育作用。在反馈评估结果时,应当向被考评者就评估结果进行解释说明,在肯定成绩的同时,说明不足之处,为未来工作指明优化方向。

4)差别原则

考核的等级之间应当有显著的差异,获得不同考评结果会对相关人员和团队产生较为明显的影响。因为有差别才能有竞争,有竞争才能有进步。

5)全面原则

绩效由多个因素共同作用形成。绩效本身也表现为多种形式,如在对活动策划中员工表现进行评估时,可以从德、能、勤、绩等不同方面建立评估指标;对活动的绩效进行评估时,又可以考虑从志愿旅游活动组织的财务状况、社会影响力、对参与者个人成长的促进等多个角度进行评估和衡量。所以,绩效的考核体系应当充分考虑各方面内容。

3. 志愿旅游绩效评估的过程

绩效评估的关键在于,总结组织成员在过去一段时间里的工作表现,测定组织成员的工作潜在能力,以便确定成员在将来工作中所能接受的工作内容。也就是说,绩效评估的内容是过去的,但目的是将来的。

首先,设计科学的绩效评估制度,一方面能够激发志愿旅游参与者的服务热情,促使其在以后做出更大贡献;另一方面,绩效评估本身也是志愿者机构管理系统的组成部分,可以达到合理评估和积极发展的双重目的。

其次,志愿旅游在运转过程中,可以借用绩效评估的方法来综合测评参与者的工作情况,以便指导今后的志愿旅游工作。在进行绩效评估时所参照的标准事实上就是组织对成员的期待。因此,对于组织者和管理者而言,绩效评估是传达志愿组织的期待和目标的有力手段,让参与者了解组织者的思路意图,同时绩效评估的结果也是对参与者进行奖励的前提准备。对于参与者而言,绩效评估作为一种反馈机制可以使他们更清楚地了解自身的优势和劣势,以及在志愿旅游活动中的成效和不足,明确今后改进的方向,开发出更多的潜能。因此,及时公正的绩效评估对管理者和志愿者来说是双赢的,最终指向是促使志愿旅游活动更加健康、快速、理性地向前推进。

再次,评估是一个持续、动态的过程。志愿旅游行动的最终指向是社会公共事务的改善、社会公共道德水平的提升等。这一指向是一个累积的动态过程,是一个多方努力共同作用的结果,并非一朝一夕之间能达成的静态的点,也并非一次或几次志愿活动能全部达成的。因此,对于参与者在工作中的表现及任务完成情况也相应地是动态评估,综合考评其行动对社会、对他人可能产生的短期或长远影响,而不能像以利润为指向的企业对其员工的评估。如若简单地套用企业组织的绩效评估的手法,只对志愿者活动的最终结果进行评价,则会对志愿者的积极性造成伤害。当然,强调这一原则,并非说志愿活动的评估只能是模糊的、泛化的,也不否定志愿活动的可量化评估。就具体的项目而言,仍可按照志愿者在自己所属分工中完成的质量来进行定量考核和评定。

最后,评估要有反馈。绩效评估过程的最后一个环节,也是必要的环节,就是向志愿旅游活动参与者反馈并分析评估结果,使其清楚地了解其优点和不足。志愿组织的管理者还应该进一步提出建议和方法,根据参与者的总体情况,相应地开展进一步的培训,帮助开发自身的潜能,也以此提高组织对志愿者的吸引力和感召力。这种良性循环,可以为志愿旅游活动的持续性、渐进性打下坚实的基础。

9.1.2 创新的志愿旅游参与激励机制

哈佛大学的詹姆士教授指出,如果没有激励,一个人的能力发挥不过20%—30%,如果施以适当的激励,通过其自身努力,能使能力发挥到80%—90%。同样一个人,在通过充分激励后所发挥的作用相当于激励前的3—4倍。

1. 志愿精神培育过程中必须有合理的激励机制

从宏观的角度来说,选择志愿行为反映了人类对善的追求以及所具有的高尚情怀,在物质生活尚未达到富足的程度时,一种行为仅靠道德维系是个别且暂时的。目前,我国志愿行动仍借助于一定的行政力量,然而志愿精神强调的是志愿者的自主自愿选择,志愿旅游活动的成熟理性发展,不能长久地依赖行政力量。当然,随着生产力不断发展、物质生活日益丰富,当志愿行为的选择成为人们道德生活的一部分时,激励机制也就成为不必要的元素了。但是,在这之前,面对现实情况,如何调动人们的参与热情和积极性,依然是普及志愿理念、培育志愿精神的瓶颈问题。从这个意义上说,科学的激励机制是志愿行动持续发展、志愿精神长效渗透的必然要求。

从微观的角度来说,恰当的激励机制能够激发志愿旅游参与者潜在的奉献意愿和热情,完成志愿活动的目标。

2. 优化志愿旅游服务激励的保健措施

1)建立并优化志愿服务考核体系

现阶段的旅游志愿服务考核还停留在初级阶段,没有形成体系制度的建设,对于志愿者的评估大多停留在参与志愿服务的次数、时长以及对志愿服务过程中表现的印象,并没有科学设置考核指标,这样就会影响志愿者的积极性。因此,要充分利用志愿服务网系统数据,建立一个相对完善的志愿者评价的考核体系,既要评价志愿者的服务水平,也要评价志愿者组织的服务能力,引入第三方评价考核机制,把志愿者服务对象的意见作为重要参考,构建全方位评价办法。其次,要明确公平合理的考核要素,主要包括志愿者的服务时长、接受志愿服务培训情况、在岗志愿服务态度、被服务人员评价等多个方面。最后,建立志愿者互评的制度办法。通过志愿者的互评,发现工作不足,互相学习借鉴经验和优点,促进旅游志愿服务水平的整体提升。

2)关注对志愿者和志愿旅游服务组织权益保障

政府部门在政策上要加大对志愿服务组织倾斜的力度,可以从法律的角度,对志愿服务组织提供保护和帮助,以便更好地发展志愿服务。可以从活动经费、法律援助、场地物资、培训教育以及考核评价等各个方面对非营利组织提供支持和帮助。现阶段志愿服务组织的经费更多为自筹,政府购买社会服务、公益创投的方式还没有真正普及开来。政府要拿出更多的资金用于匹配公益创投项目,加大对公益创投项目的宣传力度,保障志愿服务组织能够健康成长。同时,要加强对志愿者组织的监督管理,对于一些具有一定危险性的志愿服务,要强制志愿服务组织为志愿者购买保险,提倡志愿者参加注册认证的组织开展的志愿服务活动,搭建资源发布平台,让志愿服务活动的发布更加正规化、统一化,真正保护志愿者的合法权益不受侵害。

3)建立完善"互联网+志愿服务"的信息交流平台

要建立和完善志愿服务的线上平台,为各个志愿服务主体提供更为便利的资源分享和信息交流的网络平台。比如,志愿服务平台可以依托微信等日常使用率比较高的软件来建设,志愿服务组织可以通过这样的平台明确展示自己的组织目标、招收志愿者标准以及激励方式,青年志愿者们可以自由选择符合自己兴趣且适合自己能力的志愿服务活动,激励主体和客体可以依据明确的信息和条件进行自由选择。建议网站配备反馈机制以及投诉板块的目的是对志愿服务组织和青年志愿者进行双向监督,以促进志愿服务的有序运行。建立线上志愿服务的信息交流平台,不仅可以使志愿服务激励贯穿于志愿服务过程的始终,还可以使志愿服务激励机制变得公开透明,并且可以弥补志愿服务中的许多不足之处。

3. 优化旅游志愿服务激励的激励措施

1)制定与志愿旅游参与者兴趣相匹配的服务内容

当前社会,主要的激励方式是外部激励。外部激励是指由工作任务内容以外的因素引起的、与工作任务的内容本身无直接关系的激励。当外部激励消失以后,该参与服务的积极性就会减弱或消失,因此,外部激励具有短暂性的特征。而内部激励指的是与工作内容相关的激励作用之和,即兴趣、爱好、成就等对人们行为产生的影响。内部激励的作用和影响要大得多。只有一项志愿服务工作能让志愿者发挥其所长,并让志愿者发自内心地喜欢这份志愿服务工作,那么从事这份志愿服务工作的行为本身就是一种激励,这种内部激励能较持久地维持一个人的动机水平。

在考虑志愿旅游参与者的内部激励时,应该注重群体的兴趣、爱好、专业、成就等方面的因素,因为对于志愿者而言,与他们自身专业相匹配的志愿服务会更受到青睐,符合他们兴趣的活动会让他们更有激情,使团队的凝聚力更强。这些不仅有利于促使志愿者从业余爱好中获得成就感,还有利于提高志愿者对于学习专业知识和提供志愿服务的积极性、主动性。

2)加强志愿旅游服务文化建设和思想引领

在现代管理学理论中,强调通过一系列活动主动塑造的文化形态,当这种文化被建立起来后,会成为塑造内部员工行为和关系的规范,是组织内部所有人共同遵循的价值观,对维系组织成员的统一性和凝聚力起很大的作用。因此,要通过多种形式强化志愿旅游服务文化建设,加强区域内以及与外省市的志愿服务组织的文化交流,互相学习借鉴先进经验,取长补短,增进友谊。通过志愿服务文化建设,进一步加强志愿组织内部的良好氛围,既让更多志愿者主动加入,又让更多志愿者愿意留下,共同为志愿服务事业添砖加瓦。青年志愿者思想比较活跃,有效进行引领对于志愿服务来说很有帮助。要组织他们学习志愿服务的政策精神,及时将志愿服务最新精神传达给他们,让他们在志愿服务中提高为社会提供帮助的意识。加强社会主义核心价值观的思想引领,同时要通过典型引领强化他们的奉献意识,凝聚爱心奉献的思想共识,让他们始终能够把责任和担当扛在肩上,更加专注地参与到志愿服务的事业当中。

3)明确志愿服务组织内部激励事项

志愿旅游服务组织要采取多种方式来进行组织内部的激励。一方面,要以情感激励为主要手段,采用发放志愿者身份卡的方式让志愿者有组织归属感,采取评选表彰优秀志愿者的方式来提升组织荣誉感,激发志愿者热心志愿服务的内生动力。另一方面,要辅助一定的物质激励。在志愿服务的过程中,可以以发放一些小礼品、代金券的形式激励志愿者广泛参与。同时,在一些户外活动中,可以为志愿者购买保险;路途较远时,为志愿者发放交通补贴;时间持续较长时,为志愿者统一订餐或者是发放就餐补贴,让志愿者感受到组织带来的关爱和关注。再次,要利用正反激励结合的形式,及时对一些服务态度不端正和服务质量不佳的志愿者进行批评及帮助,让组织内部奖惩导向鲜明,以便志愿组织向良性方向发展。

4)适当奖励的灵活性

评估本身是志愿行动激励机制的载体,而评估的结果又是奖励志愿者的开始,即评估为奖励提供了参考。对志愿者而言,奖励是用物质载体还是精神载体都不是最重要的,重要的是奖励本身。一方面,奖励代表了社会对自己奉献行为的认同,肯定了自己无偿服务的价值和意义;另一方面,奖励事实上是对志愿者高尚的思想道德和行为选择的强化,使志愿者更加明确思想进步的路径和行为选择的方向,进而以更大的热情和积极性投身于以后的志愿服务中。

对授奖者而言,通过对志愿者进行物质奖励和精神奖励,也是在社会范围内树立道德的标杆、行为的榜样,以鲜活的好人好事让潜在志愿者乃至所有社会成员普遍形成一个观念:高尚的道德践行并不是圣贤达人的专利行为,每一个普通的人,只要具有自由意志并且自由意志得到法律确认,都可以通过善的行为来践行高尚的道德理念和精神追求。因此,放眼长远,奖励志愿者,对社会而言是指明了道德和行为的努力方向,当奖励本身所要表达的价值观逐渐成为全社会的共识时,志愿行动的常态化、志愿精神的生活化也就不远了。

首先,提倡奖励表彰,不提倡惩戒批评。志愿行动强调的原则之一是自愿,这一特殊性也就决定了对志愿者行动只能采取奖励、表扬的方法,对志愿者高尚的道德信念和善的行为给予肯定。因此,对于倡导公益、奉献的志愿精神而言,正面的、肯定的奖励更能产生振奋人心的作用。志愿精神培育需要高昂、和谐的社会氛围作为烘托。

其次,提倡以精神奖励为主,精神奖励和物质奖励并重。志愿行动强调的另一个原则是无偿的、公益的,对具有独立意志的志愿者而言,参与志愿行动就已经明确了志愿活动的这一原则。当然,在这里强调的是精神奖励的意义,但不否定物质奖励的必要性。这从逻辑和经验的角度说明了物质奖励并不会抹杀志愿精神的本质内涵,一定的物质奖励仍然是志愿者奖励手段中的重要组成部分。

再次,提倡分级多层、灵活多样的奖励形式。不同类型的志愿服务工作,所针对的对象不一样,所从事的工作形式不一样,也就决定了志愿者付出的时间、精力、技能、财物等也各不相同。在有些特别艰苦的地方、特别艰难的志愿服务工作中,比如西部偏远地区的支教、支农、支医工作、原始森林保护工作、濒危动物保护工作等中,志愿者有时必须冒着生命危险从事志愿服务,但为了改善贫困地区的面貌、保护自然生态环境,他们仍然义无反顾,勇敢地担当责任道义。对于类似的志愿服务,给予的物质奖励和精神奖励也应该相应地更加突出。不同志愿者由于自身的专业技能、兴趣特长、性格习惯等不一样,在志愿活动中的表现形式也各不相同。因此,针对志愿者服务的多样性,对其进行奖励时也应该有所分类,侧重其独特个性对志愿工作的贡献。这种分类细致的奖励充分地肯定了志愿者个体因不同才能产生的不同作用,正面强化了不同个体的积极性和创造性,有助于进一步挖掘每个志愿者的不同潜能,从而使志愿者团队的整体实力得到增强。

最后,奖励的措施也要多样化,可以创新多种方式。如前所述,志愿者选择了无偿的、公益的志愿行为,就意味着他具有一定的道德信念,简单的物质奖励并不足以满足其高尚的精神需求。因此,在奖励的方式上,也可以按照志愿者的这种精神追求来探索创新,奖励的目的仍然在于营造良好的社会公共环境。比如,在志愿者同意的情况下,以志愿者的名义把奖金或奖品捐给有困难的人;对志愿者的服务进行登记,并且储蓄起来,当志愿者遇到困难的时候,这些储蓄起来的服务就能换来他人对自己的帮助等。

4. 未来会出现更多新颖的志愿旅游参与和发展模式

社会各界对志愿服务的重视程度在不断提升,为了更好地鼓励人们参与志愿服务,未来会出现更多新颖的志愿旅游参与、管理和发展模式。

1) 构建全民志愿服务积分银行

在美国的教育制度中,志愿服务也被称为"服务学习",学生社会服务实践这种服务学习是一种硬性规定。在美国,如果想要高中毕业,就得至少从事45小时的志愿服务。学生完成一项志愿活动后,相关人员会发一张表,上面有着具体的志愿时间和相关人员的签字,学生需要填写自己的基本信息,并写下自己的感受。表中相关的数据则会跟随学生个人的记录,成为他们未来升学中的重要参考。因此,未来也可以建立一个全民的志愿服务积分银行,类似于目前不少高等教育机构推动的学分银行。如2010年,中国在《国家中长期教育改革和发展规划纲要(2010—2020年)》中提出建立学习成果认证体系,建立学分银行制度……建立继续教育学分积累与转换制度,实现不同类型学习成果的互认和衔接。这是我国第一次正式在国家文件中提出"学分银行"建设。作为个人的重要资讯之一,参与志愿服务,服务社会的资讯也可逐步建立一个资讯收集系统。这样,每从事一项志愿服务,相关的服务时长以及服务绩效等信息就可以转化为一定的志愿积分进入个人数据库中。此数据库,可以与其他有关的个人数据档案,如信用档案一起,成为个人重要的社会资源档案。志愿服务积分越多的人,则可以享受更多的优待,此举也能够鼓励形成"人人为我,我为人人"的社会发展风尚。

2015年,教育部印发了《学生志愿服务管理暂行办法》(以下简称《办法》),为建立健全学生志愿服务体系、推进学生志愿服务规范化和制度化指明了前进方向、提供了基本遵循。《办法》规定,县级以上教育部门协调本级共青团组织明确专门机构,负责本行政区域内学生志愿服务的领导、统筹、协调、考核工作。学校有关部门负责指导与协调本校团组织、少先队组织,抓好学生志愿服务的具体组织、实施、考核评估等工作。学生志愿服务组织方式包括学校组织开展、学生自行开展两类。高校应将志愿服务纳入实践学分管理。《办法》还强调,学校负责做好学生志愿服务认定记录,建立学生志愿服务记录档案。学生志愿者因志愿服务表现突出、获得表彰奖励的,学校应及时予以记录。学生在本学段的志愿服务记录应如实完整地归入学生综合素质档案。在大学学段实行学生志愿者星级认证制度,根据学生志愿者参加志愿服务的时间累积,认定其为一至五星志愿者。

2)推动全球志愿组织中的人员交换

除了上述推动志愿服务积分银行的建设外,在鼓励志愿服务参与方面,还可以借鉴国际酒店集团中较为成熟的员工在不同地区轮岗交换的运作模式,为志愿者提供具有个性化的非物质性激励。例如,在国际志愿组织内部,为优秀志愿者提供机会,申请前往自己感兴趣的国家开展一段时间的志愿服务轮转体验。这种交换和轮转能够极大地丰富优秀志愿者的生活和文化体验,能够对志愿活动参与者形成较为积极的激励。同时,也可以形成志愿者组织中特色化的组织文化,有助于提升组织的凝聚力和吸引力。

9.2 志愿旅游助力乡村振兴

近年来,随着社会的进步和人们生活水平的不断提高,人们越来越注重在旅游中的自我感受。海南的旅游形式发生了悄然改变,个性化、定制化旅游形式越来越受欢迎,以可持续为导向的旅游方式备受政府青睐,游客选择体验型旅游的占比也越来越大,整体上呈现出从利己主义旅游思想到自然主义和利他主义旅游思想的过渡与转变。因此,志愿旅游必定是旅游发展的一种高级形式,必将成为拉动旅游行业发展的新引擎。在志愿旅游中,旅游者除了享受体验,还为旅游目的地需要帮助的群体和组织做出了一定的贡献,拉动了地方经济平衡发展。志愿旅游对乡村振兴工作起到了重要的作用。

9.2.1　志愿旅游积极促进乡村振兴

党的十九大报告指出,中国特色社会主义进入了新时代,我国社会主要矛盾已经转化为人民日益增长的美好生活需要和不平衡不充分的发展之间的矛盾。在这个主要矛盾中,中国农村发展的不平衡、不充分是一个重要的方面,这体现在城乡居民收入拉大、城乡教育水平不平衡、农村公共投入不足等问题上。为此,报告提出实施"乡村振兴战略",并制定了"产业兴旺、生态宜居、乡风文明、治理有效、生活富裕"20字方针。为了全面实施乡村振兴战略,政府出台了很多相关政策,也取得了一些成效。

然而,乡村振兴是一项系统性工程,光是由政府全面推进是远远不够的。因此,要全面实施乡村振兴战略,绝对离不开村集体、农民及社会各界的共同努力。此时,以服务性、公益性、互助性为主要特征的志愿旅游活动在助推乡村振兴过程中就可以发挥其独特作用。志愿服务组织作为非利润分配性和公共利益性的组织,能够充分促进社会资源有效分配、促进公民参与、促进社会融合、提供福利保障、促进社会创新,其能够弥补市场部门和政府部门的不足,执行市场部门和政府部门难以完成的任务,对推动乡村振兴具有重要作用。

党的十九大报告指出,农业、农村、农民问题是关系国计民生的根本性问题,必须始终把解决好"三农"问题作为全党工作的重中之重,实施乡村振兴战略。"乡村振兴"一词就是出自此处。乡村振兴要做到坚持农业农村优先发展,就要按照"产业兴旺、生态宜居、乡风文明、治理有效、生活富裕"的总要求,建立健全城乡融合发展体制机制和政策体系,统筹推进农村经济建设、政治建设、文化建设、社会建设、生态文明建设和党的建设,加快推进乡村治理体系和治理能力现代化,加快推进农业农村现代化,走中国特色社会主义乡村振兴道路,让农业成为有奔头的产业,让农民成为有吸引力的职业,让农村成为安居乐业的美丽家园。

近几年,乡村发展在我国的战略性地位越来越高,而针对"产业兴旺、生态宜居、乡风文明、治理有效、生活富裕"几个方面的乡村振兴目标,志愿旅游服务均能发挥一定作用,具体表现如下。

1. 在生态宜居方面起到辅助作用

生态宜居的基础就是要保持环境的整洁,在农村环境整治工作上,政府往往比较擅长突击性清理,而常态化维护就需要发挥村民的作用。但是仅靠村民个人的力量,有时难以形成气候,需要一个队伍带动大家一起积极参与。此时,本土志愿旅游服务组织就能够在生态宜居方面发挥辅助作用,对当地农村的环境面貌常态化管理起到一个促进作用。此外,在面对一些突发事件时,本土志愿服务组织更能够填补政府的空白。2014年,从台风"威马逊"到"海鸥",短短2个月,海南省民间志愿者们就迅速成规模走到一线现场,以亲历者的角色参与了其间海南"灾害大事件";恰如汶川地震的2008年被称为中国志愿者元年一样,很多志愿者把2014年称作海南志愿者元年。这种民间志愿者组织的爆发式出现,加上已有的志愿者基础,正共同快速推动海南志愿者事业发展。

2. 在乡风文明方面起到引导作用

乡风文明是乡村振兴的保障,随着我国的不断发展,农村社会风尚虽然发生了可喜的变化,但是同时也有个人主义、功利主义等思潮的蔓延。虽然党和政府非常注重乡风文明建设,但是因为抓手不够,主要还是在党员和村干部中开展思想建设,对普通群众没有太强有力的措施,而本土志愿服务组织的成立正好填补了这个空白。本土志愿旅游服务组织能够根据他们对村民的了解,用适合他们的方式帮助政府广泛开展理论政策宣讲、乡风文明弘扬、文明礼仪教化、文化知识传授等活动,用丰富多彩的文化活动,活跃农村群众文化生活,为乡风文明建设发挥作用。还有一些本土志愿旅游服务组织专注于历史文化名村、文物古迹、传统村落、民族村寨、传统建筑等文化遗产的保护工作,这也为乡风文明的建设做出了贡献。

3. 在治理有效方面起到协助作用

治理有效是乡村振兴的基础,随着农村改革不断深入,农村的社会结构、经营体系以及农民的思想观念都有很大的变化。这时,如何发挥基层的自治作用显得极为重要,而本土志愿旅游服务组织在助推基层自治上也起到了一定作用。例如,村里自发成立的村嫂志愿队、平安建设志愿队、美丽乡村服务队等,这些队伍会针对村里的需求开展不同类型的志愿服务,如环境卫生整治、巡河、平安巡逻、矛盾纠纷调解等。这些志愿组织能够充分激起村民的主人翁意识,促使村民参与到村庄建设中,全面发挥村民的自治作用。

4. 在产业兴旺和生活富裕方面起到促进作用

乡村振兴,产业兴旺是重点。乡村旅游在推动乡村建设、保护生态环境、传承和振兴乡土文化等方面发挥了巨大作用;在推动精准扶贫,减少贫困人口,以及巩固脱贫成果方面成绩斐然,乡村旅游已成为乡村扶贫有效而重要的途径;在推动当地居民就业、增加居民收入,促进新农村建设方面的作用表现突出。尤其是乡村旅游在促进大学生、农民工、妇女就业创业方面具有不可估量的特殊优势和作用。海南省建设了 1000 个美丽乡村,大力扶持乡村旅游发展,实现旅游减贫、旅游富民,建成一批乡村民俗示范村和美丽乡村旅游度假景区,全面促进乡村旅游的发展。2011 年起,海南省举办乡村旅游文化节,至 2018 年已连续举办 6 届,每一届都以不同的主题呈现。2014—2019 年,海南省评定 124 家椰级乡村旅游点,海南省的乡村旅游发展进入了从数量增加到质量提升的阶段。志愿旅游在国外发展比较成熟,在国内越来越受到青年人的青睐。可以以海南的椰级乡村旅游点为旅游目的地,建设志愿旅游目的地,探索志愿旅游多种形式,创新志愿旅游发展模式,促进乡村旅游发展,促进乡村产业兴旺,带动村民共同富裕。

9.2.2 志愿旅游助力乡村振兴的途径

志愿旅游融入乡村旅游发展,对促进海南乡村振兴有着积极的影响。志愿旅游助力乡村振兴有多种途径,主要有以下几种。

1. 减贫救助型

减贫救助型项目是志愿旅游的一种基本类型。特点是志愿者们到比较贫困的国家和地区开展各类救助性活动,比较普遍的活动包括救助失学儿童、孤儿帮扶、援建房屋、保护濒危动植物、义诊、捐赠设备工具等。国外的志愿旅游项目中,此类型也占有相当大的比重,如"I-TO-I"(英国志愿者项目)项目,其中援建房屋是国外志愿旅游中的一种常见类型。在海南,目前开展此项目的地区尚且不多。2015 年以来,海口曙光救援队、三亚红十字灾害应急救援中心、海南山地救援协会、海口民间灾害应急救援队、海南成美慈善基金会、海南越野 E 族服务队等每年都会定期举办年会,吸收相关专业志愿者加入。救助类志愿者项目对于参加者的技能和素质要求较高,往往是发达城市的行业先锋代表前往不发达地区帮助当地人民摆脱当前的危机和困境。例如,2014 年,17 级台风威马逊在海南文昌翁田镇登陆,文昌和海口一片狼藉,很多地方断水、断电、信号中断、道路堵塞。各级团组织把救灾救助工作作为第一要务,在各级志愿者应急组织的快速反应下,救灾物资很快送到了灾区,团组织号召全省青年缴纳特殊团费,身体力行支持灾区恢复重建。在灾情发生的半个月内,团省委共筹集爱心捐款 223 万元,筹集物资总价值近 50 万元,出动志愿者 4.5 多万人次,服务时长 26.8 万小时。

2. 教育帮扶培训型

在很多国家,非营利组织的教育功能是重要的功能之一,关注的焦点往往也是教育。教育性项目也是志愿旅游的一种重要类型,这与很多开展志愿旅游的非营利组织关注教育有关。非营利组织在开展志愿者旅行项目时,通过在需求地区开展包括环保教育、语言教育、技能教育、成人教育、技能培训等志愿服务活动,提高当地人民的文化水平和素质。海南高校每到假期就会开展各类志愿服务支教活动,以海南大学苍鹰支教队为例,支教队员们8年多来坚持每周二统一服装,往返骑行近16千米来到海口薛村的海南省特殊教育学校开展助残志愿服务活动。截至2018年12月,在海南共结对帮扶残疾人服务点5个,项目累计注册2000名志愿者,累计服务总时长达30000小时,大学生志愿者为结对帮扶学校提供20余门兴趣选修课课程,成立37个兴趣小社团。每到假期,支教队的"名誉家长"还深入开展家访工作,在帮扶学校设立24小时亲情热线,打通和残障儿童的温情沟通渠道。

3. 生态环境保护型

生态保护型项目近年来发展较快,并且广泛地引起学者的关注。这与近年来全球环境保护意识普遍提高有关,同时也与生态旅游的兴起有关,生态保护型志愿旅游项目与很多组织开展的生态旅游项目存在着重叠的部分。海南围绕"科学发展、绿色崛起"的战略部署,发起了"青春绿化宝岛""护蓝志愿行动"等品牌活动,率先开展志愿旅游项目的民间组织也大都是环保组织,如海南蓝丝带海洋保护协会、海南大学绿叶环保协会、海口湿地公园宣讲团等都是典型的代表。2018年,海口市青年志愿者协会策划开展的"美舍河变形计"志愿服务项目获得第四届中国青年志愿服务项目大赛金奖,200多名国内外志愿者来到五源河湿地公园和凤翔路湿地公园,通过流动宣传、定点讲解、环保小课堂等主题活动,普及市民生态理念,提高市民湿地保护的意识。因此,有越来越多的市民参与到湿地公园的保护和宣传中来,而每逢周末,湿地公园也都会有很多来自各地的志愿者自发开展垃圾分类、植物讲解等活动。

4. 文化历史保护型

人文历史保护志愿服务活动主要是开展文物古迹的保护和修复工作,也包括对旅游目的地域文化的保护。著名的项目有美国的非营利组织文化恢复旅游开展的项目,项目吸引了专业人士的极大关注。海南五指山非物质文化遗产保护队在黎锦工艺传承、刺面文化等方面做出了巨大的贡献,海南的少数民族文化吸引了来自全国各地游客的关注,很多游客都停留在当地学习黎锦技艺,该团队也逐渐发展成为海南省志愿旅游的品牌项目。2018年12月,"为梦留声"周末大学生历史博物馆讲解志愿服务项目和琼剧项目入选海南省2018年宣传推选学雷锋志愿服务"四个100"先进典型之最佳志愿服务项目,文化历史保护的重要性越来越受到人民的关注。

5. 节事活动服务型

节事服务型志愿者的工作内容主要是为异地举办的大型赛事或节事等主题活动提供志愿者或有针对性的志愿服务工作。节事服务型志愿旅游的开发价值潜力巨大,可塑性较强。一年一度的海南黎族苗族三月三传统节日一度成为海南重要文化旅游项目,环岛自行车比赛、博鳌亚洲论坛、国际戏剧周活动、海南省艺术节、中国东盟大学生文化周、三亚国际艺术季等活动每年都会吸引大量的岛外甚至海外志愿者参与其中。2018 年,海南万人竹竿舞表演活动吸引了 10000 多名竹竿舞表演者参加,刷新了吉尼斯纪录"最大规模的竹竿舞"。近年来,海南各市县充分挖掘本地的丰富的历史文化资源,打造各地特色节事活动,各级政府积极谋划,逐步推行志愿者村庄、公益小镇、医养小镇、文创旅游城、文化产业基地、电竞小镇、文化旅游城等多个类型的产业项目建设,大量的民宿、客栈、精品特色酒店不断出现,这些都成为志愿旅游的重要吸引因素。

9.2.3　志愿旅游促进共同富裕

2020 年 10 月,党的十九届五中全会提出要"扎实推动共同富裕",《中共中央关于制定国民经济和社会发展第十四个五年规划和二〇三五年远景目标的建议》明确要求,到 2035 年全体人民共同富裕取得更为明显的实质性进展。习近平总书记在庆祝中国共产党成立 100 周年大会上发表重要讲话,也明确提出推动人的全面发展、全体人民共同富裕取得更为明显的实质性进展。

促进共同富裕,缓解城乡差距问题,"最艰巨最繁重的任务仍然在农村",解决好"三农"问题始终是全党工作的重中之重。推进乡村振兴,需要从城市端发力,推进新型城镇化进程,创新城乡产业融合发展模式,完善城乡农产品供应链,为农业发展提供广阔市场,以城促乡;促进户籍人口和城镇常住进城农民工基本公共服务均等化,促进农村转移人口市民化。推进乡村振兴,更需要直接从农村端发力,通过促进农业农村现代化,促进农民就业增收,全面实现乡村振兴。

志愿者活动的作用在中国逐步被重视,在"十一五"规划的"社会保障"条目中,明确提出支持志愿服务,并使之制度化。而志愿旅游更是具有多重的社会意义。当今世界上很多发达国家,如澳大利亚,就非常重视旅游活动的社会功能。中华民族自古就有助人为乐的传统美德,中国近年来旅游业的蓬勃发展也摆脱了旅游创汇功能,而开始挖掘旅游的综合价值,有的学者也开始注意到了旅游构建和谐社会的功能。因此,旅游业的社会功能应该进一步挖掘,而志愿旅游就是一种能够很好地发挥社会功能且连锁效应巨大和影响深远的旅游产品。

1. 缩小贫富差距

开展志愿者项目有利于促进平衡贫富差距,帮助贫困的人群摆脱贫困。志愿旅游的过程包括人力和物力的流动,主要是经济发达地区的志愿者无偿地支援劳力和物力,帮助落后地区发展。志愿旅游能够提倡一种互助奉献的精神,避免社会中拜金主义倾向的发生。在中国市场经济发展的同时,人们的精神文明建设也必须跟上。志愿旅游能够使人们实现对自我的认识。随着中国的改革逐步深入,人们的市场化意识越来越强,工作的功利性较强,城市居民生活压力逐渐增大,兴趣对工作的作用尚未引起足够重视。志愿旅游能够为人们提供一段暂时没有利益冲突的时间,在这段时间内旅游者通过自我认识,对自己的兴趣与事业进行重新认识和选择,能够提高工作与生活的自我满意度,最大限度地发挥自身的才能,创造真正的价值。

2. 促进地区平衡发展

志愿旅游其实是人力和物力从发达地区流动到不发达地区,以平衡地区发展的现象。对于中国,东部和中西部地区在经济、文化、医疗、教育等各方面差异悬殊,东部地区由于已经积累了相当的实力和经济增长的惯性,将继续保持较高的增长速度,从而使东部与中西部的差距在未来一段时间将继续存在。志愿旅游这种体验使志愿者们对于世界的认识具有了更广的视角。志愿旅游同时也是学习的过程,旅游者在志愿者活动中通过前期培训、实践来检验和加强自己的专业技能。如很多国际志愿者英语教学旅游项目就促使志愿者学习并拿到作为外语的英语教学证书。如果能够在志愿者活动中有针对性地提供课程,则志愿旅游活动可变成一种"服务性学习"的形式,"服务性学习"在美国的大中小学生中非常普遍。

3. 对旅游地经济发展的价值

志愿旅游形式可以产生直接的经济效应和多种解决贫困的方法。从资本的流动来看,志愿旅游一般是旅游者带来外部资金,并且通过在当地社区消费,使当地的经济产生增长。志愿旅游对当地社区的发展往往十分具有针对性,志愿旅游项目在组织阶段就已经确定好对当地社区支持的内容。因此,志愿旅游活动往往能够对当地社区起到直接的帮助,如医疗援助、建造房屋、教育培训、技术指导、环境治理等。并且由于在志愿旅游中,旅游者与当地居民共同合作,接触时间较长,能够产生较为深入的文化交流效果,对提高当地社区的开放程度具有积极的意义。

由于志愿旅游的参加者对各种消费物品的要求比较低，一般仅消耗当地的商品，不需要从外地购入商品，很少有外来人员在旅游地经营，因此基本不会产生经济漏损。从旅游产品的开发来说，志愿旅游不需要大规模地投资建造旅游基础设施，不会产生大量旅游投资亏损问题。所以，志愿旅游产品开发的成本比较低。

目前，中国正处于旅游开发的热潮，很多贫困地区也热衷投入旅游开发中。但是按照传统的旅游产品开发来说，吃、住、行、游、购、娱完备的旅游产业综合开发，以及传统的各类大众旅游产品系列并不适合某些贫困地区。一些贫困地区即使在短期内能够吸引到外来的投资，但是当地的经济基础和配套设施往往仍然远远跟不上旅游产业的发展要求，并且往往后来会产生大量的债务负担以及经济漏损。而开发志愿旅游产品是解决此问题的一个有效的手段。因此，志愿旅游产品对贫困地区的旅游规划具有重要的现实意义。

4. 对经营组织的价值

任何经营组织开发志愿旅游都会有其目的，对于参与旅游业其中的各个营利性行业，包括旅行社、酒店、餐馆、购物品商店、旅游交通等部门，其目的是营利。而地方政府、政府所属的行业协会对当地旅游产品的推销的目的，也是提高当地旅游产业的效益。志愿旅游既然属于旅游活动，其必然会对各行业产生一定的经济效益，只是不同程度的志愿者活动产生经济效益的水平不同。

而对于志愿者倾向较强的旅游产品，当其经营组织者是非营利性机构时，其目的并不在于营利，而在于该组织设置的项目的目标，如减贫、环保。当该目标完成之后，其组织者便完成了自己组织的使命，完成了对捐助者或者组织成员的缴纳资金的安排。

综上，在打赢脱贫攻坚战、全面建成小康社会取得伟大历史性成就后，实现共同富裕成为党团结带领全国人民接续奋斗的目标，促进全体人民共同富裕成为人民谋幸福的着力点。志愿旅游作为一种替代旅游，可以为乡村旅游提供更多丰富新颖内容的选择。志愿服务是社会文明进步的重要标志，志愿服务与乡村旅游的融合发展，可以推动旅游资源向农村、基层、相对欠发达地区倾斜，向困难群众倾斜，着力解决城乡之间、地区之间、群体之间发展不均衡的问题，为共同富裕赋予新动能。

第10章 志愿旅游与志愿旅游项目的发展趋势

10.1 志愿旅游的发展趋势

10.1.1 志愿旅游参与者的全球化趋势

现在,志愿旅游参与者的主要来源地仍然以经济发达国家为主,而志愿旅游目的地则主要是发展中国家。这种状态与旅游者的志愿服务意识以及经济发展水平和闲暇时间都有较为显著的关系。志愿旅游活动的开展与社会发展水平有较高的关联性。参与志愿旅游服务,在马斯洛需求理论中,属于较为高层次的追求与心理需求。为此,当社会发展以及经济水平达到一定程度时,社会群体对于参与志愿旅游服务的动机就会逐步增强,从而产生志愿旅游的主体。可见,现时的志愿旅游,从旅游主体的流动方向性来看,是从经济发达国家流向发展中国家/欠发达国家。从未来发展趋势来看,志愿旅游的主体和流向都会呈现出国际化和全球化的趋势。

首先,从经济发展趋势来看,随着近年来全球经济危机的出现,经济发达国家在全球经济中的比例正逐步下降。同时,发展中国家在全球经济体中的比重已经超过50%。根据国际货币基金组织(MIF)公布的数据,按购买力平价(PPP)衡量,2015年发展中国家经济体占全球总产出的比例已经达到58%。由此可见,未来发展中国家在全球经济发展中的重要性会不断增强,同时,发展中国家现时的发展速度也相对经济发达国家要快。为此,随着发展中国家经济发展水平的提升,这些国家居民参与志愿旅游的经济条件也会逐步具备。不仅在经济上,现时经济发展中国家的民众闲暇时间也正不断延长。以中国为例,以往国人在外出旅行时,较为常见的时段是黄金周假期以及学生的寒暑假期。随着带薪休假制度的不断深入推行,以及部分省市从2016年4月开始执行的2.5天弹性周休制度,中国各地居民的闲暇时间得到了较为显著的延长,这也为人们参与各类休闲活动,包括参与志愿服务提供了较为良好的闲暇时间。

同时,从旅游统计的角度来看,国际旅游者的来源以及目的地的构成,也正面临着较为明显的改变。联合国世界旅游组织的相关统计数据和图表显示,新兴市场国家开始在全球旅游行业中扮演愈发重要的角色。联合国世界旅游组织预测,到2022年新兴市场国家将比发达国家承载更多的国际旅游者。事实上,以到达人数计算,发展中国家已经占据了全球出境游旅客的40%,而以开销计算,全球游客大约一半的开销都花在了发展中国家。

从旅游者在出境旅游目的地的开销水平来看,发展中国家的旅游者其消费能力也正不断攀升,其中中国旅游者的贡献功不可没。

从志愿旅游自身来看,传统的志愿服务以针对弱势群体的服务和帮助为主要内涵。随着志愿旅游的不断发展,志愿服务的主题也会涉及义务参与某些社会服务,甚至为某些营利性的企业提供义务服务,换取特定的资源和旅行支持等。因此,不仅发展中国家和欠发达国家会成为志愿旅游者的目的地,经济发达国家以及经济发达国家中的知名旅游景点也有可能成为重要的志愿旅游目的地。

从图10-1可以看出,2013—2019年海南入境游客人数稳步增长,在59国人员入境旅游免签等政策支持下,2019年海南入境游客达到143.59万人。2020年,在海南自由贸易港建设开局的历史性机遇以及遭遇疫情的历史性考验的背景下,海南省以推进海南自贸港建设为主线,国际旅游消费中心建设取得重要进展。2020年,受疫情影响,虽然海南入境游客数量只有22.4万,海南省共接待国内外游客达到6455.09万人次,实现旅游总收入872.86亿元,成为全国旅游恢复情况较好地区之一,有力推动了海南自由贸易港建设顺利开局。因此,海南志愿旅游的主体和流向更加会呈现出国际化和全球化的趋势。

图10-1 2013—2020年海南入境游客人数

10.1.2　志愿旅游发展的产业化趋势

所谓产业化,是从产业的概念引申而来的,强调的是一个转变的过程。所谓的志愿旅游发展的产业化,即在志愿旅游的组织与发展方面,会逐步出现以社会和市场需要为导向,以获取和实现特定效益为目标,依靠专业服务和质量管理,形成系列化和品牌化的经营方式与组织形式。随着志愿旅游的市场不断扩大,市场需求也不断增长。尽管志愿旅游具有一定义务的性质,但是,从参与者的需求来看,实现一定范围的专业化分工与经营管理也成为必需。为此,可以预见,未来会有更多的主体进入志愿旅游的市场,为不同的群体提供志愿旅游的活动策划、组织与服务等工作。

目前的志愿旅游活动,大部分都是通过志愿服务组织来开展,未来为了更好地服务志愿旅游者的不同需求,可能会有更多非志愿组织介入其中,甚至也会出现专业的志愿旅游的公司或企业介入志愿旅游的发展。与此同时,伴随着越来越多的人加入志愿旅游的行列,志愿活动中的各项组织和服务也将面临不断细分和专业化。例如,志愿旅游目的地选择、志愿旅游活动策划、志愿旅游的线路设计等,都有机会实现专业化的分工与发展。为此,志愿旅游也有可能会沿着专项旅游产品的发展轨迹,在坚持深层次的社会责任与服务内涵的基础上,实现产业化的运营与发展。

10.1.3　志愿旅游活动主题的多样化趋势

志愿旅游的深入发展,必然引起志愿旅游的主题化发展,这从行业市场需求的变化就能看出。志愿旅游和单纯志愿者服务的主要区别就在于,志愿旅游不仅要从事义务的服务,同时,更为重要的是,要获得与旅游相关的体验。志愿服务的种类以及旅游体验的类型都具有多样性的特点,两者相互叠加,或者进行排列组合,就能够产生许多种不同志愿服务内容和旅游体验的组合方式。这些不同的组合方式可以为志愿旅游的不同主题提供素材和更多选择。而志愿旅游活动的主体化趋势,可以直观地表现在志愿旅游活动的名称上。例如,海南西岛创意环保深度体验之旅、旅游减贫与民俗体验之旅等都是较为典型的主题志愿旅游活动。

10.1.4　志愿旅游活动类型定制化趋势

志愿旅游是一种能够对旅游目的地产生经济效益、文化效益、社会效益和环境效益,并且给旅游者带来深度体验的一种新型旅游方式。马斯洛在需求层次理论中谈到,人的基本(生存)需求得到满足后,不可避免地将会产生深层次的精神需求,主要表现在尊重别人或得到别人的尊重和实现人生价值。随着人们生活基础的改善以及价值观的转变,旅游的方式自然而然地会发生变化。目前,观光、度假、修学、医疗等大众旅游方式不能满足旅游者的需要,必然会向个性化旅游方式转变,如从不可持续的旅游方式到可持续的旅游方式、从观光型旅游到体验型旅游、从利己主义旅游思想到自然主义和利他主义旅游思想。因此,从旅游的发展过程来看,志愿旅游是旅游发展的一种高级形式。

标准化与个性化是现代社会经济发展中的两个特征。一方面,人们出于对质量控制和管理的需要,要求服务的内容、服务的流程,以及服务的最终结果都具有统一的设计和模式,即人们认为标准化的产品与服务能够减少风险。但另一方面,个性化的发展趋向也在逐步受到人们的重视。当消费者的基本需求得到满足后,会对产品或服务产生更高层次的需求,希望自己所消费的产品或服务是针对自己的需求量身定做的,从而获得受到尊重的感受与满足。此时,个性化或者定制化服务就出现了。

从志愿旅游服务的个性化发展所需前提条件来看,其应该首先满足以下三个方面的要求。

1. 志愿旅游者的需求个性要有一定的特征或规律性

从理论上讲,服务定制化完全可以做到针对每个消费者的具体需求设计出有针对性的服务方案,但在实践中,受限于成本和技术手段等因素,这往往不容易完全实现。因此,只有志愿旅游者的需求具有某种程度的共性,可以把它们划分为一些类别时,志愿旅游专业策划和组织者才可能针对这些类别的个性需求提供志愿旅游的服务定制。实际上,随着志愿活动的深入开展,以及越来越多的机构和企业认识到志愿旅游能对自己的员工和机构形象产生重要影响,组织员工参与志愿旅游已经成为塑造企业文化的重要途径。

一般认为,企业在追求社会责任绩效的过程中,为了赢得短期效应,会追逐一些短平快的社会责任项目,企业志愿服务就是其中一项,很多企业把企业志愿服务当成一种营销手段,在急功近利的心态下,企业志愿服务在国内出现了同质化、单一化、功利化的色彩。另外,也会存在这种情况,真正想做志愿服务的企业找不到"渠道",这一方面表现在企业不知道自己能做些什么,另一方面体现在企业找不到合适的项目或者机会。企业希望能做一些独特的、有意义的志愿旅游活动。此时,专业的志愿旅游组织服务商就可以通过了解不同机构或企业的诉求,为其量身定制不同的志愿旅游方案,达到期望之绩效。

2. 必须要有合适的技术手段为定制化志愿旅游提供技术支持

从志愿旅游的组织策划来看,所需的技术手段主要包括活动策划技能、项目管理技能、旅游服务技能等。近年来,针对企业员工的奖励旅游市场发展较为迅猛,针对企业员工的奖励旅游之运作和管理都已经具备了良好的基础。由此可见,企业在开展个性化志愿旅游活动中,所需要的相关技能和技术条件等都已经具备。

3. 对志愿旅游服务者而言,采用志愿旅游服务定制化应当经济上可行

这里主要包括两个方面的含义:其一是为企业提供定制化的志愿旅游服务在成本上具备经济性;其二则是志愿旅游服务的提供者能够从为企业提供服务过程中,获得一定的赢利空间。这与前面所提及的产业化发展趋势是一致的,即志愿旅游组织者以及服务者,需要通过提供优质的策划、组织、管理等服务,来换取其所期待的经济利益。尽管企业将志愿服务当作一种承担社会责任的行为,并作为提升社会形象的重要手段,被不少学者和政府官员批评,但是,不容否认的是,组织员工参与志愿活动的企业和为上述企业提供志愿活动策划、组织的企业之间必须是互利双赢的关系,否则,企业志愿活动的开展就存在困难。

10.1.5　志愿旅游产业发展的战略化趋势

当代中国志愿服务的发展脉络是 20 世纪 80 年代率先由社会民众自主发起;进入 20 世纪 90 年代,由共青团组织全面发动并建立青年志愿服务组织系统,民政部门发动并推进社区志愿服务;进入 21 世纪特别是 2008 年北京奥运会之后,志愿服务纳入了国家视野。从 2004 年党的十六届四中全会审议通过的《中共中央关于加强党的执政能力建设的决定》正式提及志愿服务,到 2012 年党的十八大报告提出大力发展志愿服务,国家及地方的发展规划、发展战略陆续将志愿服务写入其中。习近平总书记充分肯定志愿服务凝聚人心、增强群众主人翁精神的重要意义。李克强总理在政府工作报告中提出要支持群团组织依法参与社会治理,发展专业社会工作、志愿服务和慈善事业。《中共中央关于制定国民经济和社会发展第十三个五年规划的建议》提出要支持慈善事业发展,广泛动员社会力量开展社会救济和社会互助、志愿服务活动。这样,中国志愿服务事业从纯粹民间行为,到部门推动项目,进而发展成为国家战略组成部分,将越来越受到关注和重视,并主要表现在国家新元素、国内凝聚力、国际软实力方面。

战略化的发展趋势表现之一,就是社会未来将形成自上而下推动志愿旅游的

长期发展的机制。这里的"上"主要指的是政府层面。领导人的支持虽然不是政策和法规,但他们对于某项群众性活动的倡导——号召、题词等,具有非常大的感召力和号召力。历史上,学习雷锋运动,就是得力于毛泽东主席写的"向雷锋同志学习"的题词。

除了领导人的推动外,政府从长远发展考虑,为志愿服务以及志愿旅游的发展制定相关政策和法律法规等内容,也同样属于自上而下推动志愿旅游的模式之一。如2014年,中共中央精神文明建设指导委员会出台《关于推进志愿服务制度化的意见》,要求建立健全志愿服务制度,进一步壮大志愿者队伍,完善社会志愿服务体系,推动志愿者服务活动常态化、制度化,促进社会文明进步。该意见中指出,需要在建立健全志愿服务制度、加强志愿者培训管理、健全志愿服务激励机制的同时,完善政策和法律保障。把志愿者服务的要求融入各项经济、社会政策之中,体现到市民公约、村规民约、学生守则、行业规范之中,提倡和鼓励志愿服务的行为,维护志愿者的正当权益,形成崇尚志愿服务的社会氛围。把志愿服务纳入学校教育,研究制定学生志愿服务管理办法,鼓励在校学生人人参加志愿服务,可将大中小学生志愿服务活动折算成社会实践学分计入学分银行。根据志愿服务活动的需要,为志愿者购买必要保险、提供基本保障。要认真总结推广志愿服务地方性立法的经验,加快全国志愿服务立法进程。

志愿旅游战略化发展的另一个特征,即上到政府、下至企业或志愿组织,都需要综合权衡本地区和企业的发展需要,采取措施引导志愿旅游以及志愿服务的发展。作为一种新的社会风尚,越来越多的青年及社会各界人士加入志愿者的行列中。但不容忽视的是,我国志愿服务的组织与发展还处在初始阶段,志愿旅游活动的频率、志愿旅游的管理体制机制不够完善、志愿旅游的专业服务水平不够高等问题不同程度的存在。作为社会发展和进步的重要通路,国家和政府应该将志愿旅游活动的发展纳入战略管理和社会发展规划的范畴内,通过制定相关的发展目标、实现途径等来为社会志愿服务的发展提供保障。

由此可以预见,未来政府在制定区域发展规划和战略的时候,志愿旅游将成为不可或缺的内容之一。

10.2 志愿旅游项目的发展趋势

10.2.1 公益属性的志愿旅游项目发展

我国志愿旅游与国外相比还有较大差距,无论从形式、内容还是参加人数、社会意识等方面都有所表现。相比国外志愿旅游成熟的运作方式,我国志愿旅游才刚刚形成雏形,严格意义上专业的志愿旅游组织或机构较少,但经过几年发展,已展现出良好的发展态势。主要是政府组织和国内高校社团组织开展的志愿者活动已经出现了旅游的现象,发展得较好的是一些国外的非营利组织、高校和旅游机构在中国开展的公益旅游项目。因此,该活动并未直接被纳入中国旅游业统计的范畴之内。从组织者的背景来看,我国志愿旅游项目有以下几类。

1. 政府机构组织的志愿旅游项目

政府组织的公益旅游项目,是我国志愿旅游的切入点。政府的方针政策会在社会的发展中起着重要的指导作用,对于新鲜事物,即志愿旅游的出现,政府的作用将更加明显。近年来,也出现了不少政府组织的专项公益、旅游活动。如 2007 年,共青团云南省委和云南省旅游局,联合香港知名慈善机构香港苗圃行动开展的云南希望工程"茶马古道·走向西藏"国际公益助学步行筹款活动历时 3 个多月圆满结束,这是一次具有国际影响力的志愿旅行。其中,在国内举行的节事和赛事活动招募的志愿者,也是志愿旅游的重要组成部分。例如,2008 年北京奥运会上的非北京地区志愿者,在为北京的奥运会服务的同时,在北京的体验无疑是一次终生难忘的旅游;在 2010 年上海世博会的非上海地区的志愿者,以及昆明花博会的志愿者,同样获得了一次难得的志愿旅行。

2. 个人开展的志愿旅游项目

跟国外的志愿旅游发展类似,我国的志愿旅游也是从最初的志愿自助旅行开始发展起来的。一般是爱好自助游或是各种俱乐部结伴游行的人,在旅行的过程中做一些志愿活动。中国公益旅游网在 2011 年 4 月正式上线,现已得到很多旅游爱好者的响应,大家都希望尽自己的微薄之力去帮助更多需要帮助的人群或地区。早期发展起来的"多背一公斤"网站,倡导大家去贫困地区旅游的同时,带一公斤物品捐赠给当地的人们,现已发展为大家认可的志愿旅游网站。还有一些俱乐部组织的志愿旅游项目,如合肥草根户外一是一家户外运动俱乐部,"驴友们"饱览了自然风光之后,会献出爱心为偏远山村学生提供购买早餐的费用,并且倡导"驴友们"下次再去时,给孩子们带去一些书籍。长城户外发起了"驴友"爱心图书室,倡导在城市中募集图书,然后由"驴友"进山时将这些图书带到山区学校,逐渐形成了小有规模的图书室。这种形式的志愿旅游在我国已经形成一定规模和影响力,推动着我国志愿旅游的发展。

3. 高校类社团开展的志愿旅游项目

在高校中开展的公益旅游项目,多是由高校类的爱心社团、志愿者协会发起,其特点是参加人数较多,涉及范围较大,且具有较高的组织性和计划性。如华中科技大学的援中缘支教协会、武汉生物工程学院的志愿者协会、复旦大学红铅笔爱心组织、北京大学爱心社等,这些组织的活动多为短期支教活动和保护环境,也有其他一些志愿者活动。参加者绝大多数是在校学生,在去异地完成志愿者活动的同时,无疑是进行了一次旅行活动。

大学生志愿活动经过多年的探索与发展,尤其是经过近几年重大事件志愿行动的开展,参与的大学生越来越多,很多高校在团组织的指导下,相继成立了相应的社团组织,成为大学生志愿活动的载体之一,便于大学生志愿活动的组织和管理。在全球化的背景下,经济社会生活的国际交流合作日益频繁,大学生志愿行动也积极与国际接轨,走向世界,积极地承担国际援助和服务的任务,参与国际志愿行动。2004年雅典奥运会上,大约有6万人的志愿者是从全球近16万报名者中遴选的,中国共有50多名大学生志愿者参加奥运会服务。

4. 大中专学生志愿者暑期"三下乡"社会实践活动

1997年,由中宣部、教育部等联合开始实施大中专学生志愿者暑期文化、科技、卫生"三下乡"社会实践活动,大学生志愿者利用假期,把文化、科技、卫生送到广大农村基层,推广农业科技知识和基本的卫生知识,开阔了广大农民的视野,为农村经济社会发展带来了一阵清风。

如今农村经济社会也得到了新发展,大学生暑期"三下乡"社会实践活动依据新要求,善用新载体、新手法,不断创新服务形式,为点亮留守儿童的读书梦、基层群众的致富梦、美丽乡村的振兴梦贡献更多力量。把文化盛宴送到村村寨寨,把科技知识带到田间地头,把义诊药箱背进偏远山村,为促进农业高质高效、乡村宜居宜业、农民富裕富足注入动能,有效缓解了农村公共服务供给相对不足等情况。经过多年积淀,"三下乡"社会实践活动成为助力全面推进乡村振兴的民心工程,成为深化农村思想道德建设和精神文明建设的响亮品牌。大学生们不仅可以在社会实践中锻炼自己,服务社会,奉献爱心,提高素质,而且还可以将文明新风和先进观念带到乡村,将科学技术和文化知识传播到基层,推动基层乡村发展。对于双方而言,这是一个良性互动的过程。

"三下乡"社会实践活动开展的形式多样,通常依据各院校大学生们的专业实际情况而具体开展,义教活动就是常见的形式之一。学生通过义教活动,开展学业辅导、自护教育、亲情陪伴、素质拓展等方面的志愿服务,关注关爱乡村留守儿童;"三下乡"社会实践活动还提倡组建理论宣讲团队,通过走村入户接地气面对面交流,结合视频展播、问卷访谈等具体手法,进行法制教育、政策宣传、榜样传播等宣讲活动;也可以开展普法宣讲,提供法律咨询服务,提升基层群众的法律素养,充分发挥法治在三大攻坚战和美丽乡村建设中的服务与保障作用……

5. 旅游企业开展的志愿旅游项目

旅游企业开展的志愿旅游项目可分为两类。

第一类是各个知名的旅游景区开展的志愿旅游项目,就是招募志愿者在旅游旺季的时候来景区服务,以增强接待能力,减少雇用人员。例如,故宫中的景区讲解员多为志愿者,有历史老师利用自己的知识来回报大众,也有锻炼自己的英语能力的志愿者。目前,我国的这种根据旅游淡旺季招募志愿者的景区不多,很有发展潜力,也很有必要。

第二类就是旅行社参与设计的公益旅游项目。在 2007 年,上海航空假期旅行社就推出了沪上首个公益旅行团,先后去往贵州、四川等地的贫困小学探访,开创了沪上公益旅行的先河。同年 12 月,基于之前的多次实地探访,上海航空假期旅行社推出红苹果行动,并将这份爱心持续传递至今。2011 年,上海航空假期旅行社再度携手"益游天下"公益组织,将初春第一缕阳光送进贵州三棵树鱼寨小学,给他们带去学习用品以及衣物。同时,其他旅行社也开始了自己的公益旅游项目。2008 年 6 月,张家界中国旅行社成立了张家界旅游网,得到了张家界政府的大力支持。

6. 国外非营利组织和旅游机构在中国开展的志愿旅游项目

目前,国内存在的公益旅游组织,绝大多数是国外非营利组织,这些组织具有在各国开展公益旅游的实际经验和国际化背景,因此这些组织在中国开展的公益旅游项目较规范,并且能够引起一定的重视。例如,世界自然基金会(WWF)在我国四川和秦岭地区做生态保护和生态旅游的项目;二十一世纪志愿服务平台(由北京二十一世纪公益基金会开发建设的全国志愿者志愿服务平台)在海南和云南设有分机构,主要工作是研究生物多样性以及环境保护;WorldTeach(一家位于马萨诸塞州剑桥市的非营利组织)在云南同样设有项目计划,主要是英语教学。从这些例子中,我们可以看出,他们选择云南作为公益项目计划的目的地在于云南是我国经济比较落后的省份,是著名的旅游大省,拥有 25 个之多的少数民族特色民俗文化。因此,云南的非营利组织非常活跃,虽然没有确切的数据记载,但在中国开展公益旅游项目的组织在云南都有分机构,而国内的大型基金会、大型企业的非公募基金会、全国性的非营利组织,也都会在云南开展一些项目。可以说,云南开展的公益旅游在带动当地经济、卫生、文化、教育等方面起了重要作用。

10.2.2　市场属性的志愿旅游项目发展

如今,市场群体对旅游产品的需求不断增加和丰富,希望旅游产品能承载更多内容,志愿旅游作为一种替代旅游,可以满足市场的更多需求。随着志愿旅游市场的不断发展与日趋完善,志愿旅游的管理和运作日渐成熟。

1. 更多商业化组织成为志愿旅游项目的参与者

当一定数量的群体希望在旅途中参加志愿活动,以此来提升旅游意义时,就会有供应商涌现出来,提供机会并推出配套产品,以满足此类需求。以前,非营利组织是主要的中介,对接希望参与志愿项目的群体和需要志愿服务的慈善机构,而现在,则出现更多的商业旅行社、专业的企业、组织以及研学机构,采取收费形式,开发并提供有针对性、多样化及市场化的志愿旅游项目和产品。

比如,Gapper国际义工旅行,作为一家致力于公益研学及体验式自然教育的社会企业,通过可持续旅行的方式,连接城市与乡村、人与自然,以及人与人,建立有温度的社群生态,并在旅行中实现个体的自我探索及赋能。The Green Lion(格林卫)国际义工旅行,秉承"志愿者活动和旅行改变生活"的理念,长期致力于为世界青年人提供"负责任、有意义"的国际义工旅行/志愿者项目,分布在五大洲40多个国家。涉及海南志愿研学旅行的产品也很多,如学习保护生态环境知识、地质科普研学、志愿教学、电商助农、品尝海南美食、获得志愿者证书等。

作为国内首个产生发展并影响广泛的志愿旅游实践案例,"多背一公斤"倡导志愿活动与旅游相结合,关爱自己,也关注贫困地区的孩子发展,从"安猪"推出的"传递(出行时多背一公斤,把文具或书籍等带给沿途贫困落后地区的学校或孩子)—交流(旅途中与孩子们进行面对面的交流,开阔彼此的视野,激发信心和想象力)—分享(归来后通过 www.1kg.org 网站分享学校信息和活动经验,鼓励更多朋友参与)"的运作模式中我们可以看到该活动分享信息、传递快乐的魅力。从"多背一公斤"的后期发展来看,其为实现自身的持续运转,转变注册为社会企业,以商业的模式参与公益,同时关注与上下游的合作,主要包括基金会、媒体、企业等,以获得必要的技术支持、经费支持等,也是对志愿公益事业模式进行创新的一种尝试。

2. 海南逐渐成为志愿旅游的目的地、集散地

海南是中国唯一的热带岛屿省份,森林覆盖率超过50%,生态环境优良。加之宜人的气候、秀丽的山水风光、独特的黎族苗族文化,足以与世界上任何一个度

假地相媲美。海南已经初步建成国际旅游消费中心、中国邮轮特区和世界一流的海岛休闲度假旅游目的地,立足海南自贸港建设,打造国际知名度假天堂、康养天堂、购物天堂和会展高地,进一步建成国际旅游消费中心。作为全国首个全域旅游创建省,海南的旅游市场发生了翻天覆地的变化,构建起富有海南特色的旅游产品体系。从景点屈指可数到实现全域景观化,旅游态势由景区景点旅游模式逐渐走向全域旅游模式,市场秩序更加规范。

环岛旅游公路全域、全景、全程展示了海南滨海自然风光和历史人文魅力,建设起国际一流风景旅游道;打造了业态创新、配套完备、体验丰富的"路道型"旅游综合体,构建国际旅游消费新平台。环岛旅游公路驿站是集旅游服务基地、特色旅游产品、区域整合平台功能三位一体的综合性旅游服务设施,环岛布局40个驿站,形成一系列"旅游+N"的消费中心,承载未来海南1/3以上的旅游人口,主要提供旅游基本公共服务。同时,海南建设了1000个美丽乡村,大力扶持乡村旅游发展,建成一批乡村旅游特色民宿示范村和美丽乡村旅游度假景区。2020年,海南省评定154家椰级乡村旅游点,海南的乡村旅游进入到从数量增加到质量提升的阶段。

国务院自2018年5月1日起,在海南省实施59国人员入境旅游免签政策,进一步支持海南全面深化改革开放。一是扩大免签国家范围。适用入境免签政策的国家由26国放宽到59国,有利于鼓励更多的外国人赴海南旅游,形成更加开放的新格局。二是延长免签停留时间。免签入境后停留时间从15或21天统一延长至30天,促进入境旅游市场更加活跃发展。三是放宽免签人数限制。在保留旅行社邀请接待模式的前提下,将团队免签放宽为个人免签,满足外国游客个人出行的需求。

逐步成为国际旅游消费中心的海南,对国内外游客充满了吸引力。环岛40个驿站的建设为海南旅游项目开展提供了新的资源和便利,乡村振兴下美丽乡村的建设为旅游目的地增加了更多选择,59国人员入境免签政策为外国游客来海南参加各种旅游项目提供了政策支持和时间保障,海南正在成为更多国内外游客的志愿旅游目的地和集散地。志愿旅游在国内外越来越受到游客的青睐,可以以海南的椰级乡村旅游点为旅游目的地,打造特色志愿旅游产品,开展志愿旅游活动,建设志愿旅游目的地,创新志愿旅游发展模式,提升自贸港背景下现代旅游业国际化水平,扩大海南现代旅游业的影响力。

3. 志愿旅游项目组织平台化

海南成为国内外热门志愿旅游的目的地、集散地的同时,探索搭建出一种新的平台模式。即以市场为主导,围绕旅游产业,创新理念,立足本土,放眼世界,构建有机融合志愿旅游市场各项要素及环节的产业平台,使其成为志愿旅游集散中心,将海南打造成真正有特色的志愿旅游集散地。

参与志愿旅游项目的国内外游客,可以结合自身专业和特长,参加海南当地的考察和调研,为海南志愿服务领域制定具体的设计和改善方案等。志愿旅游项目组织平台可以为志愿旅游的组织者、参与者、志愿旅游目的地选择、志愿旅游活动策划、志愿旅游的线路设计等提供专业化、系统化、可视化的全方面服务。随着越来越多的人加入志愿旅游的行列,志愿活动中的各项组织和服务也将面临不断细分和专业化。志愿旅游有机会实现专业化的分工与发展。为此,志愿旅游也有可能会沿着专项旅游产品的发展轨迹,在坚持深层次的社会责任与服务内涵的基础上,实现平台化、产业化的运营与发展。

4. 志愿旅游项目市场定位更加明确

为了更加符合和满足志愿旅游市场需求,志愿旅游项目市场定位必须明确,以市场为导向的志愿旅游项目策划尤为重要。志愿旅游活动策划主要是为了解决如何通过活动组织来实现志愿旅游特定的发展目标,并协调处理志愿旅游活动中的资源分配等问题。主题是志愿旅游活动策划的理念核心,是在志愿旅游活动的策划和实施过程中被不断地展示和强调的一种理念或价值观念,关系到志愿旅游活动的策划方向和特色。

主题对于突出事件活动特色非常重要。合理的主题选择及定位可以充分发挥事件活动的优势,吸引更多的人士参与;而不适宜的主题定位,有时甚至会对志愿旅游组织者的形象造成负面影响。从主题的内涵来进行划分,可以将志愿旅游活动的主题分为三类,即抽象概念型主题、理念趋势型主题、功能目标型主题。随着志愿旅游市场竞争激励程度的不断加大,为了更好地吸引人们参与相关志愿旅游活动,组织者不仅要有好的活动内容和策划,还应该从不同的角度提升活动的主题特色。从志愿旅游活动主题元素的外在表现途径来看,其可以通过以下方面对外展示:主题口号、主题曲、主题物品、主题吉祥物、主题典故与趣闻、主题仪式、主题氛围等。

从志愿旅游的本质来看,其仍然属于一种特殊的旅游产品,因此,组织者和策划者必须从体验的角度来进行相关的活动设计,需要对体验的内涵以及体验的维度有较为深入的了解和掌握。志愿旅游者参与志愿旅游活动时,可能会有多重体验维度的诉求。为此,志愿旅游的组织和管理者,应该充分考虑和借鉴上述旅游体验的模块构成,为志愿旅游者提供较为理想和多元化的志愿旅游体验。

参 考 文 献

[1] 曹建明.时评:"三下乡"为乡村振兴注入强劲动力[EB/PL].[2022-01-24]. https://www.sohu.com/a/518150995_114882.

[2] 陈芳.国务院发布"十四五"旅游业发展规划[N].上海证券报,2022-01-21.

[3] 陈云.疫情背景下乡村旅游扶贫新思路探究[J].湖北开放职业学院学报, 2020,33(12):103-104,112.

[4] 崔军.海南推进美丽乡村建设的若干思考与启示——赴海南社会调研报告 [J].新疆广播电视大学学报,2018,22(3):1-5.

[5] 关于印发全国特色小镇规范健康发展导则的通知[EB/OL]. https://www. ndrc.gov.cn/xxgk/zcfb/tz/202109/t20210930_1298529_ext.html.

[6] 冯正龙.公共艺术的地方重塑研究——以中国莫干山镇和日本越后妻有地 区为例[J].美与时代(上),2018,(5):14-19.

[7] 傅水根;我国高等工程实践教育的历史回顾与展望[J].实验技术与管理, 2011,28(2):1-4.

[8] 高恒冠,刘春朝.可持续发展理论视域下我国特色小镇建设热潮探究[J].衡 阳师范学院学报,2021,42(4):54-61.

[9] 高科.志愿旅游:概念、类型与动力机制[J].旅游论坛,2010,3(2):141-146.

[10] 郭一丁,马永辉,姜子轩.大学生"三下乡"助力乡村经济发展[J].农村实用 技术,2021,(7):32-33.

[11] 何盛明.财经大辞典[M].北京:中国财政经济出版社,1990.

[12] 黄俊毅.坚决守住不发生规模性返贫底线[N].经济日报.2022-02-27.

[13] 姜启军,邹竑.青少年研学实践教育协同机制分析[J].现代基础教育研究, 2020,39(3):87-93.

[14] 雷登攀,杨伟炳,刘柯瑞.激活乡村振兴新动能[N].运城日报,2022-01-25.

[15] 李炳义,梅亮.城市旅游公共服务体系的构建[J].城市发展研究,2013,20 (1):98-102.

[16] 李炳义,梅亮.城市旅游公共服务体系的构建[J].城市发展研究,2013,20 (1):98-102.

[17] 李经龙,罗金凤,葛兰琴.我国旅游志愿服务机制的构建[J].池州学院学

报,2017,31(3):90-95.

[18] 李明超,钱冲.特色小镇发展模式何以成功:浙江经验解读[J].中共杭州市委党校学报,2018(1):31-37.

[19] 李鹏.田野有"智慧"农民更轻松[EB/OL].[2022-03-07]. http://www.moa.gov.cn/xw/qg/202203/t20220307_6390648.htm.

[20] 李玺.义工旅游的策划与组织管理[M].北京:中国社会科学出版社,2017.

[21] 李政葳,曾震宇.平台、产业、政策,乌镇引才留才这样做[EB/OL].[2020-11-23]. https://politics.gmw.cn/2020-11/23/content_34391477.htm

[22] 梁思颖.基于网络文本分析的义工旅游现状研究[J].旅游纵览,2020,7:57-59.

[23] 林崇德.心理学大辞典[M].上海:上海教育出版社,2003.

[24] 林卫红.把握四个"关键点"让研学助力学生成长[J].教育实践与研究(A),2019(Z1):98-104.

[25] 刘朝文,何文俊,向玉成.乡村旅游视域下的乡村振兴[J].重庆社会科学,2018,(9):94-103.

[26] 刘倩雯.大学生"三下乡"助力乡村振兴——乡村旅游人才需求探索[J].国际公关,2020,(5):137-138.

[27] 刘羽天,卢菊.大学生"三下乡"助力乡村旅游开发帮扶研究——以安徽商贸职业技术学院定点帮扶镇为例[J].湖北经济学院学报(人文社会科学版),2021,18(5):53-56.

[28] 刘长生,王杰.劳动教育推进大学生志愿服务的现状与路径[J].高校辅导员学刊,2021,13(6):62-66.

[29] 马天,谢彦君.旅游体验的社会建构:一个系统论的分析[J]. Tourism Tribune/Lvyou Xuekan,2015,30(8).

[30] 马晓煊.我国公益旅游的发展模式研究[D].扬州:扬州大学,2011.

[31] 潘悦,陶文铸,梁颂恒.资源认知视角下的乡村旅游产品分类设计[J].中国名城,2020,(9):87-92.

[32] 彭聃龄.普通心理学[M].北京:北京师范大学出版社,2012.

[33] 戚晓明.以技术赋能提升乡村整治实效性[EB/OL].[2022-03-08]. http://doss.xhby.net/zpaper/xhrb/pc/att/202203/08/d2de8040-1c8a-4f6c-b850-9f8935b36264.pdf.

[34] 乔海燕,杨丹艳,郭丽华.体验经济时代发展我国红色旅游的战略思考——以百色市为例[J].桂林旅游高等专科学校学报,2006,17(1):40-43.

[35] 乔金亮.强化现代农业基础支撑[N].经济日报,2022-02-25.

[36] 全紫红.推进国家治理能力和治理体系现代化背景下村民自治问题研究[J].农村实用技术,2019,(12):72-73.

[37] 人民日报.全国农业科技进步贡献率超60％,耕种收综合机械化率达71％ 农业现代化迈上新台阶[EB/OL].[2021-07-19].http://www.gov.cn/xinwen/2021-07/19/content_5625850.htm.

[38] 上海市志愿者协会.志愿心[M].上海:社会科学文献出版社.2018.

[39] 索宝凤,王华,杨向格.简析旅游志愿者服务体系及其构建[J].重庆科技学院学报(社会科学版),2011,(21):94-96.

[40] 万婕."互联网＋研学旅行实践教育"的模式设计研究[D].南昌:江西师范大学,2020.

[41] 王山慧,刘伟,田原.打造高质量数字乡村 助推高水平乡村振兴[N].宁波日报,2020-06-18.

[42] 王星.中小型景区的旅游体验营销探析——以四川安县寻龙山为例[J].乐山师范学院学报,2006,21(4):113-116.

[43] 王玉玲,汪惠萍,桂凯."三农"资源的旅游开发研究——基于乡村旅游产品视野[J].中国农学通报,2013,29(11):208-212.

[44] 魏乾梅.乡村旅游助力乡村振兴战略的发展模式研究[J].山西农经,2021,(1):72-74.

[45] 吴海燕.基于结构方程模型的公益旅游发展动力机制研究[D].重庆:西南大学,2014.

[46] 吴文智,庄志民.体验经济时代下旅游产品的设计与创新——以古村落旅游产品体验化开发为例[J].旅游学刊,2003,18(6):66-70.

[47] 乡村民宿设计.「美丽乡村」荷兰羊角村,中国人贡献大量客流的乡村旅游标杆[EB/OL].[2021-01-01].http://k.sina.com.cn/article_6516244467_18465fff302000tpap.html.

[48] 肖金明,龙晓杰.志愿服务立法基本概念分析——侧重于志愿服务、志愿者与志愿服务组织概念界定[J].浙江学刊,2011,(4):136-143.

[49] 谢彦君,彭丹.旅游、旅游体验和符号——对相关研究的一个评述[J].旅游科学,2005,19(6):1-6.

[50] 谢彦君.基础旅游学[M].3版.北京:中国旅游出版社,2011.

[51] 邢鹤龄.中国旅游文化与乡村建设现状问题探析[J].现代营销学苑版,2021(10):74-78.

[52] 徐晨静.浅析大学生暑期"三下乡"社会实践活动[J].东西南北,2018,18.

[53] 徐帅.中国特色志愿服务体制研究[Z].北京:北京交通大学,2017.

[54] 杨智伟.海南志愿旅游发展中的政策创新研究[D].海口:海南大学,2019.
[55] 于法稳,黄鑫,岳会.乡村旅游高质量发展:内涵特征,关键问题及对策建议[J].中国农村经济,2020,8:27-39.
[56] 于业芹.创新驱动发展背景下特色小镇的功能定位与实现路径[J].上海城市管理,2022,31(2):63-71.
[57] 曾素林.论实践教育[D].武汉:华中师范大学,2013.
[58] 张尔升,刘婷.乡村振兴战略与共享经济模式探析——以海南共享农庄为例[J].安徽农业大学学报(社会科学版),2020,29(3):1-7.
[59] 张红军;朱江丽;从"创造实干"到"德""知""行"合———南京大学新闻传播本科实践教育的历史经验与现实反思[J].中国出版,2020,(14):15-21.
[60] 张庆守.实践教育的历史反思与现行改革对策[J].闽江学院学报,2010,31(4):91-98.
[61] 张媛.乡村振兴背景下基层村民自治问题与对策研究[J].安徽农学通报,2021,27(15):16-17,24.
[62] 郑朝静.大学生志愿精神培育——以福建省为例[D].福州:福建师范大学,2012.
[63] 志愿服务条例[EB/OL]. http://www.gov.cn/zhengce/2020-12/27/content_5574451.htm.
[64] 中国国家标准化管理委员会.志愿服务组织基本规范(GB/T 40143-2021)[S].北京:中国标准出版社.2021[65] 中国旅游研究院(文化和旅游部数据中心).数据报告丨"文化赋能旅游,旅游振兴乡村"——域见中国·2021年文旅行业专题报告[EB/OL].[2021-11-01].https://www.sohu.com/a/498527738_124717.
[66] 中华人民共和国教育部.《中小学综合实践活动课程指导纲要》教材[2017]4号[EB/OL]. http://www.moe.gov.cn/srcsite/A26/s8001/201710/t20171017_316616.html.
[67] 钟思.公益旅游的发展模式研究——以湖北武汉为例[D].华中师范大学,2012.
[68] 周国忠,姚海琴.旅游发展与乡村社会治理现代化——以浙江顾渚等四个典型村为例[J].浙江学刊,2019,(6):133-139.
[69] 周录静.乡村振兴战略视角下乡村旅游可持续发展研究[J].中共人原市委党校学报,2022,(1):54-56.
[70] 朱玉莹.美丽乡村建设国外经验及其启示[J].农家参谋,2018,(17):2.
[71] 宗圆圆.公益旅游动机,体验与影响研究述评[J].旅游科学,2012,26(3):

78-94.

[72] 宗圆圆.基于内容分析的我国公益旅游发展研究——以多背一公斤为例[J].重庆工商大学学报(社会科学版),2012,29(4):33-39.

[73] 邹统钎.体验经济时代的旅游景区管理模式:旅游资源管理模式[J].旅游资源管理,2004,2:16.

[74] 邹统钎.中国乡村旅游发展模式研究——成都农家乐与北京民俗村的比较与对策分析[J].旅游学刊,2005,(3):63-68.

[75] A handbookof leisure studies[M].Springer,2006.

[76] Adarkwa K K,Oppong R A. Poverty reduction through the creation of a liveable housing environment: A case study of Habitat for Humanity International housing units in rural Ghana[J]. Property Management,2007.

[77] Alexander Z. International volunteer tourism experience in South Africa: An investigation into the impact on the tourist[J]. Journal of Hospitality Marketing,Management,2012,21(7):779-799.

[78] Alexander Z. International volunteer tourism experience in South Africa: An investigation into the impact on the tourist[J]. Journal of Hospitality Marketing ,Management,2012,21(7):779-799.

[79] Andereck K, McGehee N G, Lee S, et al. Experience expectations of prospective volunteer tourists[J]. Journal of Travel Research,2012,51(2):130-141.

[80] Animals and tourism: Understanding diverse relationships[M]. Channel View Publications,2015.

[81] Apostolopoulos Y, Leivadi S, Yiannakis A. The sociology of tourism: Theoretical and empirical investigations[M]. Routledge,2013.

[82] Bang H, Chelladurai P. Motivation and Satisfaction in volunteering for 2002 World Cup in Korea[J]. Paper presented at the Conference of the North American Society for Sport Management,2003(5).

[83] Banki S, Schonell R. Voluntourism and the contract corrective[J]. Third World Quarterly,2018,39(8):1475-1490.

[84] Barbieri C, Santos C A, Katsube Y. volunteer tourism: On-the-ground observations from Rwanda [J]. Tourism management, 2012, 33 (3): 509-516.

[85] Bebbing A, Neil J Smelser, Paul B Baltes. Tourism Strategies and Rural Development [M]. Organisation for Economic Co-operation and

Development, 1994.

[86] Benson A M. volunteer Tourism: Theoretical Frameworks and Practical Application[M]. Oxon: Routledge, 2011.

[87] Benson A, Seibert N. Volunteer tourism: Motivations of German participants in SouthAfrica[J]. Annals of Leisure Research, 2009, 12(3-4): 295-314.

[88] Blackman D A, Benson A M. The role of the psychological contract in managing research volunteer tourism[J]. Journal of Travel, Tourism Marketing, 2010, 27(3): 221-235.

[89] Bone K, Bone J. The same dart trick: The exploitation of animals and women in Thailand tourism[J]. Animals and Tourism: Understanding diverse relationships, 2015, 67: 60.

[90] Brightsmith D J, Stronza A, Holle K. Ecotourism, conservation biology, and volunteer tourism: A mutually beneficial triumvirate[J]. Biological conservation, 2008, 141(11): 2832-2842.

[91] Broad S, Jenkins J. Gibbons in their midst? Conservation volunteers' motivations at the Gibbon Rehabilitation Project, Phuket, Thailand[J]. Journeys of discovery in volunteer tourism: International case study perspectives, 2008: 72-85.

[92] Broad S. Living the Thai life—a case study of volunteer tourism at the Gibbon Rehabilitation Project, Thailand[J]. Tourism recreation research, 2003, 28(3): 63-72.

[93] Brown S, Morrison A M. Expanding volunteer vacation participation an exploratory study on the mini-mission concept[J]. Tourism Recreation Research, 2003, 28(3): 73-82.

[94] Brown S. Travelling with a purpose: Understanding the motives and benefits of volunteer vacationers[J]. Current issues in tourism, 2005, 8(6): 479-496.

[95] Brumbaugh A M. The impact of diversity seeking and volunteer orientation on desire for alternative spring break programs[J]. Journal of Travel, Tourism Marketing, 2010, 27(5): 474-490.

[96] Bruyere B, Rappe S. Identifying the motivations of environmental volunteers[J]. Journal of Environmental Planning and Management, 2007, 50(4): 503-516.

[97] Bussell H, Forbes D. Understanding the volunteer market: The what where, who and why of volunteering[J]. International Journal of Nonprofit and Voluntary Sector Marketing,2002,7(3):244-257.

[98] Campbell L M, Smith C. What makes them pay? Values of volunteer tourists workingfor sea turtle conservation[J]. Environmental management, 2006,38(1):84-98.

[99] Caton K, Santos C A. Images of the other: Selling study abroad in a postcolonial world[J]. Journal of Travel Research,2009,48(2):191-204.

[100] Chang T Y, Huang L, Tang S, et al. Study on Subjective Well-Being in Voluntourism of Females[J]. Journal of Tourism and Hospitality Management,2018,6(3):89-99.

[101] Chen L J, Chen J S. The motivations and expectations of international volunteer tourists: A case study of "Chinese Village Traditions"[J]. Tourism Management,2011,32(2):435-442.

[102] Christie M F, Mason P A. Transformative tour guiding: Training tour guides to be critically reflective practitioners[J]. Journal of Ecotourism, 2003,2(1):1-16.

[103] Clawson M, Knetsch J L. Economics of outdoor recreation[M]. RFF Press,2013.

[104] Cnaan R A, Goldberg-Glen R S. Measuring motivation to volunteer in human services[J]. The Journal of Applied Behavioral Science,1991,27(3):269-284.

[105] Coghlan A, Gooch M. Applying a transformative learning framework to volunteer tourism[J]. Journal of sustainable tourism, 2011, 19(6): 713-728.

[106] Coghlan A. Exploring the role of expedition staff in volunteer tourism [J]. International Journal of Tourism Research,2008,10(2):183-191.

[107] Coghlan A. Responsible volunteer tourism: A comment on Burrai and Hannam[J]. Journal of Policy Research in Tourism, Leisure and Events, 2018,10(1):106-110.

[108] Coghlan A. Towards an integrated image-based typology of volunteer tourism organisations[J]. Journal of Sustainable Tourism,2007,15(3): 267-287.

[109] Coghlan A. volunteer tourism as an emerging trend or an expansion of

ecotourism? A look at potential clients' perceptions of volunteer tourism organisations[J]. International Journal of Nonprofit and Voluntary Sector Marketing,2006,11(3):225-237.

[110] Cohen E. Rethinking the sociology of tourism[J]. Annals of tourism research,1979,6(1):18-35.

[111] Conran M. They really love me!: Intimacy in volunteer tourism[J]. Annals of tourism research,2011,38(4):1454-1473.

[112] Coren N,Gray T. Commodification of volunteer tourism: A comparative study of volunteer tourists in Vietnam and in Thailand[J]. International journal of tourism research,2012,14(3):222-234.

[113] Crompton J L. Motivations for pleasure vacation[J]. Annals of Tourism Research,1979,6(4):408-424.

[114] Dann G M S. Anomie, ego-enhancement and tourism[J]. Annals of Tourism Research,1977,4(4):184-194.

[115] Dann G,Jacobsen J K S. Tourism smellscapes[J]. Tourism Geographies,2003,5(1):3-25.

[116] Delamere T A,Wright A. Relationships between travel motivations and advertised travel benefits: the bus tour[J]. Journal of Applied Recreation Research,1997,22(3):233-243.

[117] Fakeye P C,Crompton J L. Image differences between prospective, first-time, and repeat visitors to the Lower Rio Grande Valley[J]. Journal of travel research,1991,30(2):10-16.

[118] Fluker M R, Turner L W. Needs, motivations, and expectations of a commercial whitewater rafting experience[J]. Journal of Travel Research,2000,38(4):380-389.

[119] Freysinger V J,Harris O. Race and leisure[M]//A handbook of leisure studies. Palgrave Macmillan,London,2006:250-270.

[120] Galley G,Clifton J. The motivational and demographic characteristics of research ecotourists: Operation Wallacea volunteers in Southeast Sulawesi,Indonesia[J]. Journal of Ecotourism,2004,3(1):69-82.

[121] Gazley B. Conclusion: Toward the future of volunteering[J]. Emerging areas of volunteering,2005:113-121.

[122] Gitelson R J, Crompton J L. Insights into the repeat vacation phenomenon[J]. Annals of Tourism Research,1984,11(2):199-217.

[123] Gómez-Jacinto L, Martin-Garcia J S, Bertiche-Haud'Huyze C. A model of tourism experience and attitude change[J]. Annals of Tourism Research, 1999,26(4):1024-1027.

[124] Gopalan R, Narayan B. Improving customer experience in tourism: A framework for stakeholder collaboration[J]. Socio-Economic Planning Sciences,2010,44(2):100-112.

[125] Gray N J, Campbell L M. A decommodified experience? Exploring aesthetic,economic and ethical values for volunteer ecotourism in Costa Rica[J]. Journal of sustainable tourism,2007,15(5):463-482.

[126] Green B C,Chalip L. Sport tourism as the celebration of subculture[J]. Annals of Tourism Research,1998,25(2):275-291.

[127] Griffin T. Gap year volunteer tourism stories: Sharing more than memories[J]. Journalof Hospitality Marketing , Management, 2013, 22 (8):851-874.

[128] Griffiths M. I've got goose bumps just talking about it!:Affective life on neoliberalized volunteering programmes [J]. Tourist Studies, 2015, 15 (2):205-221.

[129] Grimm K E, Needham M D. Moving beyond the "I" in motivation: Attributes and perceptions of conservation volunteer tourists[J]. Journal of Travel Research,2012,51(4):488-501.

[130] Guttentag D A. The possible negative impacts of volunteer tourism[J]. International Journal of Tourism Research,2009,11(6):537-551.

[131] Guttentag D. volunteer tourism: As good as it seems? [J]. Tourism Recreation Research,2011,36(1):69-74.

[132] Hammersley L A. volunteer tourism: Building effective relationships of understanding[J]. Journal of Sustainable Tourism,2014,22(6):855-873.

[133] Hartman E, Paris C M, Blache-Cohen B. Fair trade learning: Ethical standards for community-engaged international volunteer tourism[J]. Tourism and Hospitality Research,2014,14(1-2):108-116.

[134] Henderson K A. Motivations and perceptions of volunteerism as a leisure activity[J]. Journal of leisure research,1981,13(3):208-218.

[135] HLsSin. volunteer tourism-"involve me and I will learn"[J]. Annals of Tourism Research,2009,36(3):480-501.

[136] Hudson S. The segmentation of potential tourists:Constraint differences

between men and women[J]. Journal of Travel Research, 2000, 38(4): 363-368.

[137] Jackson M S, White G N, Schmierer C L. Tourism experiences within an attributional framework[J]. Annals of tourism research, 1996, 23(4): 798-810.

[138] Jacobson S K, Carlton J S, Monroe M C. Motivation and satisfaction of volunteers at a Florida natural resource agency[J]. Journal of Park and Recreation Administration, 2012, 30(1).

[139] Journeys of discovery in volunteer tourism: International case study perspectives[M]. Cabi, 2008.

[140] Kass J. Voluntourism: Exploring ethical challenges and critical tensions within the pay-to-volunteer industry[D]. Brandeis University, College of Arts and Sciences, 2013.

[141] Knollenberg W, McGehee N G, Boley B B, et al. Motivation-based transformative learning and potential volunteer tourists: Facilitating more sustainable outcomes[J]. Journal of Sustainable Tourism, 2014, 22(6): 922-941.

[142] Kumaran M, Pappas J. Managing voluntourism[C]// The Volunteer Management Handbook: Strategies for Success. Indianapolis: John Wiley, Sons, 2012.

[143] Lau A L S, McKercher B. Exploration versus acquisition: A comparison of first-time and repeat visitors[J]. Journal of Travel Research, 2004, 42(3): 279-285.

[144] Lee S, Yen C L. volunteer tourists' motivation change and intended participation[J]. Asia Pacific Journal of Tourism Research, 2015, 20(4): 359-377.

[145] Lepp A. Leisure and obligation: An investigation of volunteer tourists' experience at Kenya's Taita Discovery Center[J]. Journal of Leisure Research, 2009, 41(2): 253-260.

[146] Lo A S, Lee C Y S. Motivations and perceived value of volunteer tourists from HongKong[J]. Tourism management, 2011, 32(2): 326-334.

[147] Lowdell C P, Ash D V, Driver I, et al. Interstitial photodynamic therapy: Clinical experience with diffusing fibres in the treatment of cutaneous and subcutaneous tumours[J]. British Journal of Cancer, 1993, 67(6):

1398-1403.

[148] Luh Sin H, Oakes T, Mostafanezhad M. Traveling for a cause: Critical examinations ofvolunteer tourism and social justice[J]. Tourist studies, 2015,15(2):119-131.

[149] Lyons K, Hanley J, Wearing S, et al. Gap year volunteer tourism: Myths of global citizenship? [J]. Annals of tourism research, 2012, 39(1): 361-378.

[150] MacCannell D. The tourist: A new theory of the new leisure class (2nd edn)[M]. CA: University of California Press, 1999.

[151] Marta E, Guglielmetti C, Pozzi M. volunteerism during young adulthood: An Italian investigation into motivational patterns [J]. Voluntas: International Journal of Voluntary and Nonprofit Organizations, 2006, 17 (3):221-232.

[152] Massey, D. Expedition good will: An adventure of altruism in Malawi, Africa. Retrieved from http://www.jamesmichalowski.com/expedition-good-will/click-on-image-to-launch-gallery/ 2007.

[153] McGehee N G, Andereck K. "Pettin' the critters": exploring the complex relationship between volunteers and the voluntoured in McDowell County, West Virginia, USA, and Tijuana, Mexico [J]. Journeys of Discovery in Volunteer Tourism: International Case Study Perspectives, 2008:12-24.

[154] McGehee N G, Andereck K. volunteer tourism and the "voluntoured": The case of Tijuana, Mexico[J]. Journal of Sustainable tourism, 2009, 17 (1):39-51.

[155] McGehee N G, Lee S, Clemmons D. The mystery of the voluntourist: Utilizing Pearce and Lees' travel career pattern model to examine motivations, typologies, and preferences of potential voluntourists[J]. Greater Western Chapter of the Travel and Tourism Research Association, San Diego, CA, 2009:17-20.

[156] McGehee N G. Alternative tourism and social movements[J]. Annals of tourism research, 2002,29(1):124-143.

[157] McGehee N G. Oppression, emancipation, and volunteer tourism: Research propositions[J]. Annals of tourism research, 2012, 39(1): 84-107.

[158] McGehee N G, Santos C A. Social change, discourse and volunteer tourism[J]. Annalsof tourism research,2005,32(3):760-779.

[159] McIntosh A J,Zahra A. A cultural encounter through volunteer tourism: Towards the ideals of sustainable tourism? [J]. Journal of sustainable tourism,2007,15(5):541-556.

[160] McMillon B,Cutchins D,Geissinger A. volunteer vacations: Short-term adventures that will benefit you and others[M]. Chicago:Chicago Review Press,2009.

[161] Melles G. Sustainable community development or voluntourism: Sustainable housing in rural Maharashtra[J]. Social Sciences, 2018, 7(12):247.

[162] Morgan M, Xu F. Student travel experiences: Memories and dreams [M]//Marketing of Tourism Experiences. Routledge,2013:124-144.

[163] Mostafanezhad M. Getting in Touch with your Inner Angelina:Celebrity humanitarianism and the cultural politics of gendered generosity in volunteer tourism[J]. Thirdworld quarterly,2013,34(3):485-499.

[164] Mustonen P. Volunteer tourism—altruism or mere tourism? [J]. Anatolia,2007,18(1):97-115.

[165] Neil J,Wearing S. Ecoturismo:Impactos, potencialidades e possibilidades [J]. Trad:Carlos David Szlak,Manole,Barueri,2001.

[166] Niche tourism: Contemporary issues, trends and cases [M]. Routledge,2005.

[167] Nicholson-Smith D. The production of space[M]. Blackwell Publishers Limited,1991.

[168] Ooi N, Laing J H. Backpacker tourism: sustainable and purposeful? Investigating the overlap between backpacker tourism and volunteer tourism motivations[J]. Journal of Sustainable Tourism, 2010, 18(2): 191-206.

[169] Otoo F E. Motivations of American volunteer tourists to Ghana[J]. African Journal of Hospitality,Tourism and Leisure,2013,2(4):1-12.

[170] Otto J E,Ritchie J R B. The service experience in tourism[J]. Tourism Management,1996,17(3):165-174.

[171] Palacios C M. volunteer tourism, development and education in a postcolonial world:Conceiving global connections beyond aid[J]. Journal

of sustainable tourism,2010,18(7):861-878.

[172] Pan T J. Motivations of volunteer overseas and what have we learned—The experience of Taiwanese students[J]. Tourism Management,2012,33(6):1493-1501.

[173] Parrinello G L. Motivation and anticipation in post-industrial tourism [J]. Annals of Tourism Research,1993,20(2):233-249.

[174] Pearce D, Butler W. Tourism and research: Critiques and challenges [M]. London:Routledge,1993.

[175] Pearce P L. Fundamentalsof tourists motivation. In D. G. Pearce and R. W. Bulter,1993.

[176] Pearce P L. Tourist behaviour: Themes and conceptual schemes [M]. Channel View Publications,2005.

[177] Pegg S, Patterson I, Matsumoto Y. Understanding the motivations of volunteers engaged in an alternative tourism experience in Northern Australia[J]. Journal of Hospitality Marketing , Management,2012,21(7):800-820.

[178] Polus R C, Bidder C. Volunteer tourists' motivation and satisfaction: A case of Batu Puteh village Kinabatangan Borneo[J]. Procedia-Social and Behavioral Sciences,2016,224:308-316.

[179] Polus R C, Bidder C. volunteer tourists' motivation and satisfaction: A case of Batu Puteh village Kinabatangan Borneo[J]. Procedia-Social and Behavioral Sciences,2016,224:308-316.

[180] Proyrungroj R. Orphan volunteer tourism in Thailand: Volunteer tourists' motivations and on-site experiences[J]. Journal of Hospitality, Tourism Research,2017,41(5):560-584.

[181] Proyrungroj R. Orphan volunteer tourism in Thailand:Volunteer tourists motivations and on-site experiences[J]. Journal of Hospitality, Tourism Research,2017,41(5):560-584.

[182] Raymond E M, Hall C M. The development of cross-cultural (mis) understanding through volunteer tourism [J]. Journal of Sustainable Tourism,2008,16(5):530-543.

[183] Raymond E M, Hall C M. The development of cross-cultural (mis) understanding through volunteer tourism [J]. Journal of sustainable tourism,2008,16(5):530-543.

[184] Rehberg W. Altruistic individualists: Motivations for international volunteering among young adults in Switzerland[J]. Voluntas: International Journal of Voluntary and Nonprofit Organizations,2005,16(2):109-122.

[185] Richter L M, Norman A. AIDS orphan tourism: A threat to young children in residential care[J]. Vulnerable Children and Youth Studies, 2010,5(3):217-229.

[186] Ritchiebw. Managing educational tourism[M]. Clevedon: Channel View Publications,2003:1-24.

[187] Rogerson J M, Slater D. Urban volunteer tourism: Orphanages in Johannesburg[C]//Urban Forum. Springer Netherlands, 2014, 25(4): 483-499.

[188] Ryan C, Hughes K, Chirgwin S. The gaze, spectacle and ecotourism[J]. Annals of Tourism Research,2000,27(1):148-163.

[189] Söderman N, Snead S L. Opening the gap: The motivation of gap year travellers to volunteer in Latin America[J]. Journeys of Discovery in Volunteer Tourism: International Case Study Perspectives, 2008: 118-129.

[190] Sillóá. International volunteers as Strangers in Szeklerland[J]. Acta Universitatis Sapientiae, Social Analysis,2018 (8):5-21.

[191] Simpson K. "Doing development": The gap year, volunteer—tourists and a popular practice of development [J]. Journal of International Development: The Journal of theDevelopment Studies Association,2004, 16(5):681-692.

[192] SinH. volunteer Tourism-Involve Me and I Will Learn? Research Report. National University of Singapore,2009.

[193] Singh R. Volunteer Tourism and Host Community[J]. International Journal of ScientificResearch and Management,2014,2(10):1480-1487.

[194] Smith P. International volunteer tourism as (de) commodified moral consumption[M]//Moral encounters in tourism. Routledge,2016:45-59.

[195] Smith V L, Font X. volunteer tourism, greenwashing and understanding responsible marketing using market signalling theory[J]. Journal of Sustainable Tourism,2014,22(6):942-963.

[196] Stamboulis Y, Skayannis P. Innovation strategies and technology for experience-based tourism[J]. Tourism management,2003,24(1):35-43.

[197] Stebbins R A, Graham M. Volunteering as leisure/leisure as volunteering: An international assessment[M]. Cabi, 2004.

[198] Stebbins R A. Serious leisure[J]. Society, 2001, 38(4): 53.

[199] Stoddart H, Rogerson C M. volunteer tourism: The case of habitat for humanity South Africa[J]. GeoJournal, 2004, 60(3): 311-318.

[200] Stratford E. Gender, place and travel: The case of Elsie Birks, South Australian Pioneer[J]. Journal of Australian Studies, 2000, 24(66): 116-128.

[201] Suhud U. Taking /receiving and giving(TRG): A mixed-methods study to examine motivations in volunteer tourism[C]. The International Conference on Hospitality and Tourism Management (ICOHT) 2013, Colombo-SriLanka, 2013.

[202] Swarbrooke J, Beard C, Leckie S, et al. Adventure tourism: The new frontier[M]. Routledge, 2012.

[203] Tomazos K, Butler R. The volunteer tourist as "hero"[J]. Current Issues in Tourism, 2010, 13(4): 363-380.

[204] Tung V W S, Ritchie J R B. Exploring the essence of memorable tourism experiences[J]. Annals of Tourism Research, 2011, 38(4): 1367-1386.

[205] Unstead-Joss R. Analysis of volunteer motivation: Implications for international development[M]. University of Manchester, 2005.

[206] Uriely N, Reichel A, Ron A. volunteering in tourism: Additional thinking [J]. Tourism Recreation Research, 2003, 28(3): 57-62.

[207] Uysal M, Jurowski C, Noe F P, et al. Environmental attitude by trip and visitor characteristics: US Virgin Islands National Park[J]. Tourism Management, 1994, 15(4): 284-294.

[208] VerardiC. Perceptions of voluntourism[D]. Carleton University, 2013.

[209] Vodopivec B, Jaffe R. Save the world in a week: Volunteer tourism, development and difference[J]. The European Journal of Development Research, 2011, 23(1): 111-128.

[210] Wearing S, McGehee N G. volunteer tourism: A review[J]. Tourism management, 2013, 38: 120-130.

[211] Wearing S, McGehee N G. volunteer tourism: A review[J]. Tourism management, 2013, 38: 120-130.

[212] Wearing S, Neil J. Tourism that counts: Ecotourism, votunteerism and

serious leisure[C]//CAUTHE 1997:Tourism research:Building a better industry: Proceedings from the Australian Tourism and Hospitality Research Conference, 1997. Canberra, ACT: Bureau of Tourism Research, 1997:141-154.

[213] Wearing S. Examining best practice in volunteer tourism [J]. Volunteering as Leisure/ Leisure as Volunteering: An International Assessment,2004:209-224.

[214] Wearing S L. The nature of ecotourism: The place of self, identity and communities as interacting elements of alternative tourism experiences [D]. Charles Sturt University,1998.

[215] Wearing S. Re-centring the self in volunteer tourism[J]. The tourist as a metaphor of the social world,2002:237-262.

[216] Wearing S. Examining best practice in volunteer tourism[J]. Volunteering as leisure/leisure as volunteering:An international assessment,2004:209-224.

[217] Wearing S. Volunteer tourism:Experiences that make a difference[M]. Cabi,2001.

[218] Weaver D B,Jin X. Compassion as a neglected motivator for sustainable tourism[J]. Journal of Sustainable Tourism,2016,24(5):657-672.

[219] Wickens T D. Elementary signal detection theory[M]. Oxford University Press,2001.

[220] Wong C S,Kwong W Y Y. Outbound tourists' selection criteria for choosing all-inclusive package tours[J]. Tourism Management,2004,25(5):581-592.

[221] Wright H. volunteer tourism and its (mis) perceptions: A comparative analysis of tourist/host perceptions[J]. Tourism and Hospitality Research, 2013,13(4):239-250.

[222] Wymer W,Self D,Findley C S. Sensation seekers and civic participation: Exploring the influence of sensation seeking and gender on intention to lead and volunteer[J]. International Journal of Nonprofit and Voluntary Sector Marketing,2008,13(4):287-300.

[223] Yafe E, Walker B B, Amram O, et al. volunteer first responders for optimizing management of mass casualty incidents[J]. Disaster Medicine and Public Health Preparedness,2019,13(2):287-294.

[224] Yoda M. volunteer tourism in Japan:Its potential in transforming "non-

　　　　　volunteers" to volunteers[J]. 2010.
[225] Yoon Y, Uysal M. An examination of the effects of motivation and satisfaction on destination loyalty: A structural model [J]. Tourism Management, 2005, 26(1):45-56.
[226] Zahra A, McIntosh A J. volunteer tourism: Evidence of cathartic tourist experiences[J]. Tourism Recreation Research, 2007, 32(1):115-119.